Rudolf Hirsch
Ausgesuchte Sündenfälle

Rudolf Hirsch

Ausgesuchte Sündenfälle

*Der Reporter als Zeuge
in eigener Sache*

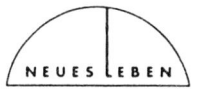

NEUES LEBEN

ISBN 3-355-01490-7

© Verlag Neues Leben GmbH, Berlin 1997
Umschlag und Lithographie: WOGE Design Berlin
Layout und Satz: Verlag Neues Leben GmbH
Druck und Binden: Druck- und Verlagsanstalt
Wiener Verlag GmbH

Ein Kinderwagen
setzt alles in Bewegung

Ein Kinderwagen war es, der alles im Januar 1950 in Bewegung setzte. Der unschuldige Säugling hat aber damit nichts zu tun. Auf Ehre, ich bin an seinem Entstehen in keiner Weise beteiligt. Ich weiß nicht einmal, ob es Bübchen oder Mädchen war. Die Mutter, die den Wagen bewegte, hat nie meine Sinne, geschweige etwas anderes bewegt. Ich habe diesen historischen Wagen, der mir zu meiner Karriere verhalf, nie gesehen.

Ich war vor drei Wochen aus der Emigration aus dem neu gegründetem Staate Israel in das auch neu entstandene Land DDR eingewandert und wohnte mit meiner damaligen Frau Ruth in der Schloßgutvilla in Berlin-Niederschönhausen als Gast des Schriftstellers Arnold Zweig. Er hatte uns in dem sehr großen Haus am Ossietzkyplatz, das ihm von den Regierenden zur Verfügung gestellt war, aufgenommen, bis wir eine eigene Wohnung gefunden hatten.

Außer uns beiden wohnte bei dem liebenswürdigen Dichter noch eine Frau mit dem völlig ahnungslosen Säugling, ihm stand der schicksalsträchtige Kinderwagen zur Verfügung. Auch seine Mutter war aus Israel nach Berlin gekommen.

Diese junge Frau verließ eines Tages mühselig mit dem historischen Kinderwagen am Ossietzkyplatz die Straßenbahn. Eine ältere Frau war ihr beim Herausmanipulieren behilflich. Es war nicht zu übersehen, die junge Frau trug auf ihrem nicht zu kleinen Busen ein auch nicht bescheidenes Abzeichen – Hammer und Sichel im Großformat.

»Was tragen Sie da für ein Medaille?« fragte die hilfreiche Frau die Kindsmutter.

»Es ist das Abzeichen der Kommunistischen Partei Israels«.

»Zufällig habe ich einen Vetter, der nach Palästina emigriert ist. Vielleicht kennen Sie Rudolf Hirsch, er war auch Kommunist.«

»Sie werden lachen, der wohnt seit drei Wochen da drüben bei Arnold Zweig.«

So begegneten wir uns. Sie, Hilde, die hilfreiche Frau an der Straßenbahnhaltestelle Ossietzkyplatz, wohnte ganz in der Nähe, in der Buchholzstraße. Es war für mich eine Überraschung, in dem großen Berlin eine Verwandte, meine Cousine Hilde, fast nebenan zu finden. Sie lebte von ihrem Mann getrennt.

Ich hatte sie seit 1933 nicht gesehen. Sie lebte jetzt nicht allein. Sie hatte aus der Sowjetunion, wo sie mit ihrem kühlen Mann Asyl gefunden hatte, eine kleine Tochter von vierzehn Jahren mitgebracht. Auch eine Ruth, ein bezauberndes Wesen, sehr zierlich und klein, mit großen Kulleraugen und tiefschwarzem Haar. Es paßte so ganz und gar nicht in das kalte, regnerische Berlin.

Ihrer Mutter Hilde sah man an, daß sie schwere Jahre in der Emigration verbracht hatte. Während des Krieges mußte sie Moskau verlassen, sie wurde mit der kleinen Tochter aus Sicherheitsgründen nach Sibirien evakuiert. Über diese schweren Jahre schwieg sie.

Erst viel später erzählte sie mir, ein sehr temperamentvoller ungarischer Maler sei der ganz natürliche Vater dieses Kleinods.

Cousine Hilde hatte mir durch die Frau mit dem Kinderwagen mitteilen lassen, sie sei an jedem Abend gegen halb sechs in ihrer Wohnung. Die Straße kannte ich schon.

Es muß erwähnt werden, richtige Arbeit hatte ich noch nicht gefunden. Versehen mit den Adressen von drei Schuhfabriken, eine in Berlin und zwei in Sachsen, war ich überall gescheitert. Eine Verwendung für meine Fähigkeiten als Schuhfachmann hatte man dort nicht gefunden. Ich durfte nicht einmal meine Fertigkeit als Schuhfräser vorführen.

»Nein, vielen Dank, wenn Sie keine Zeugnisse oder keinen Facharbeiterbrief haben, können wir Sie nicht anstellen.«

Auch das Arbeitsamt konnte mir keine Arbeit nachweisen. Ich hatte ja kein Papier über eine Fachausbildung. Was ich den Damen über meine Fähigkeiten erzählte, interessierte sie überhaupt nicht. »Kein Facharbeiter in einer deutschen Fabrik ohne Lehre. Wir sehen keine Möglichkeit, Sie zu vermitteln.«

»Oh, Deutschland, hoch in Ehren, Du heil'ges Land der Treu«, summte ich leise vor mich hin.

Meine damalige Frau Ruth, schon vier Wochen eher nach Deutschland zurückgekehrt, hatte es besser getroffen. Sie hatte von einem Emigranten, J. C. Schwarz, in Tel Aviv ein Manuskript mit auf den Weg bekommen, das sie beim Dietz Verlag in der Wallstraße abliefern sollte. Dort war der Empfang ganz anders. Der Cheflektor des Verlags, Anton Einig, erkundigte sich, bevor er einen Blick in das Schwarz'sche Manuskript warf, nach dem Beruf der Überbringerin. Als er hörte, sie sei Dolmetscher und Übersetzer in Englisch und Französisch, gab er ihr sofort englische Texte zum Übersetzen.

Anton Einig hatte ihr auch aufgetragen, sobald ich zurückgekehrt sei, sollte ich mich sofort bei ihm melden. Ich bin heute fest davon überzeugt, meine damalige Ruth hatte ihm in ihrer Beredsamkeit verraten, daß wir in den ersten Wochen bei Arnold Zweig wohnten. Und sie hatte ihm sicher berichtet, wie sie dem großen Schriftsteller aus einem Manuskript von Rudolf vorgelesen habe, einem Kriminalroman aus dem Vorderen Orient. Er sei ganz angetan gewesen. Am meisten habe Arnold Zweig imponiert, daß ich ihm, dem Meister der erzählenden Kunst, nie etwas von meinem literarischen Versuch erzählt hatte.

Und dazu hätte es in den letzten fünf Jahren unseres gemeinsamen Exils im »Heiligen Land« oft genug Gelegenheiten gegeben: Wenn der weltberühmte Autor des Romans »Der Streit um den Sergeanten Grischa« vom Berge Carmel oberhalb Haifas sich in die Niederungen des »Frühlingshügels«, so heißt Tel Aviv auf deutsch, begab, dann pflegte er bei uns, in der Pinskerstraße 31, abzusteigen, meist für zwei bis drei Wochen.

Das Gespräch von Ruth Hirsch mit Anton Einig muß sich wohl ausgedehnt haben. Es stellte sich heraus, daß wir gemeinsame Freunde hatten, die Grundigs aus Dresden.

Hans Grundig, der prophetische Maler, der schon 1935 in seinem Triptychon »Das Tausendjährige Reich« die Nazibarbarei und den Untergang Dresdens dargestellt hatte, war in dem schrecklichen Strafbataillon Dirlewanger Anton Einigs bester Freund gewesen. Gemeinsam waren sie zur Roten Armee übergelaufen.

Und Hans Grundigs Frau, die Grafikerin Lea, jüdischer Herkunft, gehörte in Tel Aviv zu unseren besten Freunden. Sie hatte mich, bei meiner Rückkehr am Bahnhof in Dresden, in Empfang genommen.

Es muß noch vermerkt werden, der Cheflektor des Dietz

Verlags las meinen ironischen Kriminalroman »Das gefälschte Logbuch« und empfahl das Manuskript einem anderen Verlag. Und so erblickte meine in Israel entstandene Arbeit das Licht der Welt. Sehr viel Ruhm und Lorbeer habe ich nicht um mein damals schon kahles Haupt winden können. Aber mit einem zweiten Buch »Herrn Louisides bittere Mandeln« in der Reihe »Spannend erzählt« im Verlag Neues Leben – konnte ich schon bald als Kandidat dem Schriftstellerverband beitreten.

Ich bin von der eigentlichen Geschichte abgekommen, die Folgen des Kinderwagens müssen berichtet werden.

Aber es geschah noch etwas für mich sehr Wichtiges. Beim ersten Zusammentreffen mit meiner Cousine Hilde erfuhr ich, daß sie in der »Täglichen Rundschau«, der Tageszeitung der sowjetischen Besatzungsmacht, die Sekretärin des Chefredakteurs war. Damals, kurz nach dem Krieg, hatte jede der vier Besatzungsmächte eine deutschsprachige Zeitung.

Bei unserer zweiten Begegnung erzählte mir Hilde, man habe in der Redaktion der »Täglichen Rundschau« Interesse, mit mir, dem aus Israel zurückgekehrten Kommunisten, zu sprechen. Als ich zusagte, fragte sie mich, ob ich am übernächsten Tag zum Leiter der außenpolitischen Abteilung, dem Genossen Doernberg, kommen könnte.

Ein junger Leutnant in sowjetischer Uniform empfing mich. Mir wurde, nach russischer Art, sofort Tee angeboten. Es wurde ein langes Gespräch. Leutnant Doernberg sprach ein akzentfreies Deutsch. Später erfuhr ich, daß auch er ein Emigrant aus Deutschland war, als Kind mit seinen Eltern in die Sowjetunion ausgewandert.

Er war über die Lage um den neuen Staat Israel gut informiert. Am Ende unseres langen Gespräches fragte er mich, ob ich bereit sei, für das Blatt einen größeren Artikel über die heutige Situation in Israel zu schreiben. Er stand auf, gab mir die Hand und sagte, fast vertraulich: »Wie ich Sie jetzt kenne, werden Sie uns den Artikel übermorgen früh bringen können. Etwa vier Schreibmaschinenseiten, zweizeilig geschrieben, also pro Seite dreißig Zeilen.«

Den gewünschten Beitrag hatte ich zur vereinbarten Zeit fertig. Er bot mir einen Stuhl an, las sehr langsam, gründlich. Dann sagte er: »Wir bringen ihre Arbeit am nächsten Wochenende.« Und fügte hinzu, »das Honorar können Sie dann, zwei Tage nach Erscheinen, bei der Kollegin Pansegrau abholen. Sie sitzt im Erdgeschoß, im Gang linker Hand. An ihrem Zimmer steht ein Schild Kasse. Noch etwas, haben Sie Lust für unser Ressort über außenpolitische Fragen als ständiger freier Mitarbeiter tätig zu sein?«

Ich wußte, in diesem Augenblick klopfte das Schicksal an meine Tür. Ich kam zu einem schnellen Entschluß. Ich weiß heute nicht mehr, was ich gesagt habe, ungefähr muß es so gewesen sein: Sie wissen, ich bin neu in diesem Land. Ich glaube, es ist für mich noch nicht das Geeignete, Menschen über Verhältnisse in anderen Ländern zu belehren, die ich selbst nicht kenne. Ich habe in der Emigration einen Kriminalroman geschrieben. Vielleicht ist das meine Begabung. Ich muß zuerst die Verhältnisse in diesem Land kennenlernen. Gerichtsreporter wäre, so glaube ich, in meiner Situation das Richtige.

Der Leutnant telefonierte. Er verlangte einen Genossen Philipp. Er sagte etwa so, hier ist ein Kollege Hirsch, ein Emigrant aus Palästina, er hat für uns eine brauchbare Arbeit über den neuen Staat Israel geschrieben. Er möchte bei uns Gerichtsberichter werden. Habt Ihr Interesse?

Was der Kollege Philipp antwortete, weiß ich nicht. Der Leutnant zeigte mir eine Tür schräg gegenüber auf dem gleichen Gang: »Dort ist die Lokalabteilung. Melden Sie sich bei der Sekretärin, und sagen Sie ihr, Sie möchten den Kollegen Philipp sprechen. Er ist der Ressortleiter, er erwartet Sie.«

Eine sehr freundliche, sehr umfangreiche Sekretärin gab mir die Hand: »Sie sind sicher der Kollege Hirsch? Der Kollege Philipp erwartet Sie schon.«

Der genauso freundliche Franz Xaver Philipp, jung, etwas rundlich, mit einem liebenswerten österreichischen Dialekt, bat mich Platz zu nehmen. Er sagte mir, seine Abteilung habe einen Mitarbeiter, der auch im Notfall Gerichtsreportagen mache. »Aber wir sind mit seiner Leistung in dieser Sparte nicht zufrieden. Jetzt zu Ihnen. Haben Sie schon einmal journalistisch gearbeitet?«

»Nein, ich habe früher in der Schuhbranche gearbeitet.«

»Haben Sie juristische Kenntnisse?« fragte er.

Ich bedauerte. »Ich habe niemals ein Strafgesetzbuch in der Hand gehabt.«

Der Kollege Philipp seufzte. »Was soll ich mit Ihnen machen?« Dann lachte er. »Ich bin ja schließlich auch kein studierter Journalist. Ich war Jagdflieger. Dann wurde ich in Stalingrad von der sowjetischen Flak abgeschossen, schwer verwundet, und von einer sowjetischen Krankenschwester gesund gepflegt. Außerdem war sie auch noch Jüdin und sehr schön. Das weitere, von meinem späteren Kampfeinsatz gegen die Nazis hinter den Linien, erzähl' ich Ihnen ein andermal. Sie sollen eine Chance haben. Sie gehen morgen früh, rechtzeitig in das Gerichtsgebäude in der Neuen Friedrichstraße, am U-Bahnhof Klosterstraße, und erkundigen sich beim Pförtner, wo der Kollege Paul sitzt. Er leitet die Pressestelle. Sie sagen, ich habe Sie geschickt, er möge Ihnen einen oder zwei interessante Strafprozeßfälle mitteilen. Und da gehen Sie hin. Wenn der eine platzt, gehen Sie zum zweiten, wenn auch der vertagt wird, zum dritten. Die Kollegin Köhler, Sie haben sie draußen gesehen, wird Ihnen eine vorläufige Legitimation ausstellen. Ich unterschreibe sie. Dann können Sie auf der Pressebank sitzen und mitschreiben. Nun die Hauptsache: Wenn Sie einen Prozeß vollständig mit Urteil auf Ihrem Block haben, kommen Sie in die Redaktion. Können Sie Schreibmaschine schreiben?« fragte er.

Ich schüttelte den Kopf. »Nein«, sagte ich, »leider nein.«

»Sie sind ein Unglücksrabe, aber das macht auch nichts. Sie schreiben hier, im zweiten Zimmer nebenan, Ihre Meisterreportage mit der Hand und dann diktieren Sie Ihren Erguß unserer Charlotte im Vorzimmer.«

»Kann ich das nicht am nächsten Tag diktieren?«

»Sie sind mir einer. Sie haben weder journalistische noch juristische Erfahrung, Schreibmaschine können Sie auch nicht, und langsam wollen Sie auch noch sein. Herr Kollege Hirsch, wir sind eine Tageszeitung, weder ein Wochenblatt noch ein Jahresalmanach. Lieber Freund, Sie wollen Journalist werden. Sie können doch sicher französisch. Journalist kommt von ›jour‹, das bedeutet Tag, Journalist ist, wer für den Tag schreibt.«

Ich hatte meine erste Lektion bekommen.

Um das Kapitel mit dem Kinderwagen zu beenden: Ich ging also in das große Gerichtsgebäude in der Neuen Friedrichstraße, heute heißt sie Littenstraße, bekam sehr gute Informationen vom Kollegen Paul, setzte mich in einen der vielen Gerichtssäle, schrieb alles mit, was ich für wichtig hielt, in der Kurzform, die mir vom Chef der Lokalabteilung, Philipp, vorgegeben war.

Dann diktierte ich es der sehr umfangreichen, in ihrer urberliner ungenierten Art einmaligen Charlotte Köhler. Sie blieb bis zu ihrem Tode auch meine Schreibhand. Immer begleitete sie mein Diktat mit ihren Bemerkungen. Bei manchen Sätzen pflegte sie, die Parteilose, dem Staat DDR nicht gewogene, mich zu mahnen: »Rudi, du verdirbst die Linie.« Und unvergeßlich ihr anteilnehmender Kommentar: »Das ist endlich mal was fürs Herze.«

Die Unbekannte

Sie kam unangekündigt. Sie wünschte von mir zu erfahren, wie es war mit dem Gerichtsalltag in diesem anderen deutschen Land. Man habe ihr gesagt, ich hätte Gerichtsreportagen geschrieben.

Ja, ich habe Sie getäuscht, sehr verehrte und hochansehnliche Unbekannte. Und ich habe mich getäuscht, ich glaubte, Gerichtsberichte zu schreiben. Ja, es stimmt, ich habe mich in Gerichtssälen – notabene Ost und West – herumgetrieben. Und ich habe mir die Fälle von armen und weniger armen Sündern angehört. Und ich hatte auch sogar die Absicht, Gerichtsberichte zu schreiben. Aber es wurden immer wieder Geschichten von der Liebe, von Lust und Torheit, von Grausamkeit und Totschlag, von armen und reichen Schluckern. Von Dummheit und Arroganz, auch der Richter, werte Staatsanwälte eingeschlossen, auch mancher Richterin und Staatsanwältin. Und ich denke mit Vergnügen an eine Staatsanwältin, die nicht so sehr von der Muse der Jurisprudenz geküßt wurde, nein, es hätte mir gefallen, wenn sie, die schöne Charmante, mich geküßt hätte. Aber es ist leider nie dazu gekommen, denn ich bin schüchtern. Und das ist mein größter Fehler.

Liebe, schöne Unbekannte, bleiben Sie nicht hier bei mir auf dem Flur in meiner Wohnung stehen, vor diesem dreigeteilten Bild. Dann müßte ich Ihnen erklären, was es mit den eingerahmten Karikaturen von Honoré Daumier (1808–1879) auf sich hat. Ein Geschenk der Kolleginnen und Kollegen von der »Wochenpost«. Sie hatten den Figuren Sprechblasen in den Mund gelegt: »Mein Mandant protestiert, er sieht wirklich so aus, wie der Zeuge in dieser Sache ihn dargestellt hat« und einer in Richterrobe flüstert einem anderen zu: »Wenn er (der Hirsch) wenigstens nur Theorie röhren würde ... «

Fragen Sie nicht, was das bedeuten soll, verehrte Unbekannte, denn Sie brächten mich in die Verlegenheit, Ihnen von einem hochgestellten Mann aus der DDR-Justizwelt erzählen zu müssen, der mein sehr gestrenger Widersacher war. Nein, nein, nicht gedacht soll seiner werden. Er, der Mann, der mich in der »Wochenpost« anschwärzte: Dieser Hirsch soll nicht mehr diese Geschichten schreiben, nichts mehr von den lebendigen Leuten und den wirklichen Urteilen. Davon hat dieser Hirsch ja keine Ahnung. Er kann eben nicht sachlich schreiben. Er soll meinetwegen, wenn er das Schreiben nicht lassen kann, theoretische Abhandlungen verfassen. Damit kann er keinen Schaden anrichten.

Unter uns gesagt, der Mann, niemand konnte seinen Namen aussprechen, es gab Menschen, die schlicht und einfach »Pitschi-Pitschi« sagten, also, der Mann hatte ja recht. Und wie sehr er recht hatte, beweist mir noch ein Gutachten von ihm über den Fall »Her mit dem neuen Leben«. Ich hatte diese Geschichte aus der »Wochenpost« für das Fernsehen der DDR eingerichtet, er, als beauftragter Sachverständiger, bemängelte meine Grundauffassung. Es gäbe bei mir nicht einen Menschen, durch den die »heile Welt der DDR« dargestellt würde.

Er hatte ja wirklich so recht, die Justiz strebt eine heile Welt an. Jeder Staatsanwalt, jeder Richter weiß ganz genau, wie er sich in diesem und jenem Fall verhalten hätte.

Ich weiß es nicht.

Und ich glaube, ich sagte es schon, liebe und verehrte Unbekannte, ich habe bisher auch meine Leser getäuscht, bei der Durchsicht meiner Bücher habe ich bemerkt, es sind wirklich keine richtigen Gerichtsberichte, es sind Kurzgeschichten, die zufällig immer im Gerichtssaal spielten.

Wie oft habe ich den Richterausspruch gehört, der arme Sünder wurde ermahnt: »Nur ein offenes Geständnis erleichtert Ihre Lage.«

Ich wußte, das stimmt in keinem Fall. Es erleichtert nicht die Lage des Delinquenten, sondern die des Vorsitzenden Richters.

Mein mahnendes Gewissen schreibt mir vor, ich müßte meine ausgewählten Geschichten systematisch ordnen. Ich habe kein System. Ich habe nur Kisten, die ich öffne, und ich finde verschiedene Geschichten. Ungeordnet. Aber wahr.

Kiste 1

Unter anderem: Krauses Kundschaft

Wahrscheinlich sieht es so aus, daß ich bei vielen Prozessen lieber die heitere, oder wenigstens die tragikomische Seite gern hervorkehre. Ja, ich bin im düsteren Monat November des Jahres 1907 zur Welt gekommen, aber, wie man mir immer wieder berichtete, an einem Sonntag mittag, und man versicherte mir, ich hätte als ersten Gruß an meine Umwelt nicht geweint, sondern meine Mutter angelächelt, aber mit Tränen in den Augen. Und dann haben sie erzählt, mich hätten große schwarze Locken geziert. Und mein Vater habe behauptet: Er wird ein Musiker. Das wurde ich zwar nicht, doch ich spielte auf meine Weise.

Es waren in den ersten Wochen kleinere Fälle, die uns Gerichtsreportern empfohlen wurden. Diebstahl, Betrug, Heiratsschwindel, Körperverletzung, ja auch Abtreibung standen auf der Liste.

So nannte ich eine dieser Geschichten aus dem Jahr 1950:

Wurst und Durst

Ein Duft von Bier, Tabaksrauch und Biederkeit wehte förmlich von der Anklagebank. Fünf wohlbeleibte Männer mit hochroten Gesichtern, breiten Händen, mit Strickwämsen saßen dort wie eine ehrbare Stammtischrunde in einer gutbürgerlichen Gaststätte. Ihre Berufe waren nicht schwer zu erraten. Fleischermeister waren Gustav-Adolf und August, Wilhelm hingegen Bierkutscher in einer Brauerei, in der Georg Oberinspektor und Otto Buchhalter waren. Solide war ihr Aussehen, solide auch ihr Einkommen. Ja, es schien so, als ob auch ihr Lebenswandel und ihre Ansichten solide waren. Aber das war der Irrtum.

Fleischer trinken gerne Bier, und Bierbrauer essen gerne

Wurst. An sich ist das eine so verständlich wie das andere, aber kein Verständnis ist dafür aufzubringen, daß in unserem Fall die Bedürfnisse kompensiert wurden. Wilhelm, der Bierkutscher, der Bringer der ersehnten Labung in die Kantinen der beiden volkseigenen Wurstfabriken wurde zum Versucher.

Nun gibt es in diesem Zusammenhang einen Satz, den man nicht, wie manche andere Sätze, straflos umkehren kann. Sagt man, die Wurst unserer Fleischereien ist Volkseigentum, so ist das richtig und gut, sagt man aber, das Volkseigentum ist uns wurscht, dann endet man, wie Gustav-Adolf und August, die beiden Fleischermeister, auf einer Bank im Gerichtssaal.

Man habe dem Bierkutscher nur Bruchwurst mitgegeben, sagten Gustav-Adolf und August, die beiden Fleischermeister. Und ein Sachverständiger wußte zu berichten, daß es in dieser Zeit viel Bruchwurst gegeben habe, denn, so sagte er, Naturdärme seien leider noch immer Engpässe. Gustav-Adolf hatte anscheinend die brüchigsten Därme, denn er hatte die meiste Bruchwurst und erwiesenermaßen auch den größten Durst auf Wilhelms köstliche Tropfen. August hatte ihn, den Durst, im bescheideren Umfang. Er habe die Wurst nur für den persönlichen Gebrauch dem gutem Wilhelm gegeben. Nur einmal habe Wilhelm zu seinem Geburtstag von ihm zwei Kilo Schweinebraten bekommen.

Otto und Georg hingegen saßen an der Bierquelle und waren eifrige Abnehmer von Wilhelms angerollten Bruchwürsten. Aber der ganze Kompensationsverein von Wurst gegen Durst ging hoch. Der Betriebsschutz entdeckte in Wilhelms Bierfässern Wurst, Braten und ähnliche fleischliche Genüsse, die von rechts wegen in den Konsum oder in die HO gehörten. Nun ging es vor Gericht um die Wurst.

Gustav-Adolfs rundlicher Bauch wird nach zweieinhalb Jahren etwas geschwunden sein. Wilhelm, der Bote zwischen Wurst und Durst, wird seine belgischen Gäule zwei Jahre lang nicht sehen. Für August scheint noch einmal die Sonne der Amnestie, weil er es nicht um des schnöden Mammons willen tat, sondern angeblich nur aus Gefälligkeit. Otto und Georg dürfen sich neun Monate in derselben Brauerei durch gute Arbeit bewähren.

Im Juni 1951 habe ich über einen Fall berichtet der sich scheinbar in der Kardiologie zugetragen hatte. Aber nur scheinbar. Ich nannte den Fall aus der Strafkammer Berlin-Mitte:

Dunkle Töne aus der Herzkammer

Ort der Handlung: Kolonie Dreieinigkeit. Thema der Verhandlung: Dreiuneinigkeit. Nicht erschienen vor Gericht ist der Kern, sozusagen das Mittelstück des Prozesses, Schlossermeister Friedrich, möblierter Herr bei der Witwe Emilie. Er wohnt nicht nur möbliert bei ihr, er genießt alle, alle Vorzüge ihres behaglichen Hausstands.

Frau Emilie leidet – wie man es häufiger bei reiferen Frauen ihres Großformats findet, die den Zenit des Lebens schon hinter sich haben – an einem Herzfehler, und die gute Sozialversicherung schickte sie, auf daß sie genese, in das schöne Herzbad Liebenstein. Diese Kur ist Frau Emilie gar nicht bekommen; denn die Aufregungen hörten nicht auf.

Schon die Bitte an ihren fernen möblierten Freund um Zusendung einer heilenden Medizin wurde auf höchst merkwürdige Art beantwortet. Ein Päckchen mit den gewünschten Tabletten kam, und dazu ein Brief von zarter Hand. »Liebe Tante« überschrieben und unterschrieben »Ihre Haustochter Edith«.

Kann man sich nach Erhalt eines solchen Briefes Emiliens gequältes Herz vorstellen, da sie doch gar keine Edith kannte? Die Sozialversicherung hatte keine Kosten und Mühen gescheut, umsonst, denn der hohe Blutdruck wollte nicht weichen, noch immer waren dunkle Töne aus Emiliens Herzkammer deutlich zu vernehmen.

Die Ahnungen wurden aber nach Emiliens Rückkehr noch in den Schatten gestellt. Auf den Betten war nur das rote Inlett zu sehen, ihre funkelnagelneue Aussteuer war weg. Es fehlte Emiliens kostbarer Schatz von 150 Silbermark, durch zwei Weltkriege, eine Inflation und einen Währungsschnitt behütet wie ein Augapfel. Es fehlten ein Trauring und die Uhr ihres Seligen. Nur die Unterwäsche war vorhanden, und das wird jeder verstehen, der die blutjunge »Haustochter Edith« in weißen Strümpfen und rotem Röckchen neben der Kolossalerscheinung der Witwe Emilie gesehen hätte.

Ich war zu meinem Glück nicht dabei, wie dem bösen Friedrich von der herzkranken Emilie die Leviten gelesen wurden. Was sie als Zeugin vor dem Amtsgericht Mitte aussagte, das reichte mir.

Vier Monate Gefängnis bekam Edith, die sich zu Unrecht

in Friedrichs Herz und Emiliens Kammer eingenistet hatte, nicht deswegen, sondern weil sie Emiliens Schmuck und Putz versilbert und das Silber verputzt hatte.

Wie treulos Menschen sein können, war aus der tragischen Geschichte von Friedrich, Emilie und Edith zu entnehmen. Wie treu aber ein wackerer Vierbeiner sein kann, nein sogar ist, erfahren wir aus der wirklich wahren Geschichte:

Die Stute Doga macht das Rennen

Diese Geschichte handelt von der Traberstute Doga und ihrem Doppelcharakter. Damit meine ich nicht, daß sie im Galopp schon einmal einen Seitensprung gemacht hatte. Das würde einer Traberstute nie passieren. Solches konnte ihr niemand nachsagen, im Gegenteil. Sie war auf der schönen Rennbahn Karlshorst allen anderen um eine Nasenlänge voraus. Kurzum, man schätzte sie sehr. Sagen wir auf zwanzigtausend Mark.

Das war die eine Seite ihrer guten und rühmenswerten Eigenschaften. Mit ihnen brachte sie ihrem Besitzer, dem Treuhänder der Rennbahn, manch unnütze Pokale und nützliche Sümmchen ein. Zudem war aber Doga in ihrer zweiten Eigenschaft ein Wesen aus Fleisch und Blut. Und Fleisch war – wir schreiben den 30. November des Jahres 1948 – noch sehr knapp.

An diesem Tage fand in Neukölln eine jener gemütlichen Geburtstagsfeiern statt, die in der Strafjustiz nicht unbekannt sind. Es war Adventszeit, und das Hauptgespräch des Tages war der Braten zum heiligen Christfest.

Werfen wir einen Blick auf die gemütliche Kaffeerunde: Da sehen wir zwei Persönlichkeiten, die als Angeklagte, und zwei andere, die als Zeugen bei der »Preisverteilung« in der Berufungsinstanz am Donnerstag, dem 21. September 1950, wieder dabei waren.

Das Vorurteil gegen ein Pferdekotelett sei vollständig unzeitgemäß. Diese Meinung vertrat Fräulein Minna, heute eine der Angeklagten, damals mit aller Deutlichkeit, und damit hatte sie die Kaffeerunde ganz auf ihrer Seite. Und Minna behauptete vor Gericht, auch Hubert sei genauso vorurteilsfrei gewesen. Er habe sich sogar verpflichtet, der Tafelrunde einen leckeren Weihnachtsbraten in Gestalt einer Traberstute zu besorgen.

Hubert, der zweite Angeklagte, zu damaliger Zeit Hufschmied von Karlshorst, konnte sich nur an ein Gespräch über Weihnachtsbraten im allgemeinen erinnern. Jedoch, das bekundete er steif und fest, sei nie von Pferdefleisch und schon gar nicht von einer Traberstute die Rede gewesen.

Nun hatte – und hier muß ich wiederum die Geschichte unterbrechen – auch der 30. November 1948 einen Doppelcharakter. Er war nicht nur Vorbereitung auf das heilige Christfest, er war auch das Datum der Spaltung Berlins. Es wurde nach dem Anschluß Westberlins an das westdeutsche Währungssystem ein neuer Oberbürgermeister für den Ostsektor gewählt, Friedrich Ebert.

Der Treuhänder, oder man kann ihn besser den Untreuhänder der Rennbahn Karlshorst nennen, wollte sein Schäfchen ins Trockene und seine Traber in den Westen bringen. Es verlautete, er habe den Hufschmied Hubert durch einen »unbekannten Mittelsmann« gegen eine Belohnung von tausend Westmark beauftragt, die Stute Doga pro forma zu stehlen und im Renntempo nach Neukölln zu bringen. Und von diesen tausend Westmark wollte der ungetreue Treuhänder der gemütlichen Kaffeerunde den Weihnachtsbraten kaufen, das gab er in der Berufungsinstanz zu.

Am 13. Dezember 1948 um Mitternacht erschien Hubert hoch zu Roß bei Fräulein Minna. Doga wurde in einer Garage versteckt, die dem Bruder von Fräulein Minna gehörte. Und das Fräulein verkaufte schon in der Nachbarschaft die noch nicht vorhandenen Rouladen und Karbonaden.

Doga hingegen zeigte, daß sie mehr Verstand hatte als der Untreuhänder, mehr als Hubert und Fräulein Minna zusammen. Sie wollte weder als Weihnachtsbraten geschlachtet werden noch für den Untreuhänder westlichen Lorbeer ernten. Sie sehnte sich nach dem bescheidenen heimatlichen Hafer von Karlshorst, sie tobte und wieherte, bis Minnas Bruder, durch einige Vorstrafen gewitzt, nächtlicherweile die Garagentür öffnete und Doga einer Polizeistreife in die Arme laufen ließ.

Nun hatte das Schöffengericht im Ausgleich Nr. 1 festgestellt, Doga sei eine fremde »bewegliche« Sache. Der Treuhänder habe sie sich »rechtswidrig zugeeignet«, der fingierte Diebstahl wurde ihm nicht geglaubt. Verwerflich sei es, ein Pferd zu stehlen, und der Untreuhänder wurde zu zwei Jahren, Fräulein Minna wegen Beihilfe zu anderthalb Jahren Gefängnis verurteilt.

Im Ausgleich Nr. 2, in der Berufungsinstanz, wurden die Quoten stark ermäßigt: Ein Schaden war ja dank Dogas Klugheit nicht entstanden. Der Treuhänder hat sich inzwischen als fleißiger Arbeiter bewährt, die jetzt verhängte Strafe gilt durch die Untersuchungshaft als verbüßt, und Minnas »Platz-Quote« von sieben Monaten ist auch in gleicher Weise schon ausgeglichen.

Ja, ich weiß es noch heute, was am Mittwoch, dem 16. August 1950, geschah. Alle Verfahren waren, wie wir Gerichtsreporter sagten, geplatzt. Es gab dann nur noch die letzte Möglichkeit: »Gehen wir zu Krause«. Einzelrichter im Landgericht Berlin. Berufungsverfahren, also zweite Instanz. Bei Krause ging es immer so zu, wie in der Kneipe in der Nebenstraße »Zur letzten Instanz«.

Ohnmacht in zweiter Instanz

Wem soll der Berufungsrichter Krause glauben? Der Angeklagten Erna Stiebe? Hysterisch und jämmerlich beteuert sie ihre Unschuld. Oder dem Eid des abwesenden Herrn Grün und der anwesenden Frau Nolte? Schon bei ihren Vorstrafen hatte Erna Stiebe geschwindelt. Sie bestritt die Verurteilung aus dem Jahr 1947 im Register. Volksrichter Krause von der 10. Kleinen Strafkammer ist gründlich; er schiebt den Fall für eine halbe Stunde auf und läßt die Akten holen. Das Register stimmt.

Die Geschichte, die Erna angestellt hat, soll auf dem Kurfürstendamm begonnen haben. Sie endete mit einer Ohnmacht in zweiter Instanz.

Leider war Herr Grün, der Beglückte und Geschädigte, »geschäftlich verhindert«. Er hatte seine Bude auf dem westlichen Teil des Potsdamer Platzes und das möblierte Zimmer mit dem separaten Eingang in Schöneberg aufgegeben und war nach Bochum gereist.

Im November »weilte« er noch in Berlin. Zu später Stunde lernte er eine Dame auf dem Ku-Damm kennen, die sich Ellen Basig nannte. Von ihrem Beobachtungsbalkon aus sah die Witwe Nolte ihren möblierten, sonst so soliden Herrn Grün am nächsten Morgen in Damenbegleitung entschwinden.

Einige Wochen später erschien nun eine fremde Dame bei besagter Frau Nolte und erbat die Herausgabe der Schreibmaschine im Auftrage des Herrn Grün. Frau Nolte schwankte, aber da die Fremde sogar wußte, daß die Schreibmaschine unten im Kleiderschrank stand, war die alte Dame davon überzeugt, Herr Grün hatte nach ihr gesandt, weil er das Schreibgerät so dringend brauchte.

In seinem Kramladen brauchte Herr Grün natürlich keine Schreibmaschine. Sie blieb entschwunden samt der Dame, die sie abgeholt hatte. Auch eine Ellen Basig, an die sich Herr Grün dann plötzlich wieder erinnerte, war nicht aufzufinden. Den Krach zwischen Herrn Grün und Frau Nolte kann man sich gut vorstellen, denn Herr Grün war nicht berechtigt, Damen mitzubringen, und Frau Nolte war nicht berechtigt, Schreibmaschinen herauszugeben. Dieser Fall beschäftigt übrigens eine Zivilkammer eines Berliner Amtsgerichts.

Berlin jedoch ist klein, und Herr Grün entdeckte wieder einmal zu später Stunde Ellen Basig auf dem Bahnhof Friedrichstraße. Er veranlaßte Festnahme und Anzeige. Aber sie hieß ja gar nicht Ellen Basig, sondern Erna Stiebe. Frau Nolte erkannte sie zwar sofort bei der Polizei als die Dame wieder, die damals die Maschine abgeholt hatte. Aber Erna Stiebe wußte nichts von Herrn Grün und dem Zimmer mit dem separaten Eingang und erst recht nichts von einer Schreibmaschine. Trotz standhaften Leugnens wurde sie in erster Instanz zu einer Gefängnisstrafe verurteilt.

Hier in zweiter Instanz, bei Richter Krause, bittet sie, da sie vollkommen unschuldig sei, um eine milde Strafe.

»Wenn Sie vollkommen unschuldig sind, verehrte Frau Stiebe, brauchen Sie nicht um eine milde Strafe zu bitten.«

Das wirft Erna völlig um. Sie fällt in einer dramatischen Ohnmacht zu Boden.

Das Urteil, die sieben Monate der ersten Instanz, wird bestätigt. »Die Angeklagte hat ausgiebig von ihrem Recht zum Lügen Gebrauch gemacht. Trotzdem wird ihr aus Billigkeitsgründen die Untersuchungshaft in vollem Umfang angerechnet.«

»Herr Richter«, jetzt strahlt völlig gesund Frau Erna, »wenn ick Ihnen außerhalb vom Jerichtshof treffe, dann jehe ick mit Sie einen Schnaps trinken.«

Und Richter Krause strahlt auch. Das ist seine Kundschaft.

Dienstag, 28. Februar 1950. Von diesem zweiten Fall in meinem Reporterleben, ist mir heute, im Jahre 1996, noch der ganze Verlauf in Erinnerung. Meine Überschrift lautete, sehr ungewöhnlich:

Angeklagter: Der § 218

Frauen saßen über eine Hebamme zu Gericht. Der Vorsitzende, nein, die Vorsitzende. Nicht der Verteidiger. Aber eigentlich lag die Verteidigung der Angeklagten in der Hand der sehr temperamentvollen Staatsanwältin.

Noch nie wurde das Plädoyer eines berufsmäßigen Anklägers mit so starkem Beifall, ja, selbst von der Angeklagten aufgenommen, wie an diesem Spätnachmittag im Amtsgericht zu Köpenick.

Die Angeklagte war eigentlich nicht die Hebamme, es war der Paragraph 218, der noch, auch im Ostteil Berlins, seine Gültigkeit in seiner alten Fassung hatte.

Zwar wurde die Frau verurteilt, und zweifellos mit Recht, denn eine Hebamme soll diesen Eingriff nicht vornehmen, sondern ein Arzt. Auch dann nicht, wenn die soziale Berechtigung, die in einem dieser Fälle zweifellos vorlag, und die Angeklagte, man möchte sagen, durch ihre Tat den beiden Eheleuten ein Weiterleben ermöglicht hat; ja, sie tat es unentgeltlich. Die drei Monate allerdings, zu denen sie verurteilt wurde, sind durch die Amnestie hinfällig geworden.

Und nach der Verhandlung geschah das Überraschende. Das »Hohe Gericht« entledigte sich seiner Roben und Würden, stieg zum Publikum herab. Die Angeklagte, die Vorsitzende, die Staatsanwältin und Frauen Köpenicks aus dem Zuhörerraum saßen zusammen und sprachen miteinander über die vielen Fragen, die den Prozeß berührten. Über die unzureichenden Hebammengebühren. Über Frauen, die sich nicht trauten, eine Beratungsstelle aufzusuchen und allein mit unzureichenden, ja gefährlichen Mitteln eine Schwangerschaft beendeten. Auch über den Abbruch der Schwangerschaft in den ersten drei Monaten, eine Tat, für die während der Zeit des Faschimus in vielen Fällen die Todesstrafe verhängt wurde.

Einmütig war die Ablehnung des längst überholten alten Paragraphen in seiner jetzigen Fassung. Und sein schärfster Gegner war wiederum die Vertreterin der Anklage. Alle Frauen forderten ein schnelleres Arbeiten der Gesetzgebung in Ostberlin und vor allem ein schnelleres Arbeiten der Kommission, die über statthafte Eingriffe zu entscheiden hat.

Es wurden Fälle schwerwiegender Schlamperei erwähnt, Frauen, die einen Abbruch einer Schwangerschaft beantragten, bekamen von der zuständigen Kommission erst nach drei Monaten eine Zustimmung; dann allerdings war an einen Eingriff nicht mehr zu denken. Eingriffe dürften nur von Ärzten in einer Klinik vorgenommen werden.

Ein Satz aus der Zeit vor 1933, der damals ein Leitsatz war: »Das erste Recht des Kindes ist, willkommen zu sein«, sollte endlich geltendes Recht werden.

Diese Forderung der Frauen von Köpenick sollten am 8. März, dem Internationalen Frauentag, von Frauen Ostberlins erörtert werden. Eine solche Aussprache über ein brennendes Problem – im Anschluß an ein Strafverfahren – war eine Neuheit, so etwas hatte ich mir nicht vorstellen können.

Die Blutwoche

Für Montag, den 5. Juni 1950, wurden wir Reporter auf ein wichtiges Verfahren aufmerksam gemacht. Es war der Prozeß gegen die Mörder der Köpenicker Blutwoche vom Juni 1933. Ein schreckliches Ereignis, man kann sagen ein Pogrom, das sich gegen Sozialdemokraten und Kommunisten und auch gegen parteilose Antifaschisten richtete. In Bierlokalen der SA und im Amtsgerichtsgefängnis Berlin-Köpenick, ja auch im Reichsbannerwassersportheim »Wendenschloß«, im größten Arbeiterbezirk Berlins wollte die SA zeigen, daß die beiden großen Arbeiterparteien, die Sozialdemokraten und die Kommunisten nichts mehr zu sagen hatten.

Hitlers faschistische Partei, die NSDAP, beherrschte nun die Polizei. Die Reichswehr hatte dem Führer und Reichskanzler völlige Handlungsfreiheit zugesichert.

Sofort nach dem Reichstagsbrand, am 27. Februar 1933, der von Hitler, Goebbels und Göring inszeniert war, hatte die Reichsregierung unter Kanzler Hitler den Ausnahmezustand ausgerufen. Man hatte auch im brennenden Reichstag einen jungen Holländer van der Lubbe, Mitglied einer anarchistischen Sekte, verhaftet mit der Anschuldigung: Kommunisten haben den Reichstag in Brand gesetzt. Noch in derselben Nacht wurde eine Verhaftungswelle gegen führende Mitglieder der KPD in Gang gesetzt. Aber auch führende Sozialdemokraten wurden von Polizei und der zur Hilfspolizei erklärten SA festgenommen. Die KPD wurde verboten.

Die heutige bürgerliche Geschichtsschreibung berichtet über diese Anfangszeit der Nazis ungenau. Es wird so dargestellt, als ob der Terror der NSDAP sich schon bei Beginn der Naziherrschaft gegen den jüdischen Teil der deutschen Bevölkerung gerichtet hat. Dabei wird von diesen Historikern völlig vergessen, daß der Blutterror der NSDAP sich in den ersten Wochen, ja, in den ersten Monaten im wesentlichen gegen die beiden Arbeiterparteien und vor allem gegen die KPD richtete.

Der Terror gegen den jüdischen Teil der deutschen Bevölkerung begann später. Der 1. April 1933 mit dem Aufruf zum Boykott gegen jüdische Besitzer von Geschäften, gegen jüdische Anwälte, gegen jüdische Ärzte war ein Vorzeichen. Ein Boykott von einem Tag.

Wer aber als jüdischer Geschäftsinhaber Kommunist war, der stand von nun an unter ständigem Boykott. Das habe ich miterlebt.

Die Mitglieder der NSDAP wurden aufgefordert, in Geschäften und Warenhäusern, die im jüdischen Besitz waren, nicht mehr einzukaufen. Die Besitzer der großen Warenhäuser verkauften schließlich ihre Geschäfte an sogenannte arische Kapitalisten. Das Versprechen der Nazis, die Warenhäuser abzuschaffen, um die kleinen Geschäftsleute zu fördern, war ein Betrug.

Am 5. Juni 1950 begann der Prozeß gegen einige Täter der Köpenicker Blutwoche. Er dauerte bis zum 19. Juli 1950.

Der Präsident des Landgerichts, Ranke, eröffnete als Vorsitzender der Vierten Großen Strafkammer die Verhandlung gegen 32 der Köpenicker SA-Männer. Die Anklage vertrat Generalstaatsanwalt Berger.

91 Personen wurden ermordet, etwa 500 bestialisch mißhandelt und verstümmelt. In den Bierlokalen der SA »Demuth«, »Tante Anna«, »Seidler«, im Reichsbannerwassersportheim »Wendenschloß« und im Amtsgerichtsgefängnis. In dieser schrecklichen Woche im Juni 1933.

Die Blutwoche in Köpenick war der erste größere Auftakt zu den Verbrechen der Faschisten, erst in Köpenick, dann in ganz Deutschland, dann in Europa. Hier wurden bewußt die Henkersknechte der Nazis an deutschen Antifaschisten, Kommunisten, Sozialdemokraten, Juden und Katholiken, selbst Deutschnationalen »abgehärtet« und »trainiert«, bevor der große Blutrausch, der zweite Weltkrieg steigen konnte.

Die Blutwoche in Köpenick stellte alle bisherigen von der SA in anderen Stadtteilen begangenen Grausamkeiten weit in den Schatten. Von den 91 in dieser Woche Getöteten konnten nur 21 aufgefunden werden. Die meisten waren verstümmelt, in Säcke genäht ins Wasser geworfen worden. Die Verbrechen sind ein Schandmal, das in Generationen nicht vergessen werden kann. Es führt ein gerader Weg der Vernichtung aller demokratischen Organisationen zur Vernichtung von Millionen Menschen, Tausenden Städten. Dieser Weg endete in einem Meer von Tränen und Blut.

Mehr als 30 der Angeklagten hielten sich noch in Westdeutschland verborgen. Weitere 140 Beschuldigte wurden gesucht. In den ersten beiden Verhandlungstagen wurden die Angeklagten zur Person vernommen.

Der höchste Richter für Verbrechen der ersten Instanz, Landgerichtspräsident Ranke, leitete die Verhandlung. Schon bei der Feststellung der Personalien fiel mir sein überaus scharfer Ton auf. Am Ende dieses Tages unterhielt ich mich mit dem Pressereferenten des Gerichts über den Verlauf des Prozesses. Ich war ja noch ein Neuling. Ich wunderte mich über den Ton der Verhandlungsführung. Ich sagte dem Pressereferenten, ich verstehe den Präsidenten nicht, warum er bei seinen Fragen nach den Personalien einen solch scharfen Ton gebraucht. »Wir vertreten doch die beste Sache der Welt«, waren meine Worte.

Am nächsten Verhandlungstag kannte ich meinen Präsidenten nicht wieder. Zu den Angeklagten sprach er normal und höflich, beinahe wie ein Vater zu seinen Kindern. Fast zu liebenswürdig.

Und am Ende dieses zweiten Tags kam er auf mich zu: »Ist die Presse jetzt zufrieden?«

Ich hatte bis jetzt nicht zur Kenntnis genommen, daß ich nicht als gewöhnlicher Pressemann galt, für ihn war ich als Korrespondent der »Täglichen Rundschau« der Vertreter der sowjetischen Besatzungsmacht. Ich schämte mich für diesen deutschen Untertan.

Der Landgerichtspräsident gewöhnte sich an einen anderen, sachlichen Ton, auch gegenüber den stark belasteten Angeklagten.

Am letzten Tag des Prozesses, am 19. Juli 1950, saßen schon lange vor der Eröffnung die Zuhörer dicht gedrängt im Verhandlungssaal, unter ihnen die schwerverletzten Zeugen der Köpenicker Blutwoche und die Angehörigen der Erschlagenen. Kurz nach 9 Uhr verlas Landgerichtspräsident Ranke die Urteile. 15 Todesurteile wurden ausgesprochen, darunter Friedrich Plönzke, Wilhelm Beyer, Fritz Letz und in Abwesenheit Bruno Demuth. Zu denen, gegen die eine Zuchthausstrafe auf Lebenszeit verhängt wurde, gehörten Richard Skibba, Werner

Rothkegel, Karl Bachnick, Werner Bauer und in Abwesenheit Erich Demuth.

Der ehemalige Kriminaldirektor Otto Busdorf wurde zu 25 Jahren Zuchthaus und 5 Jahren Gefängnis verurteilt.

Die Urteilsbegründung nahm fünf Stunden in Anspruch. Obwohl die gemeinsame Schuld aller Angeklagten feststand, habe das Gericht dennoch jeden einzelnen Fall sorgsam geprüft. 296 Zeugen waren geladen. Ein umfangreiches Dokumentenmaterial stand zur Verfügung. Das Gericht habe nur die Führer, Leiter, Organisatoren und die allerübelsten Sadisten zum Tode verurteilt.

Diejenigen, die sich nur zeitweise an den Mißhandlungen der Opfer beteiligt haben, wurden zu lebenslänglichem Zuchthaus verurteilt. Alle anderen, die an den Verhaftungen, Verschleppungen, Freiheitsberaubungen und Verhören teilnahmmen, seien nach Maß ihrer Verbrechen zu Zuchthausstrafen verurteilt worden.

Zum Schluß betonte der Vorsitzende, daß die SA in ihrer Brutalität keinen Unterschied machte zwischen kommunistischen, sozialdemokratischen und parteilosen Antifaschisten.

Kiebitz

Noch gab es keine Mauer, noch fuhr die S-Bahn vom Bahnhof Friedrichstraße fast ohne Kontrolle in den Westteil. Und zu den Prozessen im Ostteil, dort, wo damals die Straftaten in den Stadtteilen Mitte, Prenzlauer Berg und Friedrichshain verhandelt wurden, kamen auch manchmal die Gerichtsreporter aus Westberlin. Und wir Reporter aus dem Osten fuhren hin und wieder in den Westen, in das Kriminalgericht Moabit in der Turmstraße. Dort wurden alle Westberliner Kriminalfälle, auch die Fälle der zweiten Instanz abgeurteilt. Nur die von den westlichen Besatzungsmächten eingeleiteten Verfahren wurden in den jeweiligen Sektoren verhandelt.

Ich hatte eine besondere Verehrung für den »Kiebitz«, den beliebten Gerichtsberichterstatter der »Berliner Zeitung«. Schon in den ersten Tagen nach meiner Rückkehr, als ich noch meiner Frau Ruth bei Übersetzungsarbeiten half, griff ich zur »Berliner Zeitung« und las seine Gerichtsreportagen. So wie er müßte ich auch einmal schreiben können, war mein sehnlichster Wunsch.

Gerichtsberichte wurden damals mit großem Interesse gelesen. Es gab in Ostberlin eine ganze Menge Tageszeitungen. Die meist verbreitete »Berliner Zeitung«, dann das Zentralorgan der SED, »Neues Deutschland«, die »Junge Welt« für die Jugend, dazu noch Tageszeitungen der sogenannten Blockparteien, die »Neue Zeit« der CDU, »Der Morgen« der LDPD, die »Nationalzeitung« der NDPD, das »Bauernecho« der DBD und zwei Abendzeitungen, der »Nachtexpreß« und die »BZ am Abend«.

Und unter den Tageszeitungen nicht zu vergessen die »Tägliche Rundschau«. Diese und das »Neue Deutschland« im großen Format. Und alle hatten einen Gerichtsberichterstatter, weiblich oder männlich. Und natürlich hatte auch ADN, Allgemeiner Deutscher Nachrichtendienst, einen Gerichtsberichterstatter.

27

Ich war sehr erstaunt, in dem von mir so bewunderten »Kiebitz« eine höchst kluge und sehr charmante junge Frau kennenzulernen. Keine Schönheit im landläufigen Sinne, aber eine sehr angenehme echte Berlinerin. Sie war auch irgendwie und irgendwo verheiratet, aber von ihrem Mann sprach sie nicht, welche Rolle er in ihrem Leben oder auch Liebesleben spielte, habe ich bis zum heutigen Tag nie erfahren. Wir stehen noch immer in Verbindung.

Ich war – bei aller Zuneigung – abscheulich eifersüchtig: Sie schrieb ihre Reportagen in der populärsten Zeitung in Ostberlin. Wie oft stand ich damals im Bahnhof Friedrichstraße und wartete auf einen S-Bahnzug, der mich zum Bahnhof Bellevue bringen sollte – das war die Station, von der ich am besten das Kriminalgericht in der Turmstraße erreichen konnte. Und beim Warten beobachtete ich den Stand des Zeitungsverkäufers. Immer mußte ich sehen, daß eigentlich nur die »Berliner Zeitung« verkauft wurde, wenn ein Kunde – einer unter hundert – die »Tägliche Rundschau« verlangte, sagte dieser »bösartige« Mensch immer, wie zur Entschuldigung: »Ich brauche sie ja nur wegen des großen Formats zum Einpacken.« Und gerade an diesem Tag hatte ich eine so herzzerreißende Reportage in dem Einpackpapier.

Mit Kiebitz freundete ich mich an. Oft saßen wir gemeinsam auf der Pressebank in einem Prozeß, ja wir waren meist schon für den nächsten Tag zum selben Prozeß verabredet.

Sehr bald wurde mir auch anvertraut, daß an Tagen, an denen über gar kein interessantes Verfahren zu berichten war, die gesamte Gerichtsreporterschar, Ost und West, West und Ost, sich in einer Kneipe zusammensetzte, und sich ein wirklich sensationelles Verfahren ausdachte. Und wenn der Bericht über diesen aufsehenerregenden Fall dann am nächsten Tag in Ost und West erschien, gab es in ganz Berlin keinen Menschen, der am Wahrheitsgehalt dieses erstaunlichen Verfahrens zweifelte, nicht einmal die Richter in Ost und West und West und Ost. Ich beteiligte mich mit viel Vergnügen an den Erfindungen, sagte aber auch jedesmal, ich werde diesen Fall nicht in der »Täglichen Rundschau« veröffentlichen, denn ich habe keine Lust, wenn unser Schwindel durch einen Zufall bei meinem sowjetischen Blatt herauskommt, die nächsten zwanzig Jahre in Sibirien zu verbringen.

Es war auch Sitte bei unserer Reporterschar, daß wir verabredeten, wer von uns in dieses und wer in jenes Verfahren ging. Dann wurde vereinbart, welcher Bericht am nächsten oder am übernächsten Tag veröffentlicht werden sollte.

Von mir wurde in der Redaktion möglichst jeden Tag eine Gerichtsreportage erwartet. Aber eines Tages platzten bei mir in Moabit alle Verfahren. In der Mittagspause fragte ich einen meiner Kollegen: »Hast Du vielleicht für mich einen interessanten Prozeß?« Und er wußte einen geeigneten Fall. Betrügerische Wahrsagerei. Mit meiner ganzen Kunstfertigkeit schrieb ich dieses sensationelle Verfahren. Natürlich hatte ich ihn gefragt: »Du, ist das auch wahr?« Er schwor Stein und Bein, die reine Wahrheit, nicht als die reine Wahrheit.

Als ich man nächsten Tag meine Zeitung aufschlug und las, was ich spät abends in allerletzter Minute geschrieben hatte, wußte ich sofort, der Kollege hat mich hereingelegt, dieser Fall, dem ich die Überschrift »Astro-logisch« gab, mußte erfunden sein. Und lachend gab der Kollege den Schwindel zu. Sibirien habe ich dennoch nicht gesehen.

Die »Berliner Zeitung« hatte einen klugen Chefredakteur, der seinen Journalistinnen und Journalisten manche Freiheiten erlaubte. Und Kiebitz erlaubte sich viel. Sehr bald nach unserer Bekanntschaft, ja Freundschaft, erzählte sie mir folgende wahre, aber wirklich erlogene Begebenheit. Sie hatte für den Tag keine brauchbare Reportage aus den Berliner Gerichtssälen finden können. In ihrer Not erfand sie eine rührselige Geschichte:

Ein Zigeunerjunge, elternlos, verdient seinen Unterhalt mit seinem Geigenspiel an einer Straßenecke im Prenzlauer Berg. Er pflegt in einem Dachgeschoß zu übernachten. Während er schläft, wird ihm dort seine schöne Geige gestohlen. Er verliert seinen Lebensunterhalt. In seiner Not beginnt er zu klauen, ein Brot aus einem Bäckerladen, von einem Markt eine Hose, die er dringend braucht. Diese Diebereien bleiben nicht unbemerkt. Ein Polizist beobachtet ihn, er nimmt ihn fest, und da der Junge keinen Wohnsitz nachweisen kann, wird er, bis zu seiner Verurteilung, in Untersuchungshaft genommen.

Eine vernünftige Richterin verurteilt ihn zu einer Gefängnisstrafe von zwei Wochen, die durch die Untersuchungshaft als verbüßt gilt. Und sie tut noch mehr, sie verschafft ihm einen Arbeitsplatz in einer Landwirtschaftlichen Produktionsgenossenschaft. Mit einer wehmütigen Bemerkung über diesen traurigen Fall beschloß unsere »Kiebitz« die rührselige Geschichte.

Der Fall aber wurde noch trauriger und rührender. Es kamen in der »Berliner Zeitung« achtzehn Geigen an, Geschenke der Leser für den armen Zigeunerjungen. Die verzweifelte »Kiebitz« faßte sich an den Kopf. Mit Tränen in den Augen ging sie zu ihrem Chefredakteur: »Um Gottes willen, was soll ich mit achtzehn Geigen machen, es gibt doch keinen Zigeunerknaben. Wohin mit dem ganzen Zeug?«

Er war wirklich ein ganz kluger Genosse: »Mein lieber Kiebitz, ich laß dich nicht in der Tinte sitzen. Wieviel Geigen hast du bekommen?«

Schluchzend wiederholte sie: »Achtzehn Stück«.

»Das ist doch ganz einfach. Du schreibst an alle Spender, wie großzügig unsere Berliner Leser sind: Stellen Sie sich vor, unsere Zeitung hat neunzehn Geigen für den armen Zigeunerjungen bekommen. Wir danken Ihnen sehr, für die hochherzige Spende. Wir haben eine sehr schöne Geige dem jungen Mann zugeschickt. Die anderen achtzehn Geigen senden wir allen anderen Spendern, wie auch Ihnen, mit verbindlichstem Dank zurück, auch im Namen des jungen Mannes.«

Kiste 2

Westverfahren – Westerfahrung

Es muß sich am Freitag, dem 10. März 1950, zugetragen haben, da nahm ich zum ersten Mal an einem westlichen Strafverfahren teil. Hier mein Bericht:

Korrigiertes Glück

Wir glauben gern, daß der Landgerichtsrat des Westberliner Gerichts sehr genau schweren aromatischen Rheinwein von prickelnd-säuerlichem Mosel unterscheiden kann, ja er sieht so aus, als ob er jeden Jahrgang »Niersteiner« mit verbundenen Augen vom Gaumen her bestimmen könne. Solche Männer sind jovial und wohlbeleibt, genießen Ansehen und plaudern fröhlich in ihrem gemütlichen rheinischen Dialekt.

Aber als unser Rat gezwungen war, zwei etwas heruntergekommene »Herren« seiner eigenen Schicht wegen Besitzes einer gewerbsmäßigen Spielhölle abzuurteilen, verließ ihn sein fei-nes Unterscheidungsvermögen. Er ging mit einer großartigen Geste über die polizeilichen Feststellungen hinweg, das beschlagnahmte Roulette – Herr Rat betonte, grammatikalisch richtig hieße es die Roulette, grammatikalisch urteilt er richtig, also schließen wir uns ihm hier an –, die Roulette sei ein wenig korrigiert zugunsten der Besitzer.

Aber Herr Rat verurteilte die Herren nicht wegen betrügerischen Glücksspiels, nein, sie sollten in den Genuß der Westberliner Amnestie kommen. Soweit war klar, hier mußte ein Freispruch erfolgen, denn wie bei dem Franzosen in Lessings »Minna« heißt »corriger la fortune« nicht »betrügen«.

Juristisch aber differenziert Herr Amtsgerichtsrat haarscharf, nur das Geld auf dem Spieltisch müsse man einziehen. Das Geld, das die betrügerischen Veranstalter bei sich hatten, könne nicht als Spielgeld betrachtet werden, wohingegen das Geld,

31

das die Besucher dieser Spielhölle bei sich führten, juristisch eben Spielgeld sei und deswegen einzubeziehen.

Herr Rat ist jovial. Das können wir ohne Zweifel auch beim zweiten Fall feststellen. Ein Straßenmädchen, jung, arbeitslos und verschüchtert, steht vor dem gewichtigen Herrn. »Urkundenfälschung«, sagt der Staatsanwalt. Herr Amtsgerichtsrat wird väterlich. Sie war krank gewesen, also »berufsbehindert«.

Und der Tatbestand? Sie hatte ein vierjähriges Kind mit kleinen Zetteln zum Bäcker, Kaufmann und Fleischer – Metzger korrigiert Herr Amtsgerichtsrat in seinem rheinischen Dialekt – geschickt, hatte mit Frau Schulz, Frau Lehmann und Frau Krause unterschrieben und gebeten, man möchte dem Kleinen etwas Brot, Margarine und Wurst geben, man habe gerade kein Geld im Haus.

Erfolglos war die Fälschung. Bäcker, Kaufmann und Fleischer lieferten nicht, aber Urkundenfälschung war vollbracht. Hier hatte Herr Rat keinen »Niersteiner« vor sich. Hier gab es kein Abwägen, ob 1936er oder 1938er. Urkundenfälschung ist Urkundenfälschung.

Drei Monate Gefängnis und weise, vielleicht sogar wohlgemeinte Ermahnungen in rheinischer Mundart. Ein jovialer Richter der herrschenden Klasse von Westberlin.

Mein Bericht über eine Verhandlung in Moabit vom 2. August 1950, erschien am nächsten Tag:

Die Sammlung von Unterschriften verletzt kein Gesetz

Es gibt Menschen, die sind päpstlicher als der Papst, und in Westberlin gibt es einen Staatsanwalt, der »amerikanischer« ist als der Militärkommandant des französischen Sektors.

Nach der Anklageschrift dieses sonderbaren Beamten hatte sich Edith Mödebeck eines Ungehorsams gegenüber einer Verordnung des französischen Militärkommandanten schuldig gemacht. Es stand in dieser Anklageschrift, sie habe nichtlizensierte Zeitungen und Zeitschriften im französischen Sektor verbreitet.

Aber das stimmte nicht. Edith Mödebeck hatte ganz etwas

anderes getan. Sie hatte mit ihren Nachbarn über die Gefahr eines Atomkriegs diskutiert und bei ihnen eine Reihe von Unterschriften für den Stockholmer Appell gesammelt.

Jedoch die Angst vor der West-Polizei ist bei einigen Bewohnern im Sektor der Freiheit größer als die Furcht vor dem Tode in einer Atomkatastrophe. Einige der eingeschüchterten Nachbarn verlangten ihre Unterschrift zurück. Frau Mödebeck gab ihnen die freiwillig unterschriebenen Formulare wieder. Aber hinter diesem Verlangen lauern die bezahlten Agenten, die von der Tätigkeit dieser tapferen Frau erfuhren, sie anzeigen, und deshalb steht sie am Mittwoch vor dem Einzelrichter in Moabit.

Der Verteidiger verwies auf den Brief des Generals Ganeval, den er in der Übersetzung, wie sie im »Neuen Deutschland« veröffentlicht wurde, dem Gericht vorlegte. Hierin hatte der General ausdrücklich erklärt, das Sammeln von Unterschriften für den Stockholmer Appell sei im französischen Sektor gestattet.

Staatsanwalt und Richter taten sehr erstaunt, angeblich wußten sie nichts von einer solchen Erklärung. Sollte das Gericht, so erklärte der Verteidiger, die Wahrheit dieses Briefes bezweifeln, so beantrage er die Ladung und Vernehmung des Generals Ganeval.

Der Staatsanwalt ging auf den Brief in seinem Plädoyer nicht ein. Für ihn waren die Zettel zur Ächtung der Atombombe »nichtlizensierte Zeitungen«. Er erklärte Frau Mödebeck für überführt, sich eines Ungehorsams gegenüber einer Verordnung des französischen Militärkommandanten schuldig gemacht zu haben und beantragte 10 Tage Gefängnis.

Der Einzelrichter zog sich über eine halbe Stunde mit sich selber »zur Beratung« zurück, um über den Fall zu entscheiden, ob jemand ungehorsam sein kann, wenn der zuständige Kommandant die Tat für erlaubt erklärt.

Ein Nichtjurist hätte dies im Handumdrehen entscheiden können, einem Westjuristen fällt allerdings eine solche Entscheidung schwerer. Aber der Richter konnte nicht anders, er mußte Edith Mödebeck unter dem Beifall der Zuhörer freisprechen.

Nach Ansicht des Gerichts verletze die Sammlung von Unterschriften zur Ächtung der Atomwaffe kein Gesetz. Der Richter bezog sich ausdrücklich auf die Anordnung der Westalliierten Kommandantur über den Lizenzzwang von Zeitungen und Zeitschriften, der bis dahin so ausgelegt wurde, daß die Unterschriftsformulare als Zeitschrift anzusehen seien und die Unterschriftensammlung als Verbreitung dieser Formulare zu gelten habe.

Der Richter erklärte, daß selbst die weitgehendste Auslegung dieser Bestimmungen nicht den Tatbestand der Unterschriftensammlung umfassen könne, und ein gesetzestreuer Richter müsse, ob er wolle oder nicht, zu einem Freispruch kommen.

Noch im gleichen Monat wurde in derselben Sache verhandelt, aber in einem neuen Verhandlungssaal. Mein Bericht über diesen Fall erschien am Sonntag, 27. August 1950:

Die »Unabhängigkeit« der Westrichter

Ein neuer Verhandlungssaal im Moabiter Kriminalgericht wird heute zum erstenmal benutzt. Die letzten Spuren des zweiten Weltkriegs sind hier gerade notdürftig verputzt, aber schon wird er benutzt, um die Vorbereitung zum dritten Weltkrieg »juristisch« zu untermauern.

Hier werden unter den fadenscheinigsten Gründen, mit den dümmsten Argumenten und unter Vorspiegelung einer »unabhängigen« Justiz Menschen, die sich für den Frieden einsetzen, verurteilt.

Klaus Gütler wird vorgeführt, ein Student der Rechtswissenschaft, der im Westsektor wohnt. Der angehende Jurist erklärt, ihm sei nicht bekannt, daß er gegen irgendein Gesetz verstoßen habe, wenn er mit anderen Personen über die Notwendigkeit der Ächtung der Atombombe diskutierte.

»Meinen Sie«, fragt der Richter, »ein Dieb, der beim Stehlen gefaßt wird, könne sich darauf herausreden, daß ihm kein Gesetz bekannt sei, welches das Stehlen verbietet?«

»Mir ist nicht bekannt, daß ich wegen Diebstahls eingesperrt bin.«

Das Gericht konnte Klaus Gütler nicht nachweisen, daß er irgend jemand ein Formular des Stockholmer Friedensappells gezeigt habe. Dennoch beantragte der Staatsanwalt wegen der Verwerflichkeit der Tat des Angeklagten einen Monat Gefängnis.

Für diesen Juristen ist die Aufforderung, denjenigen, der zuerst die Atombombe verwendet, als Kriegsverbrecher zu ächten, eine verwerfliche Tat. Demnach handelt also derjenige, der die Atombombe zuerst anwendet nicht verwerflich. Drei Wochen Gefängnis verhängt der Richter. So wird der neue Saal eingeweiht. In drei Moabiter Sälen wurden 40 friedliebende Menschen dem Schnellrichter vorgeführt. Und merkwürdig, die »unabhängigen« Richter verhängten plötzlich übereinstimmend Gefängnisstrafen von drei bis vier Wochen, auch wenn es sich nur um »versuchte« Verbreitung oder Beihilfe zu dieser »Straftat« handelte.

Das Tollste aber war die Wandlung des »unabhängigen« Westrichters, des Herrn Assessor Krüger. Er hatte am 2. August im Prozeß gegen Edith Mödebeck, die auch Unterschriften gesammelt hatte, erklärt: »Die Sammlung von Unterschriften zur Ächtung der Atombombe verletzt kein Gesetz.«

Assessor Krüger hatte vor knapp drei Wochen gesagt, daß selbst die weitestgehende Auslegung der alliierten Bestimmungen nicht den Tatbestand der Unterschriftensammlung umfassen könne, und daß ein gesetzestreuer Richter, ob er wolle oder nicht, zu einem Freispruch kommen müsse. So am 2. August. Gestern, am 26. August, hatte derselbe »unabhängige« Richter den Fall Helmuth Krause abzuurteilen. Dieser zwanzigjährige junge Mann gab zu, mit jemanden im Westsektor über die Ächtung der Atombombe diskutiert zu haben. Er bestritt, das Stockholmer Formular überhaupt vorgelegt oder auch nur gezeigt zu haben.

Der Staatsanwalt behauptete, Helmuth Krause müsse bestraft werden, denn die Diskussion über den Frieden störe die öffentliche Ruhe.

Herr Assessor Krüger aber wollte beweisen, daß er die »Zeichen der Zeit« verstanden hat, er sagte heute:

»Der Angeklagte wird zu vier Wochen Gefängnis verurteilt. Das Wiedergeben, bzw. das Auswendiglernen eines Flugblattes ist dem Verbreiten einer nichtlizenzierten Druckschrift gleichzusetzen. Das Gericht wird nicht anders können, als dieses ebenso hart zu bestrafen. Diese Auffassung kann keinen rechtlichen Bedenken unterliegen.«

In der Zeit zwischen beiden Verhandlungstagen hatten sich die Spannungen zwischen Ost und West sehr verschärft. Am 9. August 1950 wurde von der beratenden Versammlung des

Europarates von verschiedenen Seiten die Frage einer Wiederbewaffnung Westdeutschlands erörtert.

Und am 16. August wurden acht im Nürnberger Kriegsverbrecherprozeß Verurteilte, u. a. Friedrich Flick, wegen guter Führung aus der Haft entlassen. Am 17. August forderte Adenauer bei der Besprechung mit den Hohen Kommissaren der Westmächte eine schnelle Aufstellung einer deutschen »Abwehrtruppe«.

Am Sonntag, 29. Oktober 1950, erschien mein Bericht über einen wirklich peinlichen Tag in Moabit, ich nannte ihn

Westjuristen unter sich

Es spielt in den »feinsten« Westberliner Kreisen, und die erste Große Strafkammer in Moabit hat einen peinlichen Tag. Denn der Angeklagte und fast alle Zeugen sind Juristen. Man ist unter sich.

Da gab es vor Jahren einen wohlhabenden Mann, der in Plötzensee ein Jahr abzumachen hatte und für den eine Westberliner Frau »Senatspräsidentin« einen Anwalt suchte, der es versteht, ein geschicktes Gnadengesuch einzureichen, auf daß der bewußte Mann von der Verbüßung seiner Haft verschont bliebe. Sie empfahl dem Plötzenseer – er ist inzwischen verstorben – den Herrn Rechtsanwalt und Notar, nennen wir ihn jetzt Dr. Bert. Der ist heute der Angeklagte.

Dr. Bert hat weitreichende Beziehungen, und das Erwirken eines Gnadengesuches kostet Zeit, Mühe und Spesen. Bevor er nur einen Finger krumm und eine Feder naß macht, sind erst einmal tausend Mark zu bezahlen. Und siehe da, die Gnade wird erwirkt, und unser Plötzenseer wird bei schwebendem Haftbefehl vorläufig auf freien Fuß gesetzt.

Rechtsanwalt Bert samt Frau, Sohn und dem ganzen Büro, ja auch Frau »Senatspräsidentin« fanden sich zu einem feuchtfröhlichen Dämmerschoppen bei dem Haftentlassenen ein. Man aß, trank und tanzte in dessen Bar, bezahlte aber mitnichten bar.

Dr. Bert nahm seinen Klienten in einem seiner wenigen nüchternen Momente auf die Seite und bat ihn ebenso höflich wie dringend, jetzt aber die nächsten zweitausend (von insgesamt fünftausend) Mark zu bezahlen, auf daß die Gnadensonne weiter auf seine neu eröffnete Bar leuchte.

Der ständig drohende Haftbefehl verwandelte den haftentlassenen Barbesitzer in eine nie versiegende »Milchkuh« für unseren wohlbeleibten, graumelierten und jovialfröhlichen Westjuristen. Und als wieder einmal das Gefängnis sehr real für unseren Plötzenseer drohte, da mußte Dr. Berts Assessor den Oberstaatsanwalt in Neukölln anrufen. Wir wollen auch dessen Namen verschweigen, denn auch er weilt nicht mehr unter den Lebenden und kann sich nicht mehr verteidigen. Aber damals erklärte er dem Assessor: »Herr Kollege, wenn die Sache beschleunigt werden soll, dann besorgen Sie mal zwei Flaschen Schnaps und eine Stange Amis.«

»Das war natürlich scherzhaft gemeint«, sagt heute der Vorsitzende der 1. Großen Strafkammer (West), und der Assessor, heute selbst ein angesehener Anwalt, bestätigte das bereitwillig. Aber dieser »Scherz« wurde unserem Plötzenseer als Ernst weitererzählt. Das sei Betrug, wird Dr. Bert heute vorgeworfen, denn ein Westberliner Oberstaatsanwalt kann nicht bestechlich sein.

Tatsächlich hat er aber deswegen nie Strafantrag gestellt, und tatsächlich hat der zahlungskräftige Barbesitzer nie mehr gesessen, das Mittel hat also offenbar gewirkt.

Wer hatte nicht alles von seinem Schnaps und Geld genommen. Von Frau »Senatspräsidentin« abwärts. Wer allerdings kein Geld hat, und wer vielleicht wegen Unterschriftensammelns gegen die Atombombe sitzt, für den ist Plötzensee kein »offenes« Haus. Für den besorgt Frau »Senatspräsident« keinen Anwalt, der gut schmieren kann.

Hier aber mußte die Staatsanwaltschaft, die das Verfahren gegen Dr. Bert einzuleiten hatte, nach genauen Anweisungen die Vernehmungen vornehmen, damit ja nicht »noch mehr Schmutz« aufgewühlt wurde.

Dr. Bert war reumütig. Er nahm alle Schuld auf sich, niemanden belastete er, keine Frau »Senatspräsidentin«, keinen Landgerichtsdirektor, keinen Oberstaatsanwalt. Sie behielten alle ihre, ach, so reine Weste. Deswegen wurde er auch freigesprochen. Dr. Bert darf weiter in Moabit als Rechtsanwalt auftreten. Denn eine Moabiter Krähe hackt der anderen ...

Es war Klatsch und Tratsch über allzu zarte Beziehungen und harte Währung. Damals aber hatte meine wahrheitsgemäße Schilderung Folgen: Ich bekam Hausverbot in Moabit.

Noch fünf Jahre später, als ich schon für die »Wochenpost« schrieb, war der Bannstrahl nicht aufgehoben.

Am 28. November 1955 schrieb der Leiter der Justizpressestelle, Berlin NW 40, Turmstraße 91 an die Redaktion der »Wochenpost« Berlin W 8, Kronenstraße. 73/74:

Betrifft: Ihr Schreiben vom 12. 11. an den Landgerichtspräsidenten

Ihr Schreiben an den Herrn Landgerichtspräsidenten vom 12. 11. ist zuständigkeitshalber an mich weitergeleitet worden. Zu meinem Bedauern kann ich die von Ihnen gewünschte Pressekarte für den Berichterstatter Rudolf Hirsch nicht ausstellen. Die Gründe hierfür liegen in der Person des Herrn Hirsch.

Herr Hirsch war vom Mai bis Oktober 1950 als Gerichtsberichterstatter für die »Tägliche Rundschau« im Kriminalgericht Moabit tätig. Während dieser Zeit hat er eine ganze Reihe von Gerichtsberichten verfaßt, die nicht nur Entstellungen und grobe Unwahrheiten, sondern auch böswillige Verunglimpfungen der Richter enthielten.

Alle deswegen erhobenen Vorstellungen waren fruchtlos, so daß schließlich der Chefpräsident des Landgerichts Hausverbot gegen ihn erließ, um die Richterschaft vor weiteren Beleidigungen zu schützen.

Es ist dies seit 1945 der einzige Fall, in dem einem Journalisten das Betreten der Gerichtssäle verboten werden mußte. Umsoweniger kann ich es aber verantworten, die Tätigkeit des Herrn Hirsch von neuem durch die Justizpressestelle unterstützen zu lassen.

Hochachtungsvoll Ebert

Leider stimmte diese Behauptung nicht, es hatte keine »Vorstellungen« gegeben, der Bannstrahl traf mich wie der Blitz aus heiterem Himmel.

Kiste 3

Soll man lachen – soll man weinen?

Das Schnellgericht tagte in Ostberlin in der Dircksenstraße. Am 15. April 1951 erschien mein Bericht über eine Verhandlung dort. Ich habe den Verlauf noch heute im Gedächtnis. Ich sehe den Richter noch vor mir, ein junger Mann, ein Berliner, tüchtig, ein wenig allzutüchtig. Ein fixes Kerlchen. Er hatte nicht die Fähigkeit, die wirklichen Sorgen und Probleme eines Angeklagten zu verstehen:

Schnellgericht

Dem Angeklagten sollte eigentlich die Einrichtung des Schnellgerichts zugute kommen. Schnell soll das Urteil seiner Tat folgen, aber genauso sorgsam ist dem Richter aufgegeben, den Fall zu überprüfen wie in jedem anderen Verfahren.

Helga war eine Taschendiebin, und Taschendiebstähle sind verwerflich; sie sollten im Interesse der gesamten Bevölkerung hart bestraft werden. Die Angeklagte stand vor dem Schnellgericht in der Dircksenstraße und brachte kein Wort über die Lippen; sie war im siebenten Monat, unverheiratet. Hinter ihr lag, das war offenkundig, eine ganze Liebes- und Familientragödie, über die sie nicht bereit war zu sprechen.

Immer hatte sie gearbeitet und war auf ihrem kurzen 21jährigen Lebensweg ehrlich geblieben; dann aber kam die Schwangerschaft und das Zerwürfnis mit dem Freund – Helga blieb stumm darüber, und der sehr »routinierte« Richter betonte, daß es ihn auch nicht weiter interessiere. Ihre Arbeit mußte Helga aufgeben, da die Beschwerden sehr stark waren. War sie zu stolz oder beschämt, um sich krank schreiben zu lassen oder beim Sozialamt um eine Unterstützung nachzusuchen?

Ein Bekannter wollte ihr helfen, und sie stahl ihm, als er einen Moment sein Dienstzimmer verlassen hatte, fünfzig

Mark aus der Tasche. Sie hatte es ungeschickt angestellt, und der Herr verlangte – ohne Anzeige zu erstatten – Schadenersatz. Helga wanderte durch Konsum- und HO-Kaufhäuser und stahl in drei Fällen Frauen die Lebensmittelkarten und ein Portemonnaie aus der Tasche, um die fünfzig Mark zu ersetzen. Aber sie bekam nur ganz kleine Beträge und wurde beim dritten Mal geschnappt. Und so kam sie ins Gefängnis und vor das Schnellgericht.

Der Schnellrichter verurteilte sie wegen vier selbständiger Diebstähle zu mehreren Einzelstrafen und zog die Strafen zu fünf Monaten Gefängnis zusammen.

Das ist zum ersten einmal juristisch falsch, denn das Gesetz verlangt, daß mehrere Straftaten, die aus einem Entschluß heraus begangen werden und dasselbe Rechtsgut verletzen, als eine einzige fortlaufende Handlung zu bestrafen sind. Dann wäre Helga wegen eines Diebstahls verurteilt worden, und selbst ohne Berücksichtigung all der angeführten mildernden Umstände hätte das Urteil höchstens zwei Monate gelautet.

Aber außerdem ist das Urteil, vom menschlichen Standpunkt aus gesehen, anfechtbar. Die Jugend und ihre bisherige Straflosigkeit wurden nicht genügend berücksichtigt. Außerdem ist die Schwangerschaft – und besonders in Helgas Fall – ein Zustand, der eine Frau außerordentlich anfällig macht.

Zwar hob der Richter den an sich schon unsinnigen Haftbefehl auf, konnte aber um 10.30 Uhr am Sonnabend nicht dafür sorgen und ihr versprechen, daß sie nicht über Sonntag noch sitzen muß. Und zum Schluß versuchte der Schnellrichter, die Angeklagte zur Annahme dieses Urteils zu bewegen, ohne ihr in Ruhe mitzuteilen – was seine Pflicht war –, daß sie zu diesem Entschluß eine Woche Zeit hat.

Richter sein ist ein schweres Amt, und auch ein Volksrichter kommt leicht in die Gefahr, ein sehr tüchtiger routinierter »Justizbeamter« zu werden.

Eine Tragödie, der Kampf einer Mutter mit ihrer Tochter. Und dann noch im wunderschönen Monat Mai 1951. Soll man lachen, soll man weinen?

Das Waschbrett von Köpenick

»Und es wird beschlossen, die Hauptverhandlung vor dem Schwurgericht beim Landgericht Mitte zu eröffnen.« Es folgen drei richterliche Unterschriften. Also eine sehr ernste, sehr feierliche Angelegenheit, eine Sache, die um Leben und Tod geht.

So schlimm ist es zwar nicht. Tatsache aber ist: Dreimal hat die Justiz etwas versäumt, und auf Kosten der Stadt Berlin, d. h. auf Kosten der Allgemeinheit, wird ein großer Apparat in Bewegung gesetzt, um Jemandem einen Meineid nachzuweisen.

Im Hintergrund dieses Prozesses liegt da ein Schrebergarten mit einem seit zehn Jahren im Bau befindlichen Gartenhäuschen. Im Vordergrund aber geht dieses große Gerichtsverfahren um nichts mehr und nichts weniger als um das Eigentum an einem Waschbrett, um das sich Mutter und Tochter schon seit drei Jahren vor Gerichten in allen Größen und Preislagen zanken.

Die Tochter, dreimal verheiratet, ist Sieger geblieben. Sie ist nämlich als Eigentümerin des Häuschens eingetragen, das ihre 75jährige Mutter mitbewohnt.

Aber diese alte Frau kämpft verbissen gegen diesen »Raub«, sie will diesen Besitz ihrem Sohn und seinen Kindern erhalten. Es darf unter keinen Umständen an den dritten Mann der Tochter fallen.

Einmal klagte die Mutter schon um Nutzungsrecht an Haus, Hof und Garten, ein zweites Mal um die Herausgabe eines Trauringes, einer Bowle mit Kristallschalen, einer Tüllgardine, eines sechsteiligen Kaninchenstalls und – nun kommt's – eines Waschbretts. Die Tochter rückt alle Kostbarkeiten heraus, vom Trauring bis zum Kaninchenstall.

Aber das Waschbrett? – das kommt ja gar nicht in Frage. Das ist ihr persönliches Eigentum. Und der Richter in Köpenick, der diese wichtige Entscheidung zu fällen hat, macht sich die Sache leicht. Er läßt die Tochter schwören, daß dem so sei. Das ist der erste Fehler der Justiz.

Und nun, haßerfüllt, verfolgt die 75jährige Mutter ihre eigene Tochter mit einer Strafanzeige wegen Meineid. Beweisen kann man das nicht; denn den Tischler, der das ominöse Waschbrett verfertigt hat, deckt längst der kühle Rasen. Gleichfalls ist der zweite Ehemann der Tochter verstorben, der die Bretter angeblich besorgt hat. Dennoch erhebt die Staatsanwaltschaft Anklage wegen dieses lächerlichen, unbeweisbaren Familiengewäschs. Zweiter Fehler der Justiz.

Trotz des erfolglosen Ergebnisses des Ermittlungsverfahrens, gestützt nur auf die Aussage einer hassenden Mutter, die mit ihren 75 Jahren keine Kontrolle über ihre Aussage hat, erlassen drei Richter einen Eröffnungsbeschluß. Das ist der dritte Fehler.

Das Verfahren endete natürlich mit einem Freispruch. Die komplizierten Besitz- und Eigentumsverhältnisse eines Waschbretts in Köpenick konnten auch vom Schwurgericht nicht geklärt werden. Trösten wir uns. Es wird auch in Zukunft dunkel bleiben.

In Zukunft haben hoffentlich alle Beteiligten gelernt, vor allem aber unsere Richter und Staatsanwälte. Keine Schwüre mehr in Bagatellsachen.

Im Herbst 1951 bemerkte der stellvertretende sowjetische Chefredakteur der »Täglichen Rundschau« auf dem Gang wie nebenbei: »Kollege Hirsch, Sie dürfen die Entscheidungen der Gerichte nicht mehr kritisieren, denn wir sind eine sowjetische Zeitung, das würde doch aussehen, als ob die Sowjetunion sich in die inneren Angelegenheiten der DDR einmische.« Da wußte ich, das ich nicht lange mehr als Gerichtsreporter in dieser Zeitung bleiben würde.

Ich hörte auf, Gerichtsberichte zu schreiben und war nun als Stadtreporter unterwegs. Ich schrieb Glossen, auch Porträts über Persönlichkeiten des öffentlichen Lebens, es war »Kleinkram«. Ich habe mir nichts davon aufgehoben, es war für den Tag.

1952 hatte eine Parteikonferenz der SED den planmäßigen Aufbau des Sozialismus beschlossen, zumindest sollten Grundlagen dafür geschaffen werden. Das führte zu Unsicherheiten und Unruhen in der Bevölkerung. Notgedrungen beschloß das Politbüro am 9. Juni 1953 den »Neuen Kurs«.

Eine offene Kritik und wahrheitsgemäße Berichterstattung in der Presse sollten zugelassen werden. Zwei neue Zeitschriften wurden gegründet, das »Magazin« und die »Wochenpost«.

Zurück! Zurück! – Aber ohne musikalische Begleitung

Die Lehrjahre hatte ich hinter mir. Jetzt, im Dezember 1953, begannen die Gesellenjahre. Ein Gremium, das mir in seiner Zusammensetzung nicht bekannt war, Feinde und Freunde von mir, hatte nach langen Beratungen, wie ich hörte, nach vielem Weh und Ach, beschlossen, die Hälfte der letzten Seite der »Wochenpost« gehört dem Gerichtsbericht. Und das macht der Kollege Hirsch. Nein, nicht der Genosse. Denn in die SED war ich nicht aufgenommen worden.

Ich war zwar am ersten Tag nach meiner Rückkehr in Berlin, im November 1949, zum Zentralkomitee der SED gegangen. Man sagte mir, ich solle meinen Lebenslauf und einen Aufnahmeantrag mit Begründung schreiben. Ich lieferte alles ordnungsgemäß ab. Dann wurde ich nicht mehr vorgelassen, schon der Pförtner wies mich zurück. Es war wie in der »Zauberflöte«, immer, wenn ich mich erkundigte, ertönte dieses »Zurück! Zurück!«, aber ohne musikalische Begleitung.

Erst viele Jahre später wurde ich wieder als Kandidat der Partei aufgenommen, zwei Jahre darauf wurde ich Mitglied. Niemals aber wurde mir auch nur die niedrigste Funktion, wie zum Beispiel Kassierer, angetragen. Militärisch ausgedrückt erreichte ich nie den Rang eines Gefreiten oder gar eines Feldwebels. Später sogar revidierte sich die Partei und anerkannte meine Mitgliedszeit seit 1931 mit meinem Eintritt in die KPD.

Aber der liebe Gott verläßt keinen glaubensstarken Atheisten, wir wissen es, die »Tägliche Rundschau«, die sich einen Dreck um die Entscheidung des deutschen Zentralkomitees scherte, hatte diesem unsicheren Kantonisten Hirsch die Lehrstelle als Gerichtsreporter eingeräumt.

Etwas Merkwürdiges begann. Es wurden dort in der »Wochenpost« Wochenpläne, Monatspläne, Jahrespläne aufgestellt, welche Probleme man behandeln sollte. Pläne noch und noch. Nur der Gerichtsbericht konnte nicht vorher geplant werden.

Man konnte ja nicht vorschreiben, welche Betrüger an welchem Ort man im ersten Jahr der »Wochenpost« wünschte.

Ich hatte keine Lust, angestellt zu werden, dann hätte ich sämtliche Sitzungen mitmachen müssen. Ich wurde also, wie ich spöttisch behauptete, ein »fester Freier«. In Berlin ist das ein bekannter Begriff aus der Hurensprache.

Ich konnte kommen und gehen wann ich wollte. Nur wichtig war, daß rechtzeitig vor Redaktionsschluß ein Artikel mit genau festgelegten Zeilen vorlag.

Da aber der Setzer nach seinem Ermessen und Belieben für meine Artikel manchmal eine andere Schriftart auswählte, war nie genau vorauszusehen, ob mein Artikel einige Zeilen zu viel oder zu wenig hatte. Meist waren es zwei, drei Zeilen zu viel.

Dann hatte meine Ressortleiterin die unangenehme Eigenschaft, ohne meine Zustimmung eine oder zwei Zeilen zu kürzen. Und natürlich, da es bequem war, und die Muse der Journalistik sie nicht einmal im Traum geküßt hatte, strich sie immer nur die Schlußzeilen mit meiner Pointe.

Das war der einzige Krach, den es gab. Er ging oft bis zum Chefredakteur. Denn in meinem Vertrag hatte ich ausbedungen, daß jede Änderung und Kürzung nur von mir vorgenommen werden sollte. Zum Schluß hatte ich mich meist durchgesetzt. Aber der Krieg um die Zeilen flammte immer wieder auf. Ich, sonst ein überaus leiser Mensch, besonders höflich zum weiblichen Geschlecht, schrie sie bei solchen Gelegenheiten an, sie sei sogar zu bequem, die Hand zum Telefonhörer auszustrecken.

Es gab noch ein Zerwürfnis, allerdings nicht literarischer Natur. Zum ersten Jahrestag der Gründung der »Wochenpost« sollte ich die jetzt so anrüchige, so ins Gerede gekommene »hohe« Auszeichnung, die »Verdienstmedaille der DDR«, verliehen bekommen. Als man mir das mitteilte, sagte ich aus voller Überzeugung: »Ich nehme diese Auszeichnung nicht an.«

Man fragte mich: »Warum?«

Ich erklärte und sagte es immer wieder: »Das habe ich nicht verdient.«

Es wurde noch erwähnt, dabei sei eine Geldprämie. Obwohl mein Honorar sehr niedrig war, ich bekam im Monat 800 Mark, wenn ich krank war, und der Artikel ausfallen mußte, wurde gar nichts gezahlt, blieb ich dabei: »Das habe ich nicht verdient.«

In dem gewaltigen Bereich der Orden und Ehrenzeichen aller Art aus der Abteilung »Freud und Leid« war diese Medaille nicht die geringste, aber eine untere Stufe. Und ich bekenne meinen Hochmut, denn jeder, der die weitverbreitete Wochenzeitung der DDR las, ihre Auflage stieg bis zu 1 Million 400 000 Exemplare, und immer war sie ausverkauft, erklärte, er beginnt die Zeitung von hinten zu lesen, mit dem Gerichtsbericht.

Mein Markenzeichen war jetzt: »Als Zeuge in dieser Sache«.

Kiste 4

Sprachpflege

Kein Mensch hat es gern, wenn ein Kundiger seine Arbeiten kritisiert. Aber einmal habe ich eine böse Kritik an meiner Arbeit – von einem Germanisten und Professor gar – häufig und gern zitiert.

In einer theoretischen Zeitschrift für gutes Deutsch »Sprachpflege«, Heft 1 vom Januar 1974, schrieb K. E. Sommerfeldt über meine Arbeitsweise. Später erfuhr ich, daß er als Professor für Germanistik an einer Hochschule in Güstrow lehrte. Seine Lebensaufgabe war es, Lehrerinnen und Lehrer in gutem Deutsch auszubilden. Natürlich hat so ein Professor ein theoretisches Fundament:

»Zu einer sozialistischen Sprachkultur gehören unter anderem Klarheit, Einfachheit und Verständlichkeit sprachlicher Aussagen. Was wir ernsthaft anstreben müssen, ist eine höhere Stufe der Sprachkultur als Ausdruck des geistig-kulturellen Lebens in der sozialistischen Gesellschaft. Eine solche Sprachkultur zu schaffen, ist unser aller Aufgabe, besonders aber der Einzelpersönlichkeiten und Gremien, deren Sprachverhalten großen Einfluß auf andere Menschen ausübt.«

Meine Sprache gefiel ihm nicht, bitte, warum sollte sie ihm auch gefallen. Er begründete das sehr gelehrt: »Darin drückt sich eine Einstellung, eine Sprachhaltung aus, der man nicht zustimmen kann.« Und weiter:

»Besonders auffallend sind die vielen mit Adjektiven übersäten, doch recht kitschigen Personenbeschreibungen, teils aufreizend, teils rührselig.«

»Der Gipfel« aber sei erreicht in meinem Bericht »Der Schwangerschaftsausweis«. Er bemängelte meinen Vergleich von der Liebe mit dem Meer.

Ja, nun wollte ich von Professor Sommerfeldt lernen. Und ich schickte an die Zeitschrift »Sprachpflege« meine Entgegnung als einen Beweis meines Lerneifers mit der Bitte um Veröffentlichung:

»K. E. Sommerfeldt hat recht! Einfach, klar und verständlich muß man schreiben. Man muß von ›Einzelpersönlichkeiten‹ ausgehen, die Doppel- und Tripelpersönlichkeiten nicht beachten. Man muß lediglich ›Haltung gegenüber der sprachlichen Gestaltung‹ einnehmen. Man hat gewissermaßen eine ›Einstellung‹, eine ›Sprachhaltung‹, der man zustimmen kann.

Jetzt beeile ich mich nicht mehr, Sommerfeldt nachzueifern, nein, ich übe gewissermaßen zur Nacheiferung Beeilung.

So ändere ich jene Passagen, die K.E. Sommerfeldt bemängelte. Es soll nun nicht mehr heißen: ›Wohl ist das Ehemeer ruhiger geworden, aber ganz glatt ist das Wasser noch nicht; die Brandung schäumt in der Ehe nicht mehr über, und die Wogen rollen langsam und in großen Abständen an den Strand; auch bis zuletzt, auch bis es zum ersten Scheidungstermin kam.‹

Klar, einfach und verständlich im Sommerfeldtschen Sinne wird es nun geschrieben stehen:

›Zu Beginn der Ehe kam es in der Woche zwei- bis dreimal zum Geschlechtsverkehr. Später führte er nur allmonatlich sein Glied in ihre Scheide ein. Und im letzten Jahr wurde der eheliche Geschlechtsverkehr im Vierteljahresabstand durchgeführt. Zufällig fiel der letzte eheliche Geschlechtsakt kurz vor dem Scheidungstermin.‹

Welch ein Gewinn für die Sprachkultur, und das verdanken wir K. E. Sommerfeldt.«

Ich bat den Professor in der höflichsten Form, diese meine Erwiderung in seiner Zeitschrift abzudrucken. Leider wurde diese so freundschaftliche Korrespondenz schon in den ersten Anfängen unterbrochen. Ich bin fest davon überzeugt, daß es nur an der Post lag. Ich wußte schon aus meiner reichen Erfahrung: Briefe, die nicht geschrieben werden, kommen äußerst selten an.

Auch hatte der Professor meine »weithergeholten Vergleiche« bemängelt. Ich schrieb, wie im Jahr 1963 in Berlin-Mitte Prozeßbeteiligte auftraten als seien sie die »Königin der Nacht« aus der »Zauberflöte« und der jugendliche Held »Tamino«. Sollte ich etwa diesen albernen Streit zwischen den Mietern und der Hausbesitzerin nur wortwörtlich wiedergeben, sollte das die Aufgabe eines Reporters sein, verehrter Herr Professor?

Oder war er doch schon seelenverwandt mit jenem Juristen

mit dem unaussprechlichen Namen, der schon mehrfach in der »Wochenpost« interveniert hatte, dieser Hirsch sollte sich nicht mehr mit realen Fällen des Alltags beschäftigen, das sei nicht mehr notwendig. Lehrreicher sei, »allgemeine Prinzipien unserer Rechtspflege« darzulegen.

Aber zurück zur »Königin« der Nacht und »Tamino«:

Waschhaus und Buddelkasten

Aller Schmutz dieser Welt wird vom Wasser und mit Wasser abgewaschen. Wäsche ist nicht nur eine Tätigkeit, es sind auch die Kleidungsstücke, wie Hemden, die uns näher sind als die Röcke. Und die Wäsche in des Wortes doppelter Bedeutung liegt tüchtigen Hausfrauen am Herzen, Waschtage sind Zeiten der Erregung, besonders wenn der Weg zum Waschhaus umstritten ist wie der positive Held in der Literaturdiskussion.

Hier aber haben wir einen unumstrittenen positiven Helden, einen nach allen Regeln der Kunst lupenreinen. Tamino. Er steht an der Spitze eines Kollektivs, wie könnte es auch anders sein, er stützt sich auf die breiten Massen, verkörpert durch die am Weg zum Waschhaus interessierten Damen, er hat ein Maximal- und ein Minimalprogramm, er orientiert sich auf die Zukunft, auf das Keimende im Mutterschoß. Mit Bravour gewinnt er die erste Instanz, und als ihm der Gegner die zweite auch noch aufzwingt, weiß er sich einer streitbaren Rechtsgelehrtin zu versichern; von ihr erzählt man sich, daß sie im Sport und in der Anwaltschaft schon manche Hürde »im Salopp« genommen hat. Tamino weiß diese Dame so von sich und seiner gerechten Sache zu überzeugen, daß sie sogar auf ihr Honorar verzichtet.

Tamino ist der Vorsitzende einer Hausgemeinschaftsleitung, und er erscheint vor Gericht mit seinem ganzen Chor, in dem die Sopran- und Altstimmen stärker - auch in des Wortes doppelter Bedeutung - vertreten sind als die Tenöre und Bässe.

Die Gegnerin ist die Königin der Nacht, trotz ihrer negativen Heldenrolle von gewinnendem Äußeren, Herrin und Eigentümerin des Hauses mit zwei Aufgängen und zwei Waschküchen.

Den Kampf um die Öffnung der zweiten Waschküche führt Tamino im Auftrag der ganzen Hausgemeinschaft. Die Königin der Nacht gab an, sie habe die zweite Waschküche schon im Jahre des Unheils 1939 geschlossen und diesen Raum für sich privat eingerichtet. Aber sie hatte die schwere Zeit vergessen, sie hatte damals nebenan im Luftschutzkeller mit einigen ihrer Mieter gezittert und sich gefürchtet. Und diese Mieter wußten, das Waschhaus war damals noch Waschhaus. Es waren also keine wohlerworbenen Rechte, als sie 1947 diese zweite Waschküche für die Mieter schloß. Damals wurde dieser Raum im Souterrain als Dunkelkammer (wie sich alles so findet) für den Gatten, den Prinzgemahl der Nacht, eingerichtet und dann später zu einem Raum für Gäste und fürs Fernsehen.

So mußten die Mieter vom zweiten Aufgang bei Wind und Wetter, bei Schnee und Eis einen langen Umweg durch den Garten zu dem einzig verbliebenen Waschhaus machen, mit ihren schweren Waschkörben. Der Kampf um die Öffnung des anderen Waschhauses wird nun schon seit fünfzehn Jahren geführt.

Dieser Streit hatte für manchen Mieter nur noch symbolischen Charakter, einige hatten schon elektrische Waschmaschinen in ihrer Wohnung, andere ließen außerhalb waschen. Sie hätten vergnügt auf den Waschhausschlüssel und den Zugang zum Waschhaus pfeifen können. Aber sie taten es nicht, teils aus Solidarität, teils aus Daffke. Die Öffnung des anderen Waschhauses war das Panier, mit dem Tamino die ganze Hausgemeinschaft nahtlos zusammenschweißte.

Aber unser Held träumte auch von der Zukunft. Er war vom Sieg der gerechten Sache durchdrungen. Würde nach dem gewonnenen Prozeß nicht die schöne Gemeinschaft im Sande verlaufen? Sand, das war es, worauf es jetzt ankam, zwar soll man auf Sand nicht bauen, Sand ist aber auch ein wichtiger Bestandteil für die Bereitung des härtesten Beton. Es war ihm nicht unbekannt geblieben, daß in dem völlig kinderlosen Haus mit den zwei Aufgängen zwei junge Ehepaare ihren Einzug gehalten hatten. Und die ganze Hausgemeinschaft hatte ärztlich begründete Aussichten auf häufiges Windelwaschen. Tamino forderte von der Königin der Nacht die sofortige Wiederherstellung eines alten Buddelkastens. Noch vor der glücklichen Niederkunft mußte dieser Buddelkasten mit feinstem weißen Sand gefüllt werden – die Staatliche Plankommission sollte auf einen so vorausschauenden Mitarbeiter aufmerksam gemacht werden.

Die Königin der Nacht aber griff der Entscheidung des Gerichts und des Perspektivplanes vor. Der Hölle Rache kochte in ihrem Herzen, sie füllte den alten Buddelkasten statt mit weißem Sand mit Mist und schwarzer Erde, pflanzte darauf Erdbeeren und verzauberte den Buddelkasten in eine landwirtschaftliche Nutzfläche. Und dann erklärte die Königin der Nacht, daß sie Tamino als Leiter der Hausgemeinschaft nicht anerkenne und nichts mit ihm zu tun haben wolle.

Die Verhandlung vor der zweiten Instanz war ganz auf die Arie des Sarastro gestimmt, die da lautet: »In diesen heil'gen Hallen kennt man die Rache nicht.« Zuerst wurde der stolzen Königin der Nacht bedeutet, daß sie nicht entscheiden kann, wer das Vertrauen der Mieter genießt. Ihr wurde auch mit Zustimmung von Tamino recht gegeben, daß angesichts des erzielten technischen Fortschritts eine einzige Waschküche für die Familien ausreichend sei. Dagegen verpflichtete sich die Königin der Nacht nach ernstem Zureden des Gerichts, in sechs Wochen durch den ehemaligen Luftschutzkeller einen Zugang zum anderen Waschhaus zu brechen, so daß die fleißigen Wäscherinnen vor Wind und Wetter geschützt sind. Das Verlangen der Mieter, das eine Waschhaus von dem anderen durch eine zugemauerte Tür endgültig zu trennen, konnte der Richter abbiegen. Die Königin aber war einverstanden, daß die Tür von Tamino und seinen Getreuen durch einen Riegel verschlossen werden kann. Auf ein Recht aber verzichtete die Königin nicht, auf die Schlüsselgewalt. Sie hat das Vorrecht, die Ordnung im Waschhhaus zu bestimmen, und dieses Recht wird sie um keinen Preis der Welt an Tamino abtreten.

Der Buddelkasten aber soll auch wieder Buddelkasten werden, denn schon müssen für zwei Kindlein die Windeln gewaschen werden. Über diese Dinge konnte man sich mit Hilfe der Rechtsanwälte beider Seiten einigen. Und die Kosten dieses Rechtsstreits? »Das überlassen wir dem Gericht«, diese Hürde nahm die Rechtsanwältin im kühnen »Salopp«. Und in der Kostenfestsetzung wog das Gericht die berechtigten und unberechtigten Forderungen weise gegeneinander ab. Drei Viertel der Kosten des Streits trägt die Königin der Nacht, ein Viertel die Hausgemeinschaft, was nicht sehr viel ist, denn der Streitwert war auf dreihundert Mark festgesetzt, und die Rechtsanwältin hatte sowieso verzichtet.

Ein Staatsanwalt hatte mitgewirkt mit Rat und Tat, und er machte einen ganz merkwürdigen Vorschlag, der aber leider im Raum unbeachtet blieb: »Wie wär's, wenn die Königin der Nacht sich plötzlich in eine gute Fee verwandeln würde. Wenn sie die überflüssige Waschküche als Zeichen eines Neubeginns der guten Hausgemeinschaft zur Verfügung stellte, als Kulturraum.«

Der Zeuge in dieser Sache würde eine Einladung zur Einweihung nicht ablehnen. Und dann könnte die Hausgemeinschaft, an der Spitze Tamino, die zur guten Fee verwandelte Königin der Nacht in die Komische Oper zur »Zauberflöte« einladen. Und alle, alle könnten dem Gesang der drei Knaben lauschen, die dort von der Decke schweben:

»O holder Friede, steig hernieder, kehr in der Menschen Herzen wieder, dann ist die Erd' ein Himmelreich und Sterbliche den Göttern gleich.«

Wie man sich bettet ...

Eine barocke Erscheinung ist die schlanke, große Sybill. Ihr prächtig in großen runden Locken auf die Schultern fallendes Haar erinnert mich ein wenig an den Kriegsherrn aus dem Barockzeitalter, von dem ich lernen mußte, er habe bei Fehrbellin die Schweden aufs Haupt geschlagen; seitdem zog er als der Große Kurfürst in die preußisch-deutschen Geschichtsbücher ein.

Hier muß ich unterbrechen. In dieser theoretischen Zeitschrift für gutes Deutsch »Sprachpflege« Heft 1 vom Januar 1974 hatte Professor K. E. Sommerfeldt auf der Suche nach einer »sozialistischen Sprachkultur« gerade diesen meinen Anfang aus dem Jahr 1965 behandelt: »Besonders sinnlos sind solche weithergeholten Vergleiche, wenn sie der Masse der Leser (glücklicherweise) nicht mehr bekannt sind, weil in unseren Schulen die militaristisch-nationalistische Geschichte Preußens nicht mehr gelehrt wird.«

Er bemängelte die vielen Adjektive, fast ein Kaiser seines Faches, wie damals der Kaiser von Österreich, der bei einem ziemlich bekannten Komponisten (Mozart) gequengelt hatte, es ständen zu viele Noten auf dem Blatt.

Aber weiter in meinem Originaltext:

Jedoch ist die erstaunliche Lockenpracht unserer Sybill nicht weiß, sondern ziemlich rötlich-braun getönt, wiewohl am Scheitel einige grauweiße Haarwurzeln bemerkbar sind. Ein Beweis, daß die Besitzerin und Trägerin dieser großangelegten Sichtwerbung nicht immer das Geld hat, Farbe nachlegen zu lassen.

Im Gegensatz zu der natürlichen Alterserscheinung im Pigment der Haare steht das kindliche Puppengesicht, mit dem kirschroten Kußmäulchen. Die schon erwähnte große, mannequinhafte Erscheinung ist in ein hellgrünes, todschickes, nagelneues Frühjahrskomplet gekleidet, das sogar von dem sehr kühlen, sachlichen Richter als äußerst bemerkenswert erwähnt wurde.

Eine feste Bindung ist Sybill nie eingegangen. Mit ihren vierunddreißig Jahren steht sie allein auf ihren langen Beinen. Ähnlich sieht es mit ihrer Beschäftigung aus. Auch im Berufsleben hat sie eine Scheu vor klaren Rechtsverhältnissen; zur Arbeit hat sie eine Art Gschpusi-Beziehung.

»Ich bin krank«, sagt sie zur Erläuterung. »Herzklappenfehler und Sehnenscheidenentzündung.« Aber leider ist die schöne Sybill bei keinem Medizinmann in Behandlung. »Das kann ich ja nicht, bin ja nicht versichert, weil ich ja kein festes Verhältnis zur Arbeit habe.« Ihre Logik verwechselt Ursache mit Wirkung, sie gleicht der Katze, die versucht, sich in den Schwanz zu beißen.

Sie lebt vom Stricken, und gelegentlich arbeitet sie aushilfsweise bei der Post. Auch jetzt, da sie angeklagt ist, Behörden getäuscht und ein Radio unterschlagen zu haben.

Die Post ist mit der Arbeit unserer Sybill zufrieden. Schon seit vielen Jahren springt sie an den großen Feiertagen ein. Aber niemand hat Sybill bisher gefragt, ob sie nicht ganz dort tätig sein wolle. Zugegeben, der Hauptfehler liegt bei Sybill. Sie hat keinen Kontakt zu ihren Kollegen. Sie ist kühl, abweisend, eine barocke Perle unter einer etwas schiefen Oberfläche.

Sie ist kein ganz schlechtes Mädchen. Das schließe ich aus einer negativen Tatsache: Für ihre Wohnung im vierten Stock, Stube und Küche, zahlt sie einfach keine Miete. Und die ist billig, dreiundzwanzig Mark im Monat. Wäre sie eine Schlechte, hätte sie sehr viel Geld und würde natürlich bezahlen. Aber so ist sie leider auch kein ganz gutes Mädchen. Sie sagt wohl, sie hätte keine Miete gezahlt, weil der Ofen nicht heizbar sei, weil das Fenster in der Küche zerbrochen ist. Mittlerweile soll sie achthundert Mark Mietschulden haben.

Inzwischen aber wurde das Haus renoviert, und die anderen Mieter haben dafür gesorgt, daß die Wohnung bei Sybill nicht in Ordnung gebracht wurde, weil sie nicht einsehen, daß ihre Mietgelder für jemand ausgegeben werden, der selber nicht zahlt. Hier beißt sich die Katze zum zweitenmal in den Schwanz.

Sybill zahlt aber auch kein Geld für Strom und Gas, und da der elektrische Strom nicht mehr strömt, spielt auch ihr Radio nicht mehr. Deswegen lieh sich Sybill vom »Haus der Dienste« gegen mäßige Gebühr ein kleines Transistorgerät. Und das gefiel ihr sehr.

Weil sie es behalten wollte, ging sie zur Volkspolizei und erstattete Anzeige. Man habe ihr das Wunderkistchen gestohlen, wahrscheinlich seien es die Maurer gewesen, die das Haus renovierten. Sie aber ging, um das Radio aus dem Hause zu schaffen, zur Pfandleihe, versetzte es, nachdem sie vorher mit einem nassen Lappen die Kennmarke abgewischt hatte.

So einfach geht das. Sind inzwischen eigentlich die »Häuser der Dienste« etwas klüger geworden? Prägt man jetzt endlich den Eigentumsvermerk in den Kunststoff oder in das Metall ein?

Sybill behauptet, die Idee zur irreführenden Anzeige habe ihr ein Herr gegeben, ein höherer Behördenangestellter. Mit diesem war sie - übrigens ein Mann von Format und guten Leibes- und Umgangsformen - vor einigen Jahren befreundet. Aber die Freundschaft ging in die Brüche. Denn dieser wohlproportionierte und wohldotierte Herr ist verheiratet.

Sybill ist ihm böse, weil er sie verlassen hat. Sie hat kleine Flugblätter geschrieben und ihm an die Tür geheftet. Den genauen Text kann ich hier nicht wiederholen, wegen der Sittlichkeit. Angegriffen wurde auch die völlig unschuldige, aber glücklichere Ehefrau.

Trotzdem, so behauptet Sybill, habe der Herr sie noch zweimal besucht und ihr diesen Tip mit der Anzeige gegeben. Der Herr, als Zeuge gehört, beteuert, seit Jahren nicht mehr zu Sybill gegangen zu sein, er habe sie nicht einmal mehr gegrüßt auf der Friedrichstraße und Unter den Linden.

Die Sache mit der Anstiftung glaube ich Sybill nicht, besonders, weil sie, in ihrem Schlußwort, nicht allzusehr gegen ihre Bestrafung plädierte, sondern sehr energisch vom Gericht forderte: Ins Gefängnis mit dem ungetreuen Liebhaber!

Ich glaube der schönen Sybill nicht. Denn: Wie man sich bettet, so lügt man.

Diese ganze Geschichte ist eigentlich Sybilles großes Glück. Das Radio, das nie bei ihr spielte, ist längst wieder im »Haus der Dienste«, die Strafe, vier Monate Gefängnis, steht nur im Strafregisterpapier. Wenn sie sich ein Jahr straffrei führt und gewissenhaft arbeitet, wird sie auch dort wieder verschwinden.

Denn das Gericht hat dafür gesorgt, daß ihre Liaison mit der Post ein festes Verhältnis wird. Sie hat für die Zeit der Bewährung eine Bindung an den Arbeitsplatz zugesprochen bekommen.

Leiste etwas, Sybill, dann kannst du dir etwas leisten. Dann zahlst du Miete, dann raucht dein Schornstein, dann wird dein Haar auch jede Woche fein nachgefärbt. Dann kannst du zum Arzt gehen, und dann wird auch dein Radio spielen. Und du wirst Freunde haben, die dich grüßen, auf der Friedrichstraße und Unter den Linden.

Es gibt relativ wenige Fälle, aus der großen Zahl meiner Reportagen, die mir im Gedächtnis geblieben sind. Natürlich, beim Lesen tauchen die Konturen der handelnden Personen und der behandelten Probleme mehr oder weniger deutlich wieder vor mir auf. Und auch die Erinnerung an begleitende Umstände.

Hier bei dieser Geschichte aus dem Jahr 1961, »Der Schwangerschaftsausweis«, habe ich zwei Besonderheiten immer im Gedächtnis behalten: einmal die Affäre mit diesem Dokument, das der Liebhaber schon in seiner Brieftasche bei sich trug.

Und ebenso habe ich eine zweite Reportage immer im Gedächtnis, in der ich das allmähliche Verschwinden einer Zuneigung durch die Wellen des Meeres umschrieb. Daß diese beiden Begebenheiten in ein und derselben Reportage geschildert wurden, hatte ich völlig vergessen.

Der Schwangerschaftsausweis

Im letzten Jahr des Krieges, während eines Urlaubs von der Front, war die Ehe geschlossen worden. Menschen fanden damals rasch zueinander. Der Mann suchte hier Ruhe und Zärtlichkeit. Er glaubte zu wissen, wohin er nach dem Krieg gehöre. Die Frau hatte einen Mann gefunden; wie selten waren sie geworden, die gutaussehenden Partner des Glücks. Ihre erste Liebe war es, und sie liebte ihn wahrscheinlich mit der ganzen Glut ihres Herzens. In ihr wuchs die Liebe, während es bei ihm nur ein ruhiger und ruhender Pol in den schlimmen Zeiten war, in einer verbrannten, zerschossenen, zerquälten Jugend.

Und nun, in den siebzehn Jahren, in den sechzehn Nachkriegsjahren, ist diese Ehe zerbrochen. Die Frau ist älter geworden, die drei Geburten haben sie nicht schöner werden lassen. Eine Unterleibserkrankung machte ihr in den letzten Jahren zu schaffen. Der Mann hat sich besser gehalten. Er hat etwas Jungenhaftes, obwohl sein Ältester schon berufstätig ist. Er, der Vater hat sich heraufgearbeitet, ist Behördenangestellter in gehobener Stellung mit großer Verantwortung und einem sehr guten Einkommen.

Schon seit sieben Jahren hat er eine Freundin, auch eine nicht mehr ganz junge Frau, eine Buchhalterin. Sie ist jünger, schlanker, flotter und vielleicht auch ein wenig unbedenklicher als die andere. In einer Gastwirtschaft hatte er sie kennengelernt. Diese Frau war einsam, er durfte sie besuchen, sie nahm es in Kauf, daß er verheiratet war.

Sie ist erschüttert, als sie erfährt, daß er mit der anderen drei Kinder hat. Aber er sagt ihr, seine Ehe bestehe praktisch nicht mehr. Wohl ist das Ehemeer ruhiger geworden, aber ganz glatt ist das Wasser noch nicht, die Brandung schäumt in der Ehe nicht mehr über, und die Wogen rollen langsam und in großen Abständen an den Strand; auch bis zuletzt, auch bis es zum ersten Scheidungstermin kam.

Die vernachläßigte Frau ahnt etwas von der anderen. Die Dienststelle weiß es. Ja, ins Ferienheim der Verwaltung bringt er die Freundin mit, und mit Stirnrunzeln wird es registriert. Der Mann wird von den Vorgesetzten ins Gebet genommen; er verspricht, seine privaten Dinge zu ordnen. Aber da er tüchtig ist und beliebt, ist man lange nachsichtig.

Nun aber geht es doch nicht mehr, und der Mann reicht die Scheidungsklage ein. Was er in diesem ersten Termin vorbringt gegen seine Frau, ist nicht stichhaltig; auch nicht stichhaltig ist das Argument, daß diese Ehe nie auf wahrer Liebe gegründet war. Das Gericht weist das Scheidungsbegehren des Mannes zurück.

In der Berufungsinstanz vor dem Bezirksgericht, an die der Mann appelliert, sollte diese Ehe gründlich erörtert werden. So wurde auf Antrag des Gerichts die Freundin geladen. Für die Frau war es ein schwerer Schock, zum erstenmal die andere zu sehen, die Jüngere, die Glücklichere.

Ein Oberrichter und zwei Richterinnen hatten hier zu entscheiden, und der Richter fragte die Zeugin sehr taktvoll nach der Geschichte ihrer Liebe.

»Wollen Sie den Mann, falls er geschieden würde, heiraten?«

»Ja«, sagte sie, »wir wollen heiraten.«

Eine Richterin flüsterte dem Richter etwas zu. Und er fragte: »Hat sich in den letzten Monaten etwas ereignet, das diese Ehe dringend macht?«

Erst verstand die Freundin diese Frage nicht, und der Oberrichter mußte deutlicher werden.

»Sind Sie vielleicht schwanger?«

»Ja«, sagte sie.

»Eine Kollegin Richterin machte mich auf die Situation aufmerksam. Frauen haben dafür einen besseren Blick. In welchem Monat?«

»Im sechsten.«

»Haben Sie zufällig Ihren Schwangerschaftsausweis bei sich?«

Die jüngere Frau blickte den Mann an.

»Ich habe ihn«, sagte der Mann und holte ihn aus seiner Brieftasche, gab ihn der Zeugin, und die reichte ihn dem Gericht weiter.

Der Richter diktierte die Daten des Ausweises zu Protokoll, gab ihn zurück, und der Ausweis wanderte auf demselben Wege wieder in die Tasche des Mannes. Die andere Frau war zusammengesunken. Nichts, aber nichts hatte sie so im Innersten bewegt wie der Aufbewahrungsplatz dieses Ausweises. Der Oberrichter legte eine Pause ein.

Die Frau gab nach der Pause ihren Widerspruch zum Scheidungsbegehren auf. Sie hatte in diesen Minuten bemerkt, daß ihre Ehe wirklich zerbrochen war, daß nichts ihr den

Mann zurückbringen würde, daß eine staatlich erzwungene Aufrechterhaltung dieser Ehe nur ein lästiger Zwang wäre, nur eine Papierehe sein könnte.

Mögen auch andere Überlegungen eine Rolle gespielt haben. Vielleicht, daß ihr Mann als Vater eines unehelichen Kindes die gutbezahlte Stelle verloren hätte und daß dann an eine großzügige Unterhaltszahlung für die zwei, nicht berufstätigen Kinder nicht mehr zu denken wäre.

Wenn sie aber den Mann hätte an sich binden können, dann hätte das alles keine Rolle gespielt, sie wäre mit ihm auch in den kommenden Zeiten durch dick und dünn gegangen. Aber der Mann war ihr verloren, nicht die Schwangerschaft der anderen, sondern der Schwangerschaftsausweis hatte es ihr bewiesen.

Sie war mit den Vorschlägen, die der Anwalt des Mannes unterbreitete, einverstanden. Sie behält die Kinder, die Wohnung und den Hausrat. Für die beiden nicht berufstätigen Kinder wird ein angemessener Unterhalt gezahlt, und sie bekommt eine Unterhaltsbeihilfe für die nächsten zwei Jahre. Alle Kosten, auch die der Rechtsanwälte, übernimmt der Mann.

Das Gericht sprach die Scheidung aus. Es wäre nie zu diesem Urteil gekommen, wenn die Frau dem Scheidungsbegehren widersprochen hätte. Und sie hätte sicherlich widersprochen, doch der Schwangerschaftsausweis in der Brusttasche des Mannes erhellte ihr blitzartig, daß ihre Ehe gescheitert war.

So schwer ist es, zu entscheiden, ob eine Ehe ihren Sinn verloren hat oder nicht.

Kiste 5

Diese Begebenheit ist mir im Jahre 1954 im Stadtbezirksgericht Pankow begegnet. Ich nannte sie:

Kleingärtner der Liebe

Paul ist ein wenig aus den Fugen geraten, nachdem er einmal vom Gerüst stürzte. Sein Charakter ist nicht ganz lotrecht. Er hat schon ein paarmal gesessen, weil er fremde Brocken stahl. In Wirklichkeit waren es aber nur Klamotten, die er mitnahm. Auch sein sonstiger Lebenswandel steht nicht im Einklang mit den zehn Geboten. Oft begehrt er auch seines Nächsten Weib. Wohl strebt er hier nicht zu den taufrischen Fassadenklinkern, genügsam und bescheiden schlägt sein Herz für die bewährten soliden Rückwandsteine, auch wenn die verwittert und angeschlagen sind. Er ist selber noch jung, sozusagen ein rüstiger Mittvierziger, wie es in den Heiratsannoncen so schön heißt. Und Rentner seit seinem Unfall.

Schweres hat er in seiner Jugend erlebt. Und wenn mancher beim Lesen seiner Geschichte schmunzelt, dann weiß ich bestimmt, Paul wird ihm das nicht übel nehmen. Anders, auch das läßt sich mit Sicherheit schon jetzt voraussagen, werden Sophie, Ida, Martha und die rothaarige Anna diese Zeilen aufnehmen. Aber was tut's, der Wahrheit eine Gasse.

Als Baufachmann hat unser Paul einen verständlichen Hang für alleinstehende Parzellen. Bestärkt wird seine Neigung, wenn diese Grundstücke von Besitzerinnen bewirtschaftet werden, die im Spätherbst ihres Lebens stehen. Denn Paul ist Kleingärtner aus Leidenschaft. Er versteht von vielem etwas, vom Baumbeschneiden, vom Dachdecken, von Radioapparaten, von Hunden und von der Fleischerei. Und von Frauen. Er ist auch ein Kleingärtner der Liebe.

Welch ein Bild der Biederkeit war doch die liebe Frau Sophie. Als Zeugin vor der Strafkammer in Pankow geladen, erschien sie mit einer fast zu schlichten Eleganz. Ihre kräftigen Beine steckten in handgestrickten Strümpfen und hohen Stiefeln. Der Lodenmantel wirkte in diesem Zusammenhang völlig stilecht.

Paul lernte die bärenstarke Mimose auf dem Frühlingsfest der Kolonie »Frohe Jugend« kennen. Wie zart drückte er sein Werben aus. Den goldenen Witwenring zog der gewandte Paul ihr schon an diesem Abend diskret vom Finger. Sophie faßte dies in ihrem poetischen Sinnen symbolisch auf. Paul hingegen mehr dinglich.

Und am nächsten Tage erschien der Besitzer des Liebespfandes in ihrem Häuschen, um, wie er versprochen, die Bäume zu beschneiden und das Radio zu reparieren. Einen Lohn für seine Mühen in bar forderte er nicht. Nur bat er Sophie zur Mittagszeit, Bier und Schnaps zu holen.

Mit einem Seufzer gerechter Empörung flüsterte Sophie: »Später hat er mich dann brutal vergewaltigt.« Sie war bereit, diese Anschuldigung auf ihren Eid zu nehmen. Die Empörung der Zuhörer erreichte einen Siedepunkt, als Frau Sophie nach längerem Überlegen sich erinnern mußte, daß der Unhold ihr schon am frühen Morgen Gewalt angetan hatte, so daß sie unter einem seelischen Zwang ihr Haus verließ und Bier und Schnaps zum gemeinsamen Mittagsmahle holte.

Frau Sophie schien mit derartigen Überfällen gerechnet zu haben. Als kluge Frau hatte sie eine Alarmglocke an ihrem Bett, die sie aber in der verständlichen Erregung nicht in Tätigkeit setzte. Nachbarn, die für die Vorgänge bei Frau Sophie das lebhafteste Interesse zeigten, wollten auch beobachtet haben, daß Frau Sophie ihren Unhold am späten Abend mit einem Küßchen an der Gartentür verabschiedet hatte.

»Nie hätte ich das getan«, beteuerte Frau Sophie, »wenn ich gewußt hätte, daß er mich außerdem auch noch bestohlen hat.«

Aus ihrem verschlossenen Schrank soll Paul Geld entwendet haben. Aber die Summe, die da verschwunden sein sollte, war genauso fragwürdig wie die Abwehr unserer stämmigen Mimose.

Nur das güldene Ringlein blieb verschwunden und blieb Belastung. Liebeslohn oder Liebespfand, welcher Rechtskundige könnte das entscheiden. Wer kennt sich aus in der Liebe zweier Kleingärtner?

Einsam lag das Grundstück von Frau Anna, dieser dünnen Sechsundfünfzigjährigen mit der hohen schrillen Stimme und der spitzen Nase. Einsam war es auch in ihrem Schlafzimmer, denn der Mann der rothaarigen Anna lag im Krankenhaus, und das Dach des Hühnerstalls blieb ungedeckt. Paul, in der Siedlung der »Frohen Jugend« bekannt und ein wenig berüchtigt, kam und tat seine unentgeltliche Pflicht. Und abends ging er. Frau Anna war durchaus bereit, dieses mit ihrem Eid zu bekräftigen. Wie Paul aber aus Frau Annas Schlafzimmer eine neue Garnitur hatte entwenden können, da er sich nur mit Hühnern beschäftigt hatte, das mußte durch Frau Anna doch näher erläutert werden.

Der Richter, ein Kenner von Frauenseelen, legte eine kleine Pause ein, damit Frau Anna eine Erinnerungslücke auffüllen könne. Er gab ihr zu bedenken, daß ein zugegebener Fehltritt nicht so gefährlich sei, wie eine Standhaftigkeit, die sich auf einen Meineid stützt. Dann allerdings könne ein bewiesener Fehltritt sehr leicht ins Zuchthaus führen.

Ja, nun erinnerte sich Frau Anna ganz genau an den Morgen, an dem sie Paul an der Gartentür mit einem Küßchen verabschiedet hatte. Und böse war sie auch nicht auf ihn wegen der Garnitur, sondern nur wegen der 5 Mark, die er beim Einkauf der Dachpappe unberechtigterweise zugeschlagen hatte.

»Der Hund schaute mich so treu an«, behauptete die zweiundsiebzigjährige Frau Ida, und deshalb bat sie den Herrn des Hundes, unseren Paul, in ihre Stube. »Ersparen Sie mir, Herr Richter, die Schilderung der Zärtlichkeiten.« Frau Ida war abwechselnd empört und erfreut. Und immer wieder versicherte sie, er sei doch sonst ein hochanständiger Mensch und wüßte so schön über die Fleischerei zu plaudern. »Mein Mann ist nämlich auch aus dieser Branche gewesen.«

Es kam sogar zwischen den beiden zu einer Verabredung. Frau Ida sollte die Pflege eines Saustalles übernehmen, den Paul in seiner Phantasie besaß. Aber der Schweinemeister kehrte nie wieder zu ihr zurück. Frau Ida glaubte auch, nach dem Besuch einige Kleinigkeiten zu vermissen, eine Tafel Schokolade und ähnliches.

Ganz kompliziert ist die Begebenheit mit Frau Martha. Paul

lachte die Westberlinerin an, als sie in Weißensee eine Bockwurst vernaschte. Es war die große Liebe auf den ersten Biß, und drei Tage dauerte sie. Mit einer Menge Zahngold zog er dahin, angeblich um seine Zähne zu erneuern.

Martha behauptete, sie habe ihm das Gold geschenkt, aber Paul, obwohl zahnlos, wollte davon nichts wissen. »Sie hat es mir nicht geschenkt. Ich sollte ihr in Weißensee Fleisch kaufen.« Er haßte seine Geliebte so, daß er bereit war, eine Unterschlagung auf sich zu nehmen, nur, um Frau Martha hereinzulegen. Sie hingegen bestritt das angebliche Schiebergeschäft, beschuldigte aber ihren kurzfristigen Liebhaber, sich nachts aus ihrem Bette entfernt zu haben. Einige Koffer waren aufgebrochen, und ein Füllfederhalter fehlte.

Und so ging es weiter. Ein großer Prozeß und kleine Liebeleien, kleine Diebereien. Für Paul endete er mit zwölf Monaten Gefängnis. Und danach geht er auf Beschluß des Gerichts und mit seiner Zustimmung für einige Zeit in eine Nervenheilanstalt. Er ist heilbar und will geheilt werden.

Er wird dann zu der einen Frau zurückkehren, die er nie bestohlen, wohl aber betrogen hat, jedoch nicht im strafrechtlichen Sinne. Die ihn immer wieder aufnahm, wenn er zu ihr zurückkam, die kein Grundstück besitzt, keinen Hühnerstall, keine Obstbäume und kein Zahngold.

Die ihn aber liebt.

Ach, Prenzlauer Berg, meine ständige Domäne. Wenn in allen anderen Stadtbezirksgerichten kein anderer Prozeß mir des Schreibens wert schien, immer dann flüchtete ich in die Strafkammer des »Prenzelbergs«, und immer fand ich hier ein Vergehen aus den kleinen Begebenheiten des Alltags. Der »Prenzelberg« war der volkreichste Bezirk von Ostberlin, mit seinen Mietskasernen und den verfluchten Hinterhöfen, wo auch Meister Zille seine Gören, sein »Milljöh«, fand. Und so kam ich an diesem Herbsttag des Jahres 1954 in ein Verfahren, das unter Ausschluß der Öffentlichkeit stattfand. Mir wurde wegen meiner »Seriosität« durch Gerichtsbeschluß die Teilnahme an diesem Prozeß gestattet, in dem drei hoffnungsvolle schuldbewußte, juristisch aber unschuldige reifere Gören, Lehrlinge der Konditorbranche, als Zeuginnen auftreten mußten:

Lilli, Margot und die schwarzlockige Ruth

Wäre Heinz seinem sehnlichen Wunsch nach Maler geworden, so hätte dieser Prozeß nicht stattgefunden. Ob jedoch seine Gemälde in der großen Welt solches Aufsehen erregt hätten wie das Verfahren vor der Strafkammer 313 des Berliner Bezirks Prenzlauer Berg, ist eines der ungeklärten Geheimnisse. Aufsehen, obwohl das Verfahren unter Ausschluß der Öffentlichkeit tagte.

Statt eines breitrandigen Künstlerhutes mußte er die schneeweiße Bäcker- und Konditormütze auf sein schwarzglänzendes Haar setzen. Und sein Meisterwerk, ein vergängliches Stilleben aus Schokolade, Mürbeteig und Marzipan, wurde mehr wegen seines Inhalts als seiner klassischen Form gelobt und verzehrt und ging nicht, wie er es in jungen Jahren erträumt hatte, als gemalte Widerspiegelung der Wirklichkeit in die Geschichte der deutschen Kunst ein.

Ja, wäre er doch nur Konditormeister geblieben und hätte sich in seinen Mußestunden seiner Muse gewidmet, kein Staatsanwalt hätte ihn vor die Schranken des Gericht zerren können. Aber der Teufel muß ihn geritten haben. Er wurde Pädagoge an der Berufsschule für Nahrung und Genuß und mußte siebzehn- und achtzehnjährige Berlinerinnen unterrichten. Sie waren schön wie Madonnen von Raffael und knusprig wie die Brötchen von »Aktivist« um sechs Uhr morgens. Junge Dinger, die sein Malerherz und seine Konditorseele in jene Gedankenwelt versetzten, die einem Konditor gewiß und einem Maler bestimmt erlaubt sind, einem Erzieher hingegen strengstens verboten.

Auch er, Heinz, der Dreiunddreißigjährige, ist nicht übel von Gestalt. Die schwarzen Künstlerlocken verdecken noch gerade einige schon lichtere Schädelpartien. Und seine gewandte Art gewann die Sympathie seiner Schülerinnen – nicht die des Staatsanwalts.

Wie es aufkam, wissen wir auch nicht. Aber in seiner Klasse wurde zum Karfreitag ein außerplanmäßiger Ausflug vorgeschlagen und von den dreiundzwanzig Mädchen mit Begeisterung akzeptiert. Wie es aber geschehen konnte, daß nur drei aus der Schule, Margot, Lilli und die schwarzlockige Ruth, sich um zehn Uhr morgens vor »Zirkus Barlay« versammelten, das blieb ein weiteres ungeklärtes Geheimnis. Heinz, Berufsschullehrer für Nahrung und Genuß, hatte schon in der Nacht zuvor zuwenig Nahrungs- und zuviel Genußmittel zu sich genommen, und so zog man mit seiner kräftigen Fahne zu vieren in die Müggelberge.

Mehrfruchtwein und Likör sind zweifellos gute Dinge, und wenn man sie in guter Gesellschaft genießt, wird man guter Dinge. Heinz hatte vier Flaschen davon bei sich. Wären dreiundzwanzig Mädchen erschienen, so wäre daraus wahrscheinlich nur ein kleines Vergehen und keine Straftat entstanden. Ach, hätten die vier doch bei einer Rast im Walde nur von »Baumkuchen« und »Blätterteig« gesprochen. Nein, allzusehr kamen sie auf das »Spritzgebäck« und die Rezeptur von »Liebesknochen«. Heinz vergaß seine Lehrerwürde, er warf sie wie »Plunder« weg. Da er eigentlich Maler sei, erklärte er, könne er beurteilen, daß die drei zum Modellstehen wie geschaffen seien. Er erläuterte ihnen die klassischen Schönheitsmerkmale: Der Hüftumfang müsse von zwei starken Männerhänden umfaßt werden können – und tatsächlich, die große schwarze Ruth mit den langen Wimpern entsprach allen Anforderungen. Aber zu den klassischen Abmessungen gehört ja nicht nur der Hüftumfang ...

Maler und Modell sagen bekanntlich Du zueinander. Und Heinz schlug, mehrfruchtweinselig, ein ähnliches Verfahren vor und drohte, jedes Versprechen mit einem Kuß zu ahnden. Leider, keines der Mädchen wies ihn an seinen »Schweineohren« zurecht.

Margot vertrug den süßen Likör nicht, und die verführerische, allzu erfahrene Ruth eilte ihr in einer verschwiegenen Waldesecke zu Hilfe. »Kümmern Sie sich inzwischen um Lilli.« Nicht ohne dem schönheitstrunkenen Heinz zuzublinzeln. Sie selber wollte sich in später Nachtstunde noch den Kuß für ihr Versprechen abholen.

Heinz widerstand nicht, doch er blieb in jenen Grenzen, die dem Maler bestimmt erlaubt sind.

Die schwarzlockige Ruth ging noch abends mit ihm aus und traf ihn auch später mehrere Male. Ja, sie besuchte ihn sogar in seiner Wohnung, um seine Liebhabergemälde zu studieren. Die Bilder hat sie nie gesehen, wohl aber Heinzens Frau. Sonst sei zwischen ihnen nichts geschehen, sagten Angeklagter Heinz und die schwarzlockige Ruth.

Ein Maler darf seine Modelle küssen. Einem verliebten Konditor ist es gestattet, den Hüftumfang seiner Angebeteten in Teig zu kneten. Aber einem Pädagogen?

Nicht konnten Lilli, Margot und die schwarzlockige Ruth zu Brustbildern Modell sitzen, nein, Heinz muß jetzt sechs Monate sitzen, weil für einen Lehrer eine Schülerin unter einundzwanzig Jahren ein Neutrum sein muß, auch wenn sie es so wenig waren wie die Lilli, die Margot und die schwarzlockige Ruth.

Sie konnten zusammen nicht kommen

1955. Es gibt Delikte, die zu allen Zeiten und in allen Ländern verfolgt werden. Ein Betrug ist ein Betrug in Bombay und in Montevideo, ein Mord kommt in Bagdad vor den Kadi, in Marseille vor den cour d' assises. Dies Verfahren aber vor dem Stadtbezirksgericht Berlin-Mitte, das ist nur im heuti-gen Berlin möglich, im Jahre 1954, in dem zweigeteilten, in dem man mit der Untergrundbahn für zwanzig Pfennig Ost in den Westen und für dreißig Pfennig West in den Osten fahren kann. In dem es aber ein Polizeipräsidium Ost und ein Polizeipräsidium West gibt, ja, sogar ein Leichenschauhaus Ost und ein Leichenschauhaus West, die sich wohl gegenseitig Mitteilungen machen, ganz offiziell, mit allen Vorbehalten.

Erich ist des schweren Einbruchs angeklagt, weil er zur Nachtzeit sich in ein bewohntes Gebäude eingeschlichen hatte, in diebischer Absicht – wie der Staatsanwalt behauptete – und somit die Tatbestandsmerkmale des Paragraphen 242 Absatz 7 erfüllend.

Da steht Erich nun in seinem feldgrauen, umgearbeiteten und ordentlich geflickten Rock, den er heute noch immer tragen muß. Nie hat er etwas anderes gelernt als Marschieren und Schießen. Wohl begann er in der Zeit vor dem Kriege als Pikkolo in einem Gasthaus, mußte aber sehr bald den schwarzen Kellnerfrack gegen den feldgrauen Rock eines großen Verführers umtauschen.

Was er nach dem Kriege begann, zerbrach unter seinen linkischen Händen. In Westberlin hat er keine dauernde Arbeit finden können. Die Frau, die er im Kriege während eines Urlaubs kennenlernte, mit der er kriegsgetraut war, verließ ihn, als die Soldatenrente nicht mehr gezahlt wurde. Nun lebt er von einer Sozialrente, einundzwanzig Mark und sechzig Pfennigen. Vom versperrten Ehehafen flüchtete er in die traurige Öde eines Männerwohnheims. Er bezahlte dort in der Woche achtzehn Mark für ein Bett mit einem Strohsack, für Haferschleim und eine warme Suppe. Drei Mark und sechzig Pfennige blieben ihm wöchentlich für Schuhsohlen, Rasierklingen, Straßenbahn und Zigaretten. Er steht auf der Passivseite des Wirtschaftswunders.

Plötzlich aber trat in Erichs Leben ein Mensch voller Energie, voll Wärme und Sonnenschein. Es ist Vera, die Frau, nach der er sich so lange gesehnt hatte. Wie stand sie mit ihren kräftigen Beinen mitten im Leben, das Ordnung hatte und Wohlstand. Gewissenhaft arbeitete sie in einem großen Berliner volkseigenen Werk als Brigadierin. Auch sie hat der Krieg alleingelassen. Ihr Mann ist vermißt. Sie wohnt weit draußen im Nordosten, in Karow in Ostberlin, in einem jener bescheidenen Siedlungshäuser mit Vorgarten, bunten Astern und Sonnenblumen. Für Erich ein Paradies, in dem er aber nur begrenzt weilen durfte.

Der endgültige Zuzug war ihm verwehrt durch einen Engel, in dessen Ressort die entsprechenden Genehmigungen fielen. Der war nicht böse an sich, er war ein Bürokrat. Zuzugsgenehmigungen dürfe er laut Dienstvorschrift nur bewilligen, wenn Erich einen festen Arbeitsplatz in Ostberlin nachweisen könne. Das einfachste, Erich und Vera wären zum Standesamt gegangen. Aber bisher hatte Vera sich gescheut, ihren im Krieg verschollenen Mann für tot erklären zu lassen. Vor diesem Schritt war sie zurückgewichen, denn sie wollte eine schwache Hoffnung nicht endgültig sterben sehen.

Erich ging nun von Betrieben zu Werkstätten, von Büros zu Kaderabteilungen. Viel Arbeit gab's für ihn, aber Arbeit nur, wenn er einen Wohnsitz in Ostberlin nachweisen könne. Ohne Arbeit kein Zuzug, ohne Zuzug keine Arbeit. Über Erichs und Veras Glücksweg lief eine schwarze Katze, die sich mit Tücke selbst in den Schwanz biß.

Ungeheure Energien entstanden in Erich, er fand schließlich doch einen tüchtigen Steinmetzmeister in Ostberlin, im Stadtteil Heinersdorf, unweit von Karow, der ihn unbürokratisch einstellte. Erich versprach ihm, alle Papiere, auch die Zuzugsgenehmigung später nachzureichen. Voll Heiterkeit und Hoffnung, voll Freude und Lebenslust begann Erich schon am ersten Tag seiner Tätigkeit die Worte »Unser Schmerz kennt keine Grenzen« auf einen Grabstein einzumeißeln.

Somit stand also Erichs legalem Einzug ins Paradies nach Karow nichts mehr im Wege, und in der Mittagspause nahm Frau Vera Erichs Personalausweis in ihre starken Hände, um dem bürokratischen Engel das gestempelte und gesiegelte Formular zu entlocken.

Am Abend nach diesem ersten unbeschwerten Tag wollte Erich heim in sein glückliches Zuhause, fand aber die Pforte zum Paradies verschlossen. Bescheiden erwartete er auf einem Rinnstein seine Vera. Doch die Nacht zog heran, der Mond ging auf – die Ersehnte erschien ihm nicht. Am nächsten Morgen verließ Erich noch unbekümmert, jedoch nicht ganz ausgeschlafen sein steinernes Bett und ging etwas weniger hochgestimmt zur Arbeit. Am Abend, von leichter Skepsis befallen, ließ er sich von seinem Meister erst einmal fünfzehn Mark Vorschuß auszahlen. Die Pforte blieb verschlossen, keine Vera erschien, um den Erschöpften und Verzweifelten zu erquicken. Ein Mann wie Erich, der angestrengt gearbeitet hat und in mißlicher Stimmung ist, kennt nur einen Weg: den ins Wirtshaus.

Noch hatte er Glaube, Liebe, Hoffnung. Der Alkohol gab ihm frischen Mut, und um Mitternacht erschien er wieder vor Veras Haus. Aber all sein Sehnen und Harren, sein Rufen und Klopfen blieben unbeantwortet.

Erich wußte, Vera hatte einen Stacheldraht auf ihre Gartenmauer gelegt. Durch Weingeist mutig geworden, beschloß er nun, das Paradies durch den Umweg über des Nachbars Mauer zu erreichen. Er kletterte hinüber, und müde von der Steinmetzarbeit, der halbdurchwachten Nacht und dem Alkohol sank er als lebensgroßer Vorgartenzwerg vor dem Nachbarhaus in einen tiefen Schlaf.

War es ein Hund, eine Katze oder ein vorbeihuschendes Liebespaar? Erich wachte in dieser zweiten Nacht auf; wein- und schlaftrunken hatte er den Drang, den Rest der Nacht in der Wohnung der Geliebten zu verbringen. Er drückte gegen das Küchenfenster und siehe, es öffnete sich ihm. Und er stieg ein, rückte in der Kochstube einen Sessel zurecht und stützte seinen Kopf auf den Tisch und versank wieder in den Schlaf des Gerechten.

Nein, das war der Schlaf des Ungerechten, denn er war in

des Nachbarn Küche eingedrungen. Der Mann kam früh am Morgen in die Küche und übergab den schlafenden Einbrecher der Polizei. Erich erzählte wohl seine Geschichte, aber sie erschien so unglaublich. Er hatte keinen Ausweis und keine Papiere. Und Vera, Erichs Leumundszeugin, blieb auch für die Polizei völlig unauffindbar.

Das Schnellgericht wurde zusammengerufen, denn der Fall mußte aufgeklärt werden. Und siehe, zur Verhandlung erschien sie, die Langersehnte. Auch ihr war Sonderbares passiert.

Nachdem sie Erichs Papiere abgeholt hatte, fuhr sie zu einer Freundin nach Westberlin. Plötzlich stellte sie fest, daß sie kein Geld für die Rückfahrt bei sich hatte. Naiv, wie manche tüchtige Frauen sind, ging sie zum nächsten westlichen Polizeirevier und bat um dreißig Pfennige für die U-Bahn. Was aber taten die Holzaugen des Gesetzes? Sie nahmen Frau Vera wegen Bettelei fest, sperrten sie für einige Tage in ihre vergitterten Räume. So saß West-Erich im Osten und Ost-Vera im Westen - sie konnten zusammen nicht kommen, die Spaltung war viel zu tief. Die Liebe aber ist stärker.

Der Staatsanwalt beantragte für Erich Freispruch wegen erwiesener Unschuld. Von einem versuchten schweren Diebstahl konnte wahrlich keine Rede sein.

Immer, wenn ein Ausflugsdampfer auf dem Rhein an diesem einen Felsen zwischen Sankt Goar und Sankt Goarshausen vorbeifährt, wird ein Lied angestimmt, ein Volkslied: »Ich weiß nicht, was soll es bedeuten ... « Nur wenige Leute wissen, daß es ein Lied eines sehr bekannten Verfassers ist, dessen Name aber zwölf Jahre lang ausgelöscht war. Er war jüdischer Herkunft. Doch dieses Lied war so populär geworden, es wurde selbst in der Nazizeit noch immer angestimmt. Allerdings schrieben sie in ihre Liederbücher: Verfasser unbekannt. Kundige kennen den Dichter und auch das Jahr, 1823, in dem er die Verse geschrieben hat. Heinrich Heine.

An dieses Lied erinnerte ich mich, als ich in Berlin-Mitte an einem Strafverfahren teilnahm, das sich mit einen Vorfall im Sommer 1955 beschäftigte:

Kein Märchen aus uralten Zeiten

Daß ein Mensch durch seine zauberhafte Erscheinung den Verkehr gefährdet und sich strafbar macht, erscheint auf den ersten Augenblick befremdlich. Aber eine solche Geschichte ist durchaus nicht neu. Ich verweise in diesem Zusammenhang auf jenen bedauerlichen Verkehrsunfall, der sich im Zuständigkeitsbereich des Amtsgerichts St. Goar zugetragen hat (vergleiche Heinrich Heine, Sämtliche Werke, In Sachen Lore Ley) und mit dem Totalverlust eines Schifferbootes und dem Ableben des Besitzers ein trauriges Ende fand.

Wie es schon dieser klassische Verkehrsunfall beweist, sind es gerade die Binnenwasserstraßen, deren Sicherheit durch das Übermaß an Schönheit besonders bedroht ist, wenn sich die unfallerregende Person auffällig benimmt.

Der Fall, der nun vor der Verkehrsstrafkammer des Stadtbezirks Mitte in Berlin verhandelt wurde, war eine moderne Version des sagenhaften Unglücks. Nicht ein blondes Mädchen namens Lore Ley frisierte sich in unmittelbarer Nähe der Binnenwasserstraße, hier wirkte ein schwarzhaariger Jüngling namens Alfred auf einem sechs Meter langem Motorboot transportgefährdend.

Er fuhr mit seiner Motorjolle am 7. August 1955 auf den Gewässern in der Nähe der Rohrwallinseln bei Grünau, als sich ihm ein gewaltiger Dampfer näherte. Konnte der Arme ahnen, daß er an des Dampfers eisernem Leib genauso kläglich scheitern sollte wie der Fischer im einsamen Kahne am Felsenriff? Konnte er ahnen, daß sich auf diesem Boot einhundertachtzig Berufsschul-Schülerinnen befanden?

Geahnt oder nicht geahnt, es zog ihn mit unwiderstehlicher Macht zu jenem verhängnisvollen Fahrgastschiff.

Und dann tat Alfred etwas, das er nie und nimmer hätte tun dürfen. Zweimal umschiffte er den alten Schraubendampfer mit den jungen Mädchen. Und siehe, der Schiffsriese schwankte von steuerbord nach backbord und von backbord nach steuerbord (auf deutsch: von rechts nach links und von links nach rechts). Denn alle einhundertachtzig Mädchen wollten das so seltene Exemplar kreisender männlicher Schönheit besichtigen und schauten hinab in die Tiefe, und zwar alle einhundertachtzig in Klumpen geballt auf einer Seite.

Nun aber geschah, was ich eben andeutete: Alfreds Boot

geriet in den Sog; so wie er von den lieblichen und leiblichen Mädchen, so wurde auch sein Kahn von dem gewaltigen Schiffskörper angezogen. Der Schöne verlor die Beherrschung über sich und sein Boot. Mit einem Sprung rettete er sich, die Wellen verschlangen allein den Kahn.

Und zum bösen Ende kam auch noch der Herr Staatsanwalt und klagte den schönen Herrn Alfred wegen fahrlässiger Transportgefährdung an. Wäre dieses Fahrgastschiff nicht dieses Fahrgastschiff, sondern ein etwas kleineres gewesen, so erklärte ein Wasserstraßenverkehrspolizist (ich zitiere den Herrn Sachverständigen beileibe nicht wörtlich, sondern nur dem Sinne nach), und wären statt der 180 Berufsschul-Schülerinnen vollwertige Verkaufskräfte aus der Nahrungs- und Genußbranche an Bord gewesen, dann hätte bei einer derartigen einseitigen Gewichtsverlagerung der Süßwasserkreuzer kentern können.

So mußte es wegen der fahrlässigen Transportgefährung noch einmal zum Freispruch kommen, und Alfred braucht nur wegen des verkehrswidrigen Verhaltens auf einer Binnenwasserstraße eine Geldstrafe von hundert Mark zu bezahlen.

Diese Strafe, ein Großteil der Kosten des Verfahrens, die Gebühr von siebenhundert Mark für das Heben und Bergen des Bootskörpers und das sicherlich nicht sehr bescheidene Honorar eines beschlagenen Rechtsanwalts sind wahrlich ein geringer Preis für den Ruhm, als schöner Mann eine ähnliche Rolle in der Gerichtsberichterstattung zu spielen, wie das »Märchen aus uralten Zeiten« in der Literatur.

Kiste 6

Es war Anfang August 1956, eine verzweifelte Mutter hatte an die »Wochenpost« geschrieben. Sie bat um Hilfe für ihren Sohn, der ihrer Meinung nach zu Unrecht verhaftet worden sei. Ich fuhr nach Neuhaus am Rennweg, zum, wie ich damals schrieb, »höchsten Gericht« der DDR. 804 Meter über dem Meeresspiegel.

Frühmorgens meldete ich mich bei der Staatsanwaltschaft in Neuhaus an, um über das Schicksal dieses jungen Mannes etwas Genaues zu erfahren. Der leitende Staatsanwalt war sehr zuvorkommend: »Da haben Sie gerade Glück gehabt, heute wird in der Sache verhandelt.«

Nicht so freundlich wurde ich von der Vorsitzenden Richterin empfangen. Ich hatte die Gepflogenheit, wenn ich zum ersten Mal bei einem Gericht meine Pflichten als Reporter ausüben wollte, stellte ich mich der Vorsitzenden Richterin oder dem Vorsitzenden Richter vor. Sie war jung und hübsch und streng. Meiner Meinung nach hatte sie wenig Berufserfahrung.

Sie sagte: »Ich gestatte nicht, daß Sie darüber schreiben.«

Ich erwiderte: »Der Prozeß ist öffentlich. Sie wissen genausogut wie ich, es gibt nur zwei Gründe, unter Ausschluß der Öffentlichkeit zu verhandeln, einmal wegen Gefährdung der Sittlichkeit oder wegen Gefährdung der Sicherheit des Staates.« Als sie zu meiner Bemerkung, an meiner Sittlichkeit sei wohl nichts mehr zu gefährden, nicht lachte, vermutete ich, es handelt sich bei ihr in Wirklichkeit nicht um die Sicherheit des Staates, es ging ihr um die Staatssicherheit.

Als ich da nun ausgeschlossen war, blieb ich in Neuhaus. Liebenswürdigerweise stand vor dem kleinen Gerichtsgebäude eine Bank. Und ich setzte mich. Und wartete. Und wartete.

Denn ich kannte das Strafgesetzbuch, in dem ausdrücklich vermerkt ist, beim Verkünden des Urteils muß die Öffentlichkeit hergestellt werden. Es gab aber auch die einschränkende Bemerkung, bei der Begründung des Urteils kann die Öffentlichkeit wieder ausgeschlossen werden. Ich war vollkommen sicher, die junge Richterin wird diesen Passus nicht kennen. Und eine solche Hartnäckigkeit eines Reporters war ihr bestimmt noch nicht vorgekommen.

Lange saß ich an diesem Augusttag draußen, die Mittagspause wurde eingehalten. Die Prozeßbeteiligten gingen und kamen wieder zurück. Am Nachmittag wurde weiter verhandelt. Bis die Richterin sich mit ihren zwei Schöffen zur Beratung zurückzog.

Dann rief die Protokollantin, wie es üblich ist, zur Urteilsverkündung. Und ich, die einzige Öffentlichkeit, war wieder im Verhandlungsraum.

Stehend, so ist der Brauch, hörte ich das Urteil. Und dann setzte ich mich auf die Zuhörerbank. Und tatsächlich geschah das, was ich erwartet hatte. Sie trug ihre Begründung in aller Öffentlichkeit vor.

Und die »Wochenpost« veröffentlichte meine Reportage:

Unter Ausschluß der Öffentlichkeit

»Ich wünsche nicht, daß Sie über diesen Fall berichten«, so begrüßte mich die sehr junge Richterin des Kreisgerichts von Neuhaus am Rennweg. Bescheiden machte ich sie darauf aufmerksam, daß weder sie noch ich entscheiden können, welche Fälle in der »Wochenpost« erscheinen. Dieses Recht stehe einzig und allein dem Chefredakteur und dem Redaktionskollegium zu. Außerdem habe mich die Zeitung eigens wegen des zur Verhandlung stehenden Falles zum »höchsten« (geographisch betrachtet) Gericht in der DDR entsandt, um zu erfahren, wie man dort mit dem Holzfäller Lothar verfahre. Seine Mutter habe sich – angeregt durch den Artikel über das Thema Republikflucht »Ist Schweigen immer Gold?« von Margot Pfannstiel – an die Redaktion um Rat und Hilfe gewandt.

Lange überlegte das Gericht; dann endlich, ehe die Verhandlung eröffnet wurde, verkündete die Richterin den Beschluß: »Die Öffentlichkeit wird für die Dauer der Verhandlung ausgeschlossen.«

Die gesamte Öffentlichkeit, hier der Berichterstatter der größten Wochenzeitung der DDR, mußte den Saal verlassen. Der Praktikant, der auch im Zuhörerraum saß, ein Student aus Jena, wurde schnell für die Dauer der Verhandlung zum Assistenten des Protokollführers ernannt und konnte bleiben. Weitere Personen der Öffentlichkeit waren nicht erschienen.

Die Mutter hatte uns ausführlich das Schicksal ihres Sohnes geschildert. Ihre Angaben waren richtig; sie wurden durch die Urteilsbegründung, die vor der »gesamten Öffentlichkeit« verlesen wurde, in vollem Umfang bestätigt. Deshalb kann, darf, ja muß ich die Geschichte des Holzfällers Lothar erzählen, auch wenn es die Richterin von Neuhaus nicht wünscht. Auch wenn die Geschichte von Dingen handelt, über die man in der Vergangenheit allzugern geschwiegen hat.

Lothar kam zwanzigjährig am Ende des Krieges in französische Kriegsgefangenschaft. Um dem eintönigen Lagerleben zu entgehen, schloß er einen Zivilarbeitsvertrag in Frankreich ab und wurde Holzfäller im Elsaß. Dort blieb er bis zum Dezember 1955. Um seine Mutter wiederzusehen, beschloß er, in seinen Heimatort, ein Städtchen in der Nähe von Neuhaus, zurückzukehren. Seine Mutter hatte ihn sehr darum gebeten. Zuerst hatte er Bedenken, weil er durch die Propaganda gegen die DDR abgeschreckt worden war. Die Mutter besorgte ihm alle erforderlichen Papiere, und darauf erteilte das Ministerium für Auswärtige Angelegenheiten Lothar ein Einreisevisum. Am 10. Dezember 1955 traf er in seiner Heimat ein. Er begann trotz der grimmigen Kälte sofort die schwere Arbeit eines Holzfällers in der staatlichen Forstverwaltung.

Obwohl, wie schon erwähnt, ein ordentliches Einreisevisum vorlag, obwohl der Bürgermeister alle erforderlichen Papiere unterzeichnet hatte, verweigerte die Volkspolizei Gotha wochenlang einen gültigen Personalausweis. Man schickte ihn von einer Behörde zur anderen. Erst nachdem er sich beim Ministerium für Auswärtige Angelegenheiten beschwert hatte, wurde ihm ein Personalausweis ausgehändigt. Es soll auch anerkannt werden, daß der Bürgermeister ihm, entgegen seinen Vorschriften, völlig unbürokratisch dennoch Lebensmittelkarten aushändigte.

Nach einigen Wochen wurde er, als er müde von seiner Arbeit nach Hause kam, abends zu einer Dienststelle der Staatssicherheit in Neuhaus bestellt. Was dort verhandelt wurde, ist dem Berichterstatter nicht bekannt. Die Verhandlung soll sieben Stunden gedauert haben. Es ist ferner erwiesen, daß sich diese sogenannten Unterhaltungen mehrmals wiederholt haben. Zu diesem Punkt heißt es in der Urteilsbegründung des Kreisgerichts: »Staatliche Dienststellen haben im Falle des Angeklagten Unrechtmäßigkeiten vorgenommen ... Einige der Verantwortlichen sind inzwischen zur Rechenschaft gezogen worden.«

Lothar gab seine Arbeit auf, er bewarb sich in einem volkseigenen Betrieb. Man machte ihm anfangs Hoffnungen, er reichte auch eine schriftliche Bewerbung ein, auf die er nie eine Antwort erhielt. Unter diesen Umständen ist es nicht verwunderlich, daß Lothar in seiner alten Heimat sich nicht mehr heimisch fühlte. Er stellte den Antrag, die Republik verlassen zu dürfen. Auch dieser Antrag wurde ihm nicht genehmigt.

Am 1. Mai 1956 versuchte er, illegal die Grenze nach Westdeutschland zu überschreiten. Er hatte sein erspartes Geld, fünfhundertdrei Mark, bei sich. Er wurde von der Grenzpolizei im Sperrgebiet verhaftet.

Das Kreisgericht verurteilte ihn wegen unerlaubten Betretens der Sperrzone und wegen versuchten Verbringens von Mark der Deutschen Notenbank zu einer Gesamtstrafe von zwei Monaten und zwei Wochen Gefängnis, just die Zeit, die Lothar bis zum Verhandlungstag in Untersuchungshaft gesessen hatte. Außerdem wurde das Geld eingezogen.

Gerichtsnotorisch ist, daß Lothar von staatlichen Dienststellen Unrecht geschah. Statt einem neuzugewanderten Bürger das Leben leicht zu machen, hat man es ihm erschwert. Man hat seine Furcht und seine Unkenntnis ausgenutzt. Mußte der Staatsanwalt Lothar überhaupt anklagen? Hätte das Gericht das Verfahren nicht wegen Geringfügigkeit einstellen müssen? Und wenn es schon zu diesem sehr unschönen Verlegenheitsurteil (die Strafe gleicht der zufälligen Dauer der Untersuchungshaft) kommen mußte, konnte man Lothar nicht seinen sauer verdienten Arbeitslohn belassen? Mögen alle Dienststellen aus diesem Verfahren lernen, wie man Neueinwanderer nicht behandelt. Darüber muß man jetzt gerade sprechen, in aller Öffentlichkeit, und solche Dinge radikal beseitigen.

Muß ein Kind den Klapperstorch bezahlen?

Heute will ich Ihnen eine Geschichte erzählen, die in der Stadt der Schildbürger passiert sein könnte.

Ein Mann namens Alfred kam aus dem Kriege zurück, und siehe da, seine liebe Frau Ilse war eines munteren Knäbleins genesen, das auf den Namen Dietmar hörte. Erst freute sich Alfred ob dieses unerwarteten Zuwachses. Dann aber rechnete er hin und her, ihm kam plötzlich der Gedanke, ob da etwas nicht ganz stimmen könnte. Auch hörte er die lieben Nachbarn murmeln und tuscheln, daß ihn ein schmucker Bursche namens Günther während seiner Abwesenheit liebreich vertreten habe. Was zuviel war, war Alfred zuviel. Er ließ sich von seiner zuviel geliebten Ilse scheiden. Nur mußte er nach Gesetz und Recht für seinen ehelichen Sohn Dietmar sorgen, bis das Knäblein achtzehn Lenze zählen würde.

Das aber erbitterte unseren Alfred, der überzeugt war, an dem Familiennachwuchs ganz und gar unbeteiligt gewesen zu sein. In seinem Auftrag wälzte ein Rechtsberater die Gesetzesbücher. »Sie müssen«, sagte ihm der hochgelehrte Mann, »Ihren Sohn Dietmar verklagen und vom Gericht feststellen lassen, daß Ihr Herr Sohn nicht Ihr Herr Sohn ist. So will es das Bürgerliche Gesetzbuch und auch die Zivilprozeßordnung.«

Also tat der Herr Alfred und erhob Klage wider seinen Sohn, der nicht der seine war.

Im Prozeß wurden Zeugen gehört. Der schmucke Herr Günther verweigerte, als man ihm die Frage, ob ja, ob nein, vorlegte, die Aussage, da eine wahrheitsgemäße Beantwortung ihm zur Unehre gereiche. Die liebe Frau Ilse war, wie Frauen nun einmal in puncto Liebe, Zivilprozeß und Zivilcourage sind, offener. Sie bekannte, was sowieso schon allgemein bekannt war. Ihre Ehrlichkeit gereiche ihr keineswegs zur Unehre.

Dann wurden noch zwei Sachverständige bemüht. Die Blutgruppen wurden untersucht und ein erbbiologisches Gutachten angefordert.

Alles wurde erwogen, und dann wurde rechtskräftig beschlossen und verkündet: Der Kläger, Alfred, ist nicht der Vater des Beklagten, Dietmar. Die Kosten des Verfahrens trägt der Beklagte. Das ist genau nach dem Gesetz; denn er hat ja den Prozeß verloren. So weit, so gut.

Die nicht unerheblichen Kosten betrugen 460 Mark. Nun war aber der Beklagte an dem Tage, da er diesen Prozeß verlor, gerade sechs Jahre alt. Und die Summe, die Dietmar zu zahlen hatte, übersteigt bei weitem das Einkommen eines Eierpampenkuchenbäckers im Sandkasten. Deshalb muß nun der Kläger, der Pyrrhussieger dieses Rechtsstreites, alle Kosten bezahlen. Und schon erschien der Gerichtsvollzieher bei Alfred, um zu pfänden.

Das Groteske aber ist, daß diejenigen, die ja die ganze Sache verwirrt haben und die eigentlich Schuldigen sind, die liebe Frau Ilse und der schmucke Herr Günther, Anspruch auf die Zeugengebühren haben, die nun der Nichtvater Alfred bezahlen soll.

Aber Herr Alfred hat einen Trost; er kann die Prozeßkosten von seinem Nichtsohn Dietmar, wenn der heute Sechsjährige das achtzehnte Lebensjahr erreicht hat, zurückverlangen.

Dann muß also Dietmar für die Sünden seiner Eltern zahlen, er muß seinen Erzeugern Zeugengebühren vergüten.

Wer diese Geschichte für erfunden hält, der frage einmal bei Rechtsgelehrten nach. Und im Kreisgericht von Karl-Marx-Stadt (Land). [Jetzt wieder Chemnitz genannt.]

So erlebte ich es jedenfalls im Jahr 1956. Ganz und gar unnötig war diese meine Beschäftigung doch nicht. Es gehörte immer zu meinen Eigenschaften, wenn man Erfolg hat, soll man es mit einer Mitteilung darüber in der englischen Art halten: So zum Beispiel wurde ein Lord gefragt, ob er es war, der dafür gesorgt habe, daß eine unsinnige Bestimmung im britischen Recht geändert wurde. Und er sagte: Ich habe mich ein wenig im Leben umgesehen und ein wenig in den Akten geblättert. Ich habe mich anscheinend dabei geräuspert.

Ich muß es natürlich dem Zufall zuschreiben und nicht meinem Räuspern, nach dem Erscheinen meiner Frage »Muß ein Kind den Klapperstorch bezahlen?« wurde diese Bestimmung geändert.

Meiner Treu, diese Geschichte aus dem Jahr 1957 ist so geschehen, als sei ein plattdeutsches Märchen, die Erzählung von der Unersättlichkeit einer nichtbefriedigten Frau, die Vorlage dafür gewesen:

Der Züchter un syne Fru

Wer kennt nicht das Märchen »Von dem Fischer un syner Fru«. Wenn dem Manne ein Wunsch, ein großer Wurf gelingt, dann ist er zufrieden. Wer kennt nicht die Frauen, die vom Glück immer mehr haben wollen, die so viele Wünsche haben, bis Mann und Frau – wie es im Märchen heißt – zum Schluß wieder im Pisspott sitzen.

Blütenweiß war die Wolle von des Mannes Angorakaninchen, blütenweiß sein Leumund und somit auch sein Strafregister. Seine Zucht und sein Ruf waren sein Stolz. Und voll Zufriedenheit blickte er abends daheim auf die vielen Pokale und Diplome, gewonnen auf Ausstellungen, die von Züchtern aller Kulturländer beschickt wurden. Wie seiden war die Angorawolle, wie schön die Pullover und Mützchen seiner Frau vom eigenen Vlies, vom Manne eigenhändig geschoren und von der Frau eigenhändig gestrickt. Wie fruchtbar auch der Dünger, den er aus seinen umfangreichen Stallungen gewann, auf dem so prächtig Markstammkohl und Sonnenblumen gedeihen, Futter wiederum, das die Kaninchen so gern knabbern, und mit dessen Hilfe sie sich so zahlreich vermehren. Kurzum, Konrads Wirtschaft war ehrenvoll, ziemlich autark und ertragreich.

Aber – wie im Märchen – der Frau war dies alles noch nicht autark und ertragreich genug.

»Mann«, sprach die Frau eines Tages, »ich bräuchte für Sonntag einen Braten, schlachte einen Karnickel.«

Der Mann war arg betroffen. Einen seiner Zuchtrammler oder eine seiner Häsinnen sollte er schlachten? Unmöglich. Er rührte sich nicht.

»Mann«, sprach die Frau, »hast du mich nicht verstanden?«

Ob von Natur oder durch den jahrelangen Umgang mit Hasenfüßen, der Mann war ein wenig furchtsam. Er wagte keine Widerrede, nahm sein Rad und fuhr schweren Herzens auf sein Grundstück.

Lange stand er vor den Ställen. Würde er bei der nächsten Ausstellung bestehen können, wenn sein Bestand gelichtet war? Konnte er einen Rammler oder eine Häsin auf dem Altar des Ehefriedens opfern? Aber weder eine gute Fee noch ein Butt erschien. Er schwang sich auf sein Rad und fuhr planlos weiter. Bis er plötzlich vor dem Zaun eines anderen Züchters stand. Einer jener unseligen Dilettanten seines Fachs. Die englischen Widder, die er zur Ausstellung brachte, hatten steife Ohren, und seine deutschen Riesenscheckenkaninchen waren schneeweiß und winzig wie das rassereinste Hermelin. Kurzum, dieser Züchter war ein dunkler Punkt im Verein.

Der Mann lehnte sein Rad an den Zaun und schwang sich in den fremden Garten. Er griff nach einem der winzigen Riesenkaninchen und steckte es in seinen Rucksack. So war drei Menschen geholfen. Der Vereinsbruder konnte sich nicht auf der Ausstellung blamieren, er hingegen seine Aufzucht erfolgreich weiterführen. Und die Frau, die nicht genug an der Wolle, dem Ruhm und dem Dung hatte, bekam ihren Braten.

Plötzlich hörte er Stimmen. Er, der ehrlichste Mensch, mit einem fremden Kaninchen im Rucksack. Entschlossen entfernte er sich, aber zum Hinterausgang hin, und eilte, sein Fahrrad im Stich lassend, nach Hause.

Dort angekommen, erzählte er seiner unersättlichen Frau, daß ihm auf seinem Grundstück das Fahrrad gestohlen worden sei.

Wäre die Frau nun zufrieden gewesen, dann wäre außer dem Kaninchendiebstahl nichts Schlimmes passiert. Aber sie gab keine Ruhe.

»Mann«, sprach sie, »du gehst zur Polizei und zeigst den Fahrraddieb an.«

Er versuchte Ausflüchte. Es sei zwecklos, das Fahrrad sei weg und verloren. Die Frau ließ nicht locker. Wider Willen und besseres Wissen erstattete er Anzeige gegen Unbekannt wegen Diebstahls seines Fahrrades und hoffte insgeheim, es nie wiederzusehen.

Eines Tages klingelte es. Der Mann öffnete, ein Polizist stand vor der Tür.

»Ich komme – «, so hub der Volkspolizist an.

»Ich weiß, es ist wegen des Kaninchendiebstahls. Ich will ja den Schaden wiedergutmachen.«

Der Polizist schüttelte den Kopf. »Davon weiß ich ja gar nichts. Ich wollte Ihnen nur das Fahrrad wiederbringen. Es ist von dem Dieb an einem Gartenzaun abgestellt und von ehrlichen Leuten bei uns abgeliefert worden.«

So kam der Fall in Weißensee vors Gericht. Dort saß keine Jury, die den Wert eines Angorakaninchens oder den Unwert eines englischen Widders mit steifen Ohren abschätzen konnte. Das Gericht kannte nur die Buchstaben des Gesetzes. Und weil der Mann in ein umfriedetes Gelände eingedrungen war, galt die Sache, obwohl sie so leicht erschien, als schwerer Diebstahl.

Und Anschuldigung wider besseres Wissen - auch gegen Unbekannt - ist strafbar. Der Mann muß, weil er der Unersättlichkeit seiner Frau in zwei Fällen nachkam, nicht mit seiner Frau lebendig in den Pisspott, wie im Grimm'schen Märchen, sondern er sollte für fünf Monate in den Kahn gehen. Aber damit seine Angorakaninchen doch alle drei Monate geschoren werden, wurde ihm Strafaussetzung zugebilligt.

Über diesem Prozeß aus dem Jahr 1957 lag noch der Schatten des Krieges:

Stimme und Herz

Zwei junge Frauen stehen sich in einem thüringischen Gericht gegenüber. Sie mögen fast gleichaltrig sein. Die Angeklagte mit ihrem hageren Gesicht wirkt älter. Sie ist aber nur zweiundzwanzig Jahre alt. Schüchtern und offen zugleich. Ein Mensch, dem die Jugend gestohlen wurde.

Von der Staatsanwältin, der anderen jungen Frau, weiß ich weder Alter noch Lebensgeschichte. Sie sieht frischer und unbekümmerter aus. Ein wenig zu unbekümmert. Wie gut, daß der Richter mit großem Takt die Verhandlung leitet; denn in Wahrheit wird hier die Anklage von der Angeklagten erhoben und nicht von der Staatsanwältin. Nicht bewußt, doch merkbar für jeden, der fühlen kann.

Ihre Mutter hat die Angeklagte nie gekannt, sie starb geistesgestört, als Renate zwei Jahre alt war. Vor ihrem Tod war die Ehe für nichtig erklärt worden; denn der Vater war tatsächlich von einer anderen Frau noch nicht geschieden, als er Renates Mutter heiratete.

Die junge Staatsanwältin, gerade der Hochschule entwachsen, gerade mit ihren frischen Kenntnissen von der juristischen Fakultät erfüllt, wollte ihre wissenschaftliche Befähigung beweisen, als sie mit der Angeklagten einen Disput anfing. Renate müßte doch wissen, daß Kinder aus nichtig erklärten Ehen den Status von ehelichen haben. Eine Sache, die für den Prozeß völlig belanglos war, und die der Richter schnell ins rechte Geleis rückte.

Die kleine Renate kam in ein privates Heim und die Leiterin übernahm ihre Patenschaft. Aber bald entschied das Jugendamt – es war in der Nazizeit –, das Kind müsse einer Familie übergeben werden. In dieser Familie waren eigene Kinder vorhanden, und Renate wurde wie ein echtes Stiefkind behandelt. Da es dauernd Streitigkeiten gab, kam sie wieder in ein Kinderheim, und von dort wurde sie anderen Pflegeeltern überantwortet. Hier erlebte das nun sechsjährige Kind, das im Bett zwischen den Pflegeeltern schlafen mußte, wie der Pflegevater auf die Pflegemutter schoß. Später soll er seine Frau ermordet haben.

Nun kam Renate mit ihren zwei älteren Brüdern in das Kinderbeobachtungsheim in Stadtroda. Mit eigenen Augen sah das Kind, wie die Nazis Kinder aus sogenannten erbkranken Familien umbrachten. Täglich erlebte Renate, wie Leichen der Ermordeten abgeholt wurden. Auch Renate und ihre Brüder waren bedroht.

Der Richter ließ sich die Akten aus der Nazizeit kommen. Hierin wurde Renate als erbbiologisch wertlos bezeichnet, da der Vater »asozial« und die Mutter geistesgestört wären. Die Kinder entkamen der Gefahr, wahrscheinlich durch das Eingreifen der Pflegetante. Die gute Frau nahm das Kind zu sich.

1945 schien eine bessere Zeit für die Kleine anzubrechen. Die großen Lücken in der Schulbildung sollten gestopft werden. Da aber trat eines Tages der leibliche Vater auf, holte das Kind von der Schule ab und nahm es einfach mit. Die damals noch schwachen Behörden legalisierten den Kindesraub.

»So, nun mußt du uns alle ernähren«, erklärte der Vater und meinte damit sich, seine dritte Frau und ein Baby. Drei Jahre lang ging Renate über die grüne Grenze. Sie mußte Waren schmuggeln und Flüchtlinge über die Grenze hin und her schleusen.

Die beiden Brüder waren in dieser Zeit nach Westdeutschland ausgerissen. Sie wurden an der Schweizer Grenze gestellt und kamen am Bodensee in ein Kinderheim. Auch Renate brannte eines Tages durch, sie wurde in Nürnberg aufgegriffen und zu ihrer Patentante nach Thüringen zurückgebracht. Endlich, als Dreizehnjährige kommt das Kind in eine normale Bahn. Sie holt in der Schule das Versäumte schnell auf, erlernt Handweberei. In einer Kulturgruppe endeckt man ihre selten schöne Stimme, bei ihr, die in der Nazizeit als erbbiologisch wertlos bezeichnet wurde. Die Patentante sorgt dafür, daß sie ein Konservatorium besucht mit einem Stipendium von hundertfünfunddreißig Mark.

»Sie lügen ja schon wieder, Angeklagte«, hält ihr die sehr junge Staatsanwältin vor.

»An den Hochschulen beträgt das Stipendium für Waisen hundertachtzig Mark.« In ruhigen Worten erläutert Renate, daß ein Konservatorium keine Hochschule sei.

Nach ihrer Ausbildung sucht Renate in dem Ort, in dem ihre Patentante lebt, Arbeit. Nachmittags nimmt sie zur Weiterbildung ihrer Stimme Privatstunden. Und vormittags macht sie in einem Fremdenheim bei einem Monatsverdienst von siebzig bis achtzig Mark die Zimmer sauber.

Beim Aufräumen in einem Zimmer findet sie nun eine Geldbörse unter der Matratze. Sie hofft, daß sie etwa zehn Mark enthalte. Ohne hineinzuschauen, versteckt sie die Börse in einem anderen Zimmer. Jedoch nach einer Viertelstunde ist ihr Diebstahl entdeckt. Nach kurzem Leugnen gesteht sie und zeigt der Polizei ihr Versteck. Die Börse enthielt hundertfünfundsechzig Mark.

Das ist kurz Renates Geschichte und Delikt.

Die Staatsanwältin erinnert das Gericht, daß Renate schon einmal als Dreizehnjährige eine Lebensmittelkarte gestohlen hat. (Damals kam sie gerade aus ihrer völlig demoralisierenden Umgebung in die guten Hände ihrer Pflegetante.) Die Staatsanwältin erinnert, daß sie als Zimmermädchen eine ganz besondere Vertrauensstellung bekleidete (bei einem Monatsverdienst von siebzig bis achtzig Mark). Aber das Gute an ihrem zu scharfen Plädoyer ist ein vernünftiger Antrag: Vier Wochen Gefängnis, aber ausgesetzt. Die Strafe soll gestrichen werden, wenn Renate in dieser Zeit sich nichts zuschulden kommen läßt. So entschied auch das Gericht.

Renate wird sich bewähren. Zum Herbst hat sie ein Theaterengagement. In zwei Jahren wird sie Solistin sein.

Die Staatsanwältin konnte nach einer abgeschlossenen Hochschulbildung und nach sechsmonatiger Praktikantenzeit den Staat vertreten. Fast habe ich mich ihretwegen geschämt.

Früher gab es bei Richtern und Staatsanwälten eine mehrjährige Referendarzeit. In den ersten Jahren nach dem Krieg wurde auf diese verzichtet. Es wurden schnell neue Richter gebraucht, denn es mußte mit den Blutrichtern und den Blutstaatsanwälten der Nazijustiz radikal Schluß gemacht werden.

Wenn eine junge Sängerin zwei Jahre am Theater braucht, um zu lernen, wie man als Solistin auftritt, wieviel notwendiger wäre es heute für einen jungen Staatsanwalt oder Richter, denn er vertritt den Staat in der Öffentlichkeit.

Zwei Jahre. Hoffen wir, daß beide junge Frauen die Zeit nutzen. Renate für ihre Stimmbildung. Und die Staatsanwältin für ihre Herzensbildung.

Kiste 7

Ein Ausreißer

Im Sommer 1958 wurde vor der Jugendstrafkammer des Stadt-bezirksgerichts Berlin Prenzlauer Berg gegen Erich und Gün-ter verhandelt. Ich hatte am Ende des Prozeßes nicht vor, dar-über zu schreiben; ich hielt es für einen Durchschnittsfall.

Inzwischen habe ich gelernt, es gibt gar keine Durchs-chnittsfälle, es gibt vielleicht Gerichtsreporter, die nicht das Besondere in jedem Fall erkennen können.

Ein ungleiches Freundschaftsverhältnis, zwei Unzertrennli-che waren sie: Der Schwierigere war zweifellos der sechzehnjäh-rige Günter, Hilfsschüler, der Vater im Kriege verschollen. Gün-ter, ohne Lehrstelle und ohne rechte Lust zum Arbeiten, neig-te zum Asozialen. Erich hingegen, auch aus mißlichen häusli-chen Verhältnissen, ist ausgesprochen fleißig; er ist Schweißer-anlernling bei einem Klempnermeister und verdient – als Sech-zehnjähriger – seine fünfzig Mark in der Woche. Aber das Gute in ihm wird allzuoft vom bösen Beispiel überwuchert.

Es war in den Tagen des Stralauer Fischzuges, in einer Zeit also, in der Sechzehnjährige Geld wie Heu brauchen, da gin-gen sie beide auf Raub aus. Sie hatten sich die Kirchen vorge-nommen, die Kirchen beider Konfessionen. Die katholische Kirche in der Thorner Straße öffneten sie mit einem Nach-schlüssel, und sie fingerten aus dem Opferstock fünfund-sechzig Mark heraus. In der evangelischen Galiläikirche er-beuteten sie nur dreizehn Mark. Sie wollten auch in West-berlin, nicht weit vom Vineta-Platz, eine Kirche aufbrechen, die war jedoch besser verschlossen.

Sie gingen zurück in den Ostteil und öffneten die Samariter-kirche und die Eliaskirche. Das ganze Geld, das wohltätigen Zwecken dienen sollte, wurde in Stralau auf Karussells und in Würfelbuden verjuxt.

Solche Delikte sieht die Staatsanwältin nicht gern, und da die beiden schon einmal vor den Schranken des Gerichts gestanden hatten und nur verwarnt worden waren, beantragte sie für Erich und Günter anderthalb Jahre Freiheitsentzug.

Das Gericht tagte unter dem Vorsitz einer Richterin, die bekannt für ihren guten Kontakt zu Jugendlichen ist. Sie hat zwei ihrer jugendlichen Angeklagten an Kindes Statt in ihr Haus aufgenommen und sie zu ordentlichen Menschen erzogen. Es war erstaunlich, daß in diesem Fall das Gericht eine höhere Strafe verhängte als die Staatsanwältin beantragt hatte, nämlich zwei Jahre Freiheitsentzug.

Vierzehn Tage nach diesem Urteilsspruch kam ich in das Zimmer der Richterin im Gerichtsgebäude Littenstraße, um mit ihr einen ganz anderen Fall zu besprechen. Ich war erstaunt, daß ich auf dem Stuhl vor ihrem Schreibtisch den einen der beiden Angeklagten, den Erich, in einem grauen Monteuranzug sitzen sah.

Unter Schluchzen erzählte er der Richterin, daß er aus dem Durchgangslager für männliche Jugendliche in der Magazinstraße Berlin ausgerückt sei. Er wolle doch lieber bei seinem Meister arbeiten und etwas lernen, als dort den Heizer zu machen. Und als gerade eine Gruppe von Handwerkern in der Magazinstraße tätig war, hatte er sich schnell einen alten Filzhut gegriffen, ihn sich ins Gesicht gestülpt und war aus dem Heim entwichen. Schnurstraks war er zu seiner Richterin gegangen. Er machte sich vor allem Sorge, ob sein Klempnermeister ihn weiter beschäftigen würde.

Die Richterin zog die Staatsanwältin zu Rate. Und telefonierte mit dem Meister, der sich bereit erklärte, den Jungen jederzeit wiederzunehmen. Aber es war nun nicht möglich, ihn sofort aus der Haft zu entlassen.

Die Richterin versprach Erich, dafür zu sorgen, daß er so schnell wie möglich in ein Heim komme, wo er in seinem Fach arbeiten könne. Bei guter Führung würde sie sich dafür einsetzen, daß nach Paragraph 19 des Jugendgerichtsgesetzes die Vollstreckung der Reststrafe ausgesetzt werde.

Ohne Wache, nur mit einem Brief der Richterin, in dem sie die Leitung des Heimes bat, Erich wegen seines Ausreißens nicht zu bestrafen, schickte sie den Jungen fort. Nach ein paar Stunden kam er wirklich im Heim an.

In dieser Geschichte ist nicht Erich der Held, sondern die strenge und doch so gütige Richterin.

Es war Elisabeth Samain, Jugendrichterin im Berliner Stadtbe-
zirk Prenzlauer Berg. Nach 1945 mußten neue Richter und
Staatsanwälte ausgebildet werden. Im Ostteil Berlins und in
der sowjetisch besetzten Zone war es undenkbar, daß auch
nur ein Richter oder Staatsanwalt aus der Nazizeit übernommen wurde. Elisabeth Samain meldete sich sofort zu diesen
Lehrgängen.

Sie war in der Weimarer Republik Dienstmädchen bei einer
sehr wohlhabenden Familie gewesen. Der Chef des Hauses,
Georg Klingenberg, war Vorstandsmitglied der AEG und erar-
beitete die Pläne für viele Kraftwerke, auch das nach ihm be-
nannte Kraftwerk in Berlin, das später ganz Berlin mit Strom
versorgte.

Als das junge Mädchen Elisabeth beim Servieren hörte, wie
ihre Herrschaft bei Tische sehr abfällig über Rosa Luxemburg
sprach, sagte sie, das Mädchen vom Dorf, Tochter eines Wind-
müllers, es gehöre sich wirklich nicht, daß gebildete Leute
über Abwesende so schlecht sprechen.

Das kam Rosa Luxemburg zu Ohren. Sie schrieb dem Mädchen einen rührenden Brief und bedankte sich für ihre Haltung.

In der Nazizeit brachte Elisabeth Kinder aus jüdischen Familien in die Schweiz in Sicherheit. Sie gab die Kleinen als
ihre Kinder aus. Sie zitterte bei der Grenzkontrolle, daß die
Kleinen sich verplauderten. Wenn sie den Aufgeregten Schlaf-
mittel gab, zitterte sie, ob sie das auch vertragen könnten.

Später, nach 1945, hat sie sich niemals dieser Handlungen
gerühmt. Und sie lehnte es ab, dafür als Widerstandskämpfer
anerkannt zu werden. Sie sagte, sie habe nur Selbstverständli-
ches getan.

Ihr Mann, ein Schneidermeister, kehrte aus dem mörderi-
schen Hitlerkrieg nicht zurück.

Als sie nun Jugendrichterin geworden war, hatte sie zwei
der von ihr verurteilten Jugendlichen nach der Haft adop-
tiert. Beide waren dann angesehene Leute geworden. Den einen aber, der in einen medizinischen Beruf gegangen war, be-
trachtete sie überaus kritisch. Sie sagte, sie habe ihn wohl ad-
optiert. Aber wenn er in die Partei eintreten wolle, würde sie
nicht für ihn bürgen.

Sie hatte einen großen Ruf in der Bevölkerung. Eines Tages
wurde sie von einer Regisseurin des Fernsehens der DDR auf-

gesucht und über ihr Leben und ihre Arbeit als Jugendrichterin befragt. Das Exposé für ein Fernsehspiel war geschrieben. Mit diesen Blättern verschwand die Regisseurin in den Westen. Dort hatte die Schreiberin den Werdegang, die Geschichten und die Erlebnisse der Jugendrichterin an Filmemacher verkaufen können. Aus der Jugendrichterin war ein männliches Wesen geworden. »Der Jugendrichter«. Eine Glanzrolle für Heinz Rühmann.

Einmal gestand mir Elisabeth Samain, sie sei aus Neugier - es war noch vor der Mauer, aber Richtern war es nicht erlaubt hinüberzugehen - heimlich in ein westberliner Kino gegangen, um sich diesen Film anzusehen.

In der Nazizeit war Elisabeth Samain in schwere Konflikte gekommen, in ihrer spontanen Art, Bedrängten Hilfe zu leisten, hatte sie sich mit SA-Leuten geprügelt. Ihre Hände waren seit dieser Zeit fast lahmgeschlagen. Sie konnte nur als Richterin arbeiten, weil eine Genossin, mit der sie befreundet war, sie als Protokollantin in ihren schriftlichen Aufzeichnungen unterstützte.

Kamen ausländische Gäste, um die Jugendgerichtsbarkeit in der DDR zu studieren, wurden sie immer zu Elisabeth Samain geschickt.

Nur einen Menschen - das sagte sie ganz offen - konnte sie absolut nicht leiden, Hilde Benjamin, die doktrinäre Ministerin für Justiz. Und diese Antipathie beruhte auf Gegenseitigkeit.

Nachdem ihre Protokollantin in einen anderen Beruf gewechselt hatte, mußte auch Elisabeth Samain ihr Richteramt aufgeben. Ohne die Hilfe dieser bewährten Mitarbeiterin konnte sie allein nicht weiterarbeiten.

Schließlich war sie in ein Feierabendheim gekommen, wo sie mit einer Dame aus einem Kosmetikladen ein Zimmer teilen mußte. Wollte sie früh Gymnastik machen, verlangte die andere: Fenster zu. Über den Eßtisch wurde eine Trennungslinie gezogen. Ihre fast lahmen Hände zitterten jetzt. Die andere entrüstete sich: Können Sie nicht stillehalten, Sie verschütten die ganze Suppe. Auch mokierte sie sich über die Richterin, die nun genau wie sie am Lebensende dastehe. Und nicht einmal ein eigenes Zimmer habe. Ihre ganze kommunistische Vergangenheit habe ihr nichts genützt. Sie hingegen, mit ihrem Handel mit Parfüm, sei immer gut durchgekommen, ob es unter einem Kaiser, in der Weimarer Republik oder unter Hitler und schließlich unter Ulbricht sei, sie habe immer ihr Auskommen gehabt.

Eines Tages floh Elisabeth aus diesem Heim. Und sie stand plötzlich in unserem Zimmer. Wir beschlossen: Jetzt wird sie so lange bei uns wohnen, bis sie im Feierabendheim ein Einzelzimmer bekommt. Ich betätigte mich nun als Erpresser. Und ich wußte, wer lange genug schreit, setzt sich durch. Ich schilderte den Zustand einem Genossen, den ich sehr gut kannte, und endete mit einer Drohung: Die Genossin Elisabeth Samain wird so lange bei uns wohnen bis sie ein Einzelzimmer bekommt. Es dauerte zwar sechs Wochen, doch dann hatte sie ihr eigenes Zimmer.

Und immer kamen zu ihr Ratsuchende. Es waren die von ihr ehemals Verurteilten. Sie konnte nicht aufhören, sich um das Schicksal der Menschen zu kümmern, die vor ihr auf der Anklagebank gesessen hatten. Sie hatte sie nie aus den Augen verloren. Ich habe erlebt, wie sie im Feierabendheim von einer ganzen Familie besucht wurde. Der Mann, den sie vor Jahren als jugendlichen Rowdy verurteilt hatte, stellte ihr voll Stolz seine Frau und seine beiden Söhne vor.

Kiste 8

Ja, ja, Männer mit ihrer ständigen Neigung, selbst wenn sie die besten Frauen der Welt haben, ein Abenteuer zu bestehen, auch wenn die eigene schöner und klüger ist. Die Hemmungen sind weg. Und wenn so ein Mann leicht betrunken ist, fällt er auf jedes Wesen herein - weil er eben ein Mann ist. Diese Frau aus dem Jahr 1959 nutzte die so weitverbreitete Neigung schamlos aus. Ich nannte sie:

Die betagte Nachtausgabe der sündigen Liebe

Im Gerichtssaal ist eine Tafel aufgestellt, und darauf ist ein Strich, der Strich der Frau Emma. Sozusagen ihr Arbeitsgebiet rund um ihre Wohnung in der Berliner Gürtelstraße. Nachts um zwölf Uhr verließ sie ihre Wohnung und strichelte in ihrem Gebiet umher, meist freitags oder sonnabends. Immer fand sie einen trunkenen, torkelnden Herrn.

»Na, Süßer, wohin geht's? Was wird wohl die Mutti sagen, wenn du so nach Hause kommst?«

Die Herren, deren Prinzipien durch die löslichen Gifte des Weingeistes etwas gelockert und deren Moral durch ein langes Leben brüchig wie gelöschter Kalk geworden waren, freuten sich, weiblichen Zuspruch und rundliche Anlehnung zu finden, auch wenn die Sirenentöne aus einem zahnlosen Munde kamen.

Der Alkohol macht anscheinend genügsam, und die Herren nahmen es nicht zur Kenntnis, daß die kleine Dame auch schon das fünfte Jahrzehnt überschritten hatte. Nie kamen die schwankenden Herren aber zu dem sich so leicht darbietenden Ziel. Die gefällige Dame war immer bereit, mit den Herren in deren Wohnung zu gehen, wenn sie erfahren hatte, daß »Mutti« gerade abwesend war. »Trinken wir vorher ein-mal einen guten Kaffee«, schlug die Schwergewichtsseniorin aus dem Stande der leichten Mädchen vor. »Und vorher nimm eine Tablette, damit du wieder munter wirst.«

Und alle, alle schluckten. Und wenn sie nach langem, traum-losen Schlaf ungeküßt wieder erwachten, war wider Erwarten mit der Dame auch ihre Brieftasche weg. Dann stürzten die Männlein allesamt zur Polizei, konnten sich aber kaum auf das Exterieur der Dame besinnen, die sie so sanft in den Schlaf gewiegt und von dem mühsam erarbeiteten Wochenlohn be-freit hatte.

Konnten die angesprochenen Herren aus ehelichen Grün-den die betagte Nachtausgabe der sündigen Liebe nicht mit in ihre Wohnung nehmen, dann setzte sich Emma, auch in den kältesten Monaten, mit ihnen auf eine Bank und redete ihnen zu, doch erst einmal eine oder auch drei Tabletten zu nehmen, damit »Mutti« zu Haus nichts von dem vielen Schnaps merke. Und ein schlechtes Gewissen hatten sie alle.

Und alle, alle schliefen ein und mußten mit noch schwere-rem Gewissen und leichterer Habe den Weg zu Mutti antre-ten.

Nur einer nahm die Tabletten nicht, er war selber in der pharmazeutischen Branche tätig und hatte entweder einen heillosen Respekt vor der Wirkung oder eine Kenntnis von der Wirkungslosigkeit der Nüchternheitstabletten.

Am hellen Tag führte Frau Emma ein unauffälliges einfa-ches Leben. Sie besorgte die Hausreinigung, bezog außerdem wegen ihrer geschwächten Gesundheit eine Sozialrente. Und war sehr munter. Sie hielt sich einen festen Freund, den sie nicht bestahl, den sie wahrscheinlich aushielt. Dann hatte Frau Emma sich noch einen Eisenbahner geangelt, der sie ab und zu besuchte, den sie so gern geheiratet hätte, von dem sie aber nicht genau wußte, ob er verheiratet war. Mit einem mi-nutiösen Gedächtnis hatte sie alle Abende im Kopf, an denen er bei ihr war.

Vor Gericht beteuerte dieser Eisenbahner glatt, die nun be-rüchtigte Frau Emma nicht zu kennen, und war bereit, seine Rechte zum Meineid zu erheben. Frau Emma aber kämpfte mit Verbissenheit um jeden einzelnen Fall. Wo es eben ging, leugnete sie, die ausgeplünderten Männer je gesehen zu ha-ben, und konnte wirklich beweisen, daß sie an einigen Abenden, an denen Männer auf ihrem Strich auf ähnliche Art überfallen wurden, mit dem Eisenbahner zusammen war.

Frau Emma brachte einen dritten Liebhaber durch sein schlechtes Gewissen in tödliche Verlegenheit, entweder das Gericht zu belügen oder einige schwere Dienstversäumnisse zuzugeben. Er war Nachtwächter in einem Betrieb, und Frau Emma behauptete, in einigen Nächten, in denen Männer á la Emma ausgeplündert worden waren, bei ihm in der Loge übernachtet zu haben. Auf sein schlechtes Gedächtnis konnte er sich nicht berufen. Frau Emma wußte zu viele Einzelheiten, und nach und nach mußte er Dinge einräumen, die einem so temperamentvollen Nachtwächter nur am Tage gestattet werden können.

Tagelang ging dieser Prozeß, und immer kamen Männer mit schlechtem Gewissen als Zeugen, sehr unfreiwillige Zeugen, zu Wort. Wer mit Frau Emma je zu tun hatte, mußte Federn lassen, auch im Prozeß schonte sie weder ihre Opfer noch ihre besten Freunde.

Nur ein achtundsechzigjähriger Mann, ein Schlosser, kam mit relativ gutem Gewissen; er hatte seine Verfehlung gebeichtet. Der war sogar zweimal auf die männervernichtende Emma hereingefallen. Beim zweiten Mal hatte er sie nicht wiedererkannt. Jetzt wollte er mit Bestimmtheit wissen, daß sie es in beiden Fällen war, die ihn mit Tabletten eingeschläfert hatte. Er war der einzige gute Verlierer. »Ich lege keinen Wert darauf, daß sie bestraft wird. Ich habe in beiden Fällen meine Gardinenpredigt weg.«

Nur acht Fälle konnten eindeutig geklärt werden, und für fünfeinhalb Jahre muß Frau Emma ins Zuchthaus. Zwar wird der Herr gepriesen, der es den Seinen im Schlaf gibt, doch die Frau verdammt, die es ihnen im Schlaf nimmt.

Noch heute sehe ich die alte Frau vor mir. Und den jungen Richter. Zufällig geriet ich 1960 in diesen Prozeß in Gera. Ein anderes Verfahren, auf das ich vorbereitet war, mußte vertagt werden. Keine meiner Reportagen in der »Wochenpost« hat ein größeres Echo bei den Lesern gefunden.

Bagatelle

Für die Zeitungsmeldung ist der Fall zu klein. Für einen Roman jedoch fast zu groß.

In einem Selbstbedienungsladen in Gera stahl eine vierundsechzigjährige Frau ein halbes Pfund Butter und eine Büchse Kondensmilch im Werte von 5,38 Mark.

Ein alltäglicher Fall – vielleicht für den Richter, die Schöffen, den Staatsanwalt. Für Frau Berta eine bittere und eine schlimme Angelegenheit. Mit vierundsechzig Jahren zum erstenmal schuldig gesprochen.

Die kleine Frau mit den krausen grauen Haaren schaut erregt, fast furchtsam durch die dicken Gläser ihrer Nickelbrille. Sie versteht oft die Fragen des jungen Richters nicht. Versteht der Richter Frau Berta? Sie könnte gut und gerne seine Großmutter sein.

Sie hat ein unendlich schweres Leben hinter sich. Mit vierzehn Jahren wurde sie Dienstmädchen bei einem Bäcker. Damals war Gera noch Hauptstadt eines winzigen Fürstentums. Ihre Arbeit war zu schwer, ihr Dienst zu lang. Sie zog die Arbeit in einer Textilfabrik vor. Was dort verlangt wurde, was dort gezahlt wurde, das steht heute in jedem Buch der Wirtschaftsgeschichte. Der Achtstundentag wurde damals mit Hunger und Tränen erkämpft.

Frau Berta suchte höheren Lohn. In der Zementindustrie. Es kam der Krieg. Die bunte Fürstenstadt Gera wurde feldgrau, und Frau Berta begann in Munitionsfabriken zu arbeiten.

Sehr früh hat sie geheiratet. Sie sagt: »Vom Jahre 1913 bis zum Jahre 1921 bekam ich jedes Jahr ein Kind.« Acht Mädchen und einen Jungen. Sechs Mädchen starben. Sie sagt, an Erkältungen und an Ernährungsstörungen. Es war in der Zeit des Krieges, der Nachkriegszeit, der Geldentwertung. Nein, die Kinder starben nicht, sie wurden ermordet, im Krieg, im Kohlrübenwinter 1917, dann durch die Inflation. Sie starben alle, alle am modernen Kapitalismus.

Hätten Frau Berta und ihr Mann nur einen Bäckerladen oder eine kleine Fleischerei gehabt, hätten sie Sachwerte hergestellt, ihre sechs Mädchen würden heute noch leben. Aber sie hatten beide nur ihre Arbeitskraft. Und vielleicht hat damals Frau Berta in der Not für ihre Kinder in einem Lebensmittelgeschäft ein Pfund Margarine und eine Büchse Milch genommen.

Wer weiß es?

Aber jeden Tag ging Frau Berta zur Arbeit, wieder in die Textilindustrie, denn die drei überlebenden Kinder mußten durchgebracht werden. Sie und ihr Mann traten der Gewerkschaft und der SPD bei.

Die Hoffnung auf ein besseres Leben zerbrach in der Nazizeit. Gera wurde braun und wieder feldgrau. Es kam der zweite Weltkrieg. 1942 fiel Bertas einziger Sohn im Osten, und die impulsive Frau konnte sich nicht beherrschen. »Dem Hitler, dem Massenmörder, sollte eine Bombe auf den Kopf fallen«, sagte sie ziemlich laut.

Sie wurde verhaftet. Kam nach Ravensbrück und wurde bis zum Ende des Krieges auch noch durch andere Konzentrationslager geschleppt, gequält. Zuletzt wog sie, als sie im Vernichtungslager Wandsbek befreit wurde, nur noch achtundsechzig Pfund.

Frau Berta zog erst einmal zu einer ihrer Töchter und ließ sich gesund pflegen. Dann begann der Wiederaufbau. Sie versäumte es, sich als Opfer des Faschismus registrieren zu lassen. Sie ging wieder nach Gera zu ihrer alten Arbeit in der Textilfabrik. Seit 1953 hat sie wieder ihren Platz im selben Werk. Sie ist eine der besten Arbeiterinnen. Aber sie lebt isoliert. Es kommt in ihrem Betrieb häufig zu Streitereien. Es gibt manchmal noch Gegensätze zwischen den »Umsiedlern« und den alten Geraern. Und Frau Berta ist impulsiv, nervös, denn auf ihr lastet das schwere, schwere, lange Leben.

Einmal warfen ihr Kolleginnen ein schweres Werkstück nach. Vier Wochen mußte sie mit einer Kopfverletzung zu Hause bleiben. Aber sie hängt an ihrer Arbeit; obwohl sie seit Jahren Rente bekommt, kann sie sich nicht von ihr trennen.

Im Urteil steht: »Ihre gesellschaftliche Arbeit ist nicht nennenswert.«

Jedoch ein Meister, der nicht der ihre ist, der, weil er gerade keine Schicht hatte, als Vertreter des Betriebes an der Verhandlung teilnehmen mußte, sagt: »Ihre Arbeit ist weit besser als die der Durchschnittsarbeiterinnen. Sie hat auch«, wie er unpräzise und ohne genaue Kenntnis formuliert, »zu neunzig Prozent an den roten Sonntagen teilgenommen, als zu freiwilligen Sonderschichten aufgerufen worden war.« Aber für das Gericht zählt leider die formelle Teilnahme an Versammlungen mehr als die Sonderleistungen einer Vierundsechzigjährigen.

Frau Berta wäre auch der Sozialistischen Einheitspartei beigetreten, als alte SPD-Genossin, als tatsächliches Opfer des Faschismus wäre sie dazu wirklich prädestiniert. Aber im Betrieb haben die Genossen nie mit ihr darüber gesprochen. Auch daß nicht ihr Meister, daß niemand von der Betriebsleitung, oder von der Gewerkschaft als Beauftragter des Betriebes an der Verhandlung teilnimmt, zeigt, die Beschwerden, die Frau Berta vorträgt, enthalten ein Körnchen Wahrheit. Denn geladen waren sie alle.

Die alte Arbeiterfrau gilt als impulsiv und als unverträglich. Warum stiehlt Frau Berta? Sie weiß es selber nicht, sie kann es sich nicht erklären. Sie hat schon einmal vor ungefähr einem Jahr eine Schachtel Zigaretten aus einem Selbstbedienungsladen mitgenommen, damals war sie von der Volkspolizei verwarnt worden. Ihr Einkommen ist gut. Mit der Rente zusammen hat sie für sich allein über fünfhundert Mark.

Ihre Miete ist gering. Wohl hat sie eine Abzahlungspflicht von fünfzig Mark, denn sie hat sich neu eingerichtet. Aber das müßte bei ihrem Einkommen keine Rolle spielen.

Die Geschichte ist schlimm. Es wird viel in den Selbstbedienungsläden gestohlen, allzuviel in Gera. Und grundsätzlich gibt es bei einem Diebstahl in einem Selbstbedienungsladen nur Strafen, die sofort abzusitzen sind. Das Gericht aber macht hier berechtigterweise eine Ausnahme. Drei Wochen Gefängnis werden ausgesprochen. Ausgesetzt auf zwei Jahre Bewährung.

Nicht ein Wort ist an dem Urteil zu bemängeln. Das Urteil soll erzieherisch wirken. Ich bin der Meinung, es wirkt.

Frau Berta war schon vor Beginn des Prozeßes höchst erregt. Der Richter schien das allerdings nicht bemerkt zu haben und schlug einen Ton an, der mich verwunderte. Ich versuchte, mich in Frau Bertas Situation zu versetzen.

Kalt, hart wurde der Lebenslauf dieser alten Arbeiterin vom Richter durchgesprochen. Das schüchterte sie sehr ein, so sehr, daß sie im Verlaufe des Verfahrens um Gnade bettelte, nicht bat, nein bettelte.

»Sie stehen hier vor einem Gericht des Arbeiter-und-Bauern-Staates und brauchen nichts zu befürchten.«

Das mußte der Richter sagen. Daß er es sagen mußte, halte ich für den Fehler dieser Verhandlung.

Ich hatte gerade einen Ferienplatz in der Tschechoslowakei bekommen und hatte mehrere Beiträge für diese Zeit vorbereitet.

Das Redaktionskollegium der »Wochenpost« zögerte, diesen, meinen Bericht zu bringen.

Während des Urlaubs las ich im »Neuen Deutschland« eine Rede von Walter Ulbricht, dem damaligen Vorsitzenden des Staatsrats. Hier rügte er den schroffen Ton in vielen Ämtern.

Ich schickte ein Telegramm an meinen Chefredakteur: Lest das »Neue Deutschland« vom soundsovielten. Denkt an Bagatelle.

Und »Bagatelle« erschien.

Das Kind der Magdalene

1961. Kennen Sie Högfeldt, den schwedischen Maler der Groteske? Sicher kennen Sie das Fischgericht. Einer angelt vergeblich am Bach, die ganze Familie sitzt schon mit Messer und Gabel bei Tisch und wartet auf den Fisch, der Koch hält schon die leere Pfanne über dem Feuer. Und alle Menschen sind klein, grotesk, mit runden Köpfen, großen Mündern und dikken Bäuchen.

Fast hätte Magdalene dem schwedischen Maler für die Schönste dieser Familie Modell stehen können. Sie ist sicher viel anmutiger als die Figuren des etwas boshaften Högfeldt, ihre Haare sind blonder, die Ponys länger, aber nicht sehr gepflegt. Sie ist sehr klein, hat einen runden Kopf, dicke Arme und einen etwas zu wohlgeratenen Bauch, eine kleine Brust und einen großen, boshaften Mund, der scherzen und noch einiges andere kann.

Ach, über Magdalenens einundzwanzig Lebensjahre kann ich wenig Gutes berichten - sehr wenig, eigentlich gar nichts. Sie steht noch in der ersten Etappe der reuigen Sünderin, bis jetzt sündigte sie nur, von Reue keine Spur. Aber das bekommen wir - wie mein Religionslehrer oft sagte - später. Hoffentlich.

Sie wächst bei den Pflegeeltern auf, stiehlt schon von ihren dicken Kindesbeinen an, kommt ins Kinderheim und in den Jugendwerkhof. Seit sie erwachsen ist, mußte sie schon dreimal ins Gefängnis. Mit nichts nimmt sie es genau, nicht mit den Männern, mit dem Geld und mit der Arbeit. Das Essen aber schmeckt, und ganz besonders in der Strafanstalt schlägt es gut an, sehr gut sogar.

Aber im Gefängnis benimmt sie sich schlecht, die Gute, so schlecht, daß sie bei einer Teilamnestie nicht berücksichtigt wurde. Magdalene ärgert das sehr, und da rief sie in den Exhaustor des Gefängniskartoffelkellers aus Zorn: »Achtung, Achtung! Hier spricht der Rias. Der Anstaltsleiter wird zu einundzwanzig Tagen verschärften Arrest verurteilt. Und nun senden wir für die verwahrloste Jugend schräge Tanzmusik.« Unter Absingen anstößiger Lieder beendete sie ihre Kartoffelkellersendung.

Sie wurde dem Anstaltsleiter vorgeführt.

»Sie kommen wegen Ihres Unfugs in Arrest«, sagte der.

»Sie dürfen mich gar nicht in Arrest stecken, ich bin hochschwanger«, sagte Magdalene verschämt.

Der Gefängnisarzt wurde bemüht, die Feststellung war bei der ersten Untersuchung nicht einfach, weil Magdalene schwierig zu behandeln ist.

Beim zweitenmal konnte die offensichtlich weit vorgeschrittene Gravidität nur durch eine äußere Untersuchung festgestellt und bescheinigt werden: »Schwanger im siebenten Monat.«

Nun änderte sich für die werdende Mutter alles. Sie wurde alsbald aus der Haft entlassen, vierzehn Tage wurden ihr geschenkt, vom Arrest war keine Rede mehr. Der Anstaltsleiter fuhr sie mit dem Dienstwagen zur Mütterberatungsstelle, dort wurde sie wieder einem Arzt vorgestellt, und der bestätigte: »Schwanger im sechsten Monat.«

»Das kann nicht sein«, sagte Magdalene, »ich bin schon sieben Monate in Haft.«

Daraufhin änderte der Arzt seinen Befund und schrieb: »Schwanger im siebenten Monat.«

Magdalene wollte wieder in ihrem alten Betrieb, in der Baumwollspinnerei Karl-Marx-Stadt [heute wieder Chemnitz], arbeiten. Man war bereit, aber als man sich den Versicherungsaus-weis ansah, riet man ihr ab: »Bringen Sie erst das Kind zur Welt.«

»Und wovon soll ich leben?« fragte sie.

»Sie bekommen doch Schwangerschaftsgeld.« Und das holte sich Magdalene ab, zweimal, im ganzen hundertvierzehn Mark.

Der Staatsanwalt, der schon so oft Strafen gegen sie beantragt hatte und der heute wieder ihr Ankläger ist, kümmerte sich sehr um sie. Eine Wohnung wurde beschafft; bis sie bezugsfertig war, wurde Magdalene in der Freiwilligenabteilung des Hauses für soziale Betreuung aufgenommen. Der werdenden Mutter wurde alles nachgesehen, alle Sünden waren ausgemerzt. Das ist bei uns so Sitte.

Nach ein paar Wochen ging Magdalene wieder zur Baumwolle, wie sie sagt. Da wurde ihr bedeutet: »Sie können hier anfangen. Und wo ist Ihr Kind?« fragte man.

»In einem Kinderheim«, sagte sie.

Sie wurde eingestellt.

Nun war aber dem Referat Jugendhilfe indes bekannt geworden: Hier ist ein vaterloses Kind geboren, darum muß man sich kümmern, der jungen Mutter helfen, den Vater zur Alimentenzahlung bringen. Der Fürsorgerin, die zu Magdalene kam, sagte sie, das Kind sei in einem Heim in Oberschlema. Aber vergeblich, dort war es nicht aufzufinden. Bei einer erneuten Anfrage sagte Magdalene, sie habe jetzt das Kind bei einer Schwester im Bezirk Potsdam untergebracht. Aber auch die wußte nichts von ihrem Tantenglück.

Die Sache mußte untersucht werden. Die Kriminalpolizei schaltete sich ein. Wo war doch nur das Kind der Magdalene? Wer war der Vater?

»Ein Grieche«, sagte sie, »ein Grieche ist der Vater, und das Kind ist in einem griechischen Kinderheim untergebracht.« Aber auch das tapfere Volk der Hellenen konnte keinen neuen Nachwuchs in Sachsen aufweisen. Und nun behauptete Magdalene, sie sei nach Westberlin gefahren und habe bei einer Tante das Kind geboren und dort gelassen. Der Vater sei nämlich ein Amerikaner, ein Neger, wie sie sagte, das Kind sei ein ganz kleines herziges Negerlein.

Aber auch die Tante wußte nichts von dieser dunklen Großnichte. Die Geschichte wurde immer mysteriöser. Der Staatsanwalt, der Helfer in der Not, vernahm jetzt die Mutter Magdalene. Und da sagte sie ihm, sie sei überhaupt nicht schwanger gewesen. Der Ankläger war mißtrauisch geworden und ordnete eine amtsärztliche Untersuchung an. Und das Ergebnis: »Frau Magdalene ist mit einer an Sicherheit grenzenden Wahrscheinlichkeit mit einem Kind niedergekommen.«

Da mußte Magdalene in Haft genommen werden. Und nun

legte sie ein fürchterliches Geständnis ab. Das Kind sei von einem verheirateten Mann, der sei dabeigewesen, als sie es zur Welt gebracht habe, der Mann habe ihr noch eine Spritze gegeben, dann habe er sich des kleinen Mädchens bemächtigt, es getötet und in die Mülltonne geworfen. Daraufhin sei er republikflüchtig geworden, um die Spuren der grausigen Tat zu verwischen.

Das war also ein Delikt für die Mordkommission. Vieles, was Magdalene sagte, bestätigte sich. Die Sache erschien glaubwürdig. Die Nachbarn hatten Magdalene oft mit diesem verheirateten Mann gesehen. Es stimmte, der Mann war am Tage nach der angeblichen Geburt nach dem Westen gegangen. Mit allen chemischen Mitteln wurden Blutspuren in dem Zimmer von Magdalene gesucht, auch wurden nach der Leiche des Kindes Aschenberge umgegraben, aber keine Spur der Leiche und keine Spur von Blut konnte entdeckt werden.

Noch war der Staatsanwalt sehr vorsichtig, er stellte keinen Auslieferungsantrag an die westdeutschen Behörden, er bat nur, den vermeintlichen Mörder erst einmal als Zeugen zu vernehmen. Und der bestritt, daß er überhaupt mit Magdalene intim zusammen gewesen sei. Er sei wohl ab und zu mit ihr spazieren gegangen.

Und nun widerrief Magdalene noch einmal. Sie habe ganz allein das Kind geboren, aber es sei tot gewesen, und den Körper habe sie in den Kanal geworfen. Wieder mußte dieser Sache nachgegangen werden. Die Gruben wurden ausgepumpt, aber nichts Verdächtiges kam zutage. Wo war das Kind, das Kind der Magdalene?

Das Kind war nie geboren. Die Schwangerschaft hatte das dicke Mädchen erfunden, um von ihrem Arrest loszukommen. Magdalene hatte, das wußte sie, einen Betrug begangen, sie hatte sich hundertvierzehn Mark Schwangerschaftsgeld abgeholt, ohne schwanger zu sein.

Um diesen Betrug zu verbergen, verdächtigte sie einen Menschen als Mörder.

Aber stimmte das mit der als wahrscheinlich festgestellten Niederkunft? Ja, das konnte Magdalene beweisen. Sie hatte ganz kurz vor ihrem letzten Strafantritt eine Fehlgeburt gehabt, und hier, in dem alten Zimmer, das Magdalene vor der Haft bewohnt hatte, fand die Polizei Blutspuren ihrer Blutgruppe. Und durch die Fehlgeburt konnte der dritte Arzt getäuscht werden, der eine Geburt als wahrscheinlich angenommen hatte.

Betrug und falsche Anschuldigungen standen also wieder auf ihrem Sündenregister. Immerhin ist das besser noch als Mord und Totschlag. Ein Jahr und drei Monate hat Magdalene dieser Spaß gekostet, dazu wird nur ein Teil der Untersuchungshaft angerechnet, weil Magdalene die lange Dauer der Haft durch ihre Lügengeschichten selbst verschuldete.

Ein zweites Mal wird es ihr nicht gelingen, das große An-der-Nase-Herumführen. Alle haben von ihr gelernt, der Staatsanwalt, die Mordkommission, die Ärzte, nur, fürchte ich, Magdalene nicht – noch nicht. Sie hat sich im Gericht allzusehr über ihre Streiche gefreut.

Nun sitzt sie wieder da, vielleicht im Gefängniskartoffelkeller. Vor dem Exhaustor. Wieder wird die Gefängnisluft bei ihr so gut anschlagen. So schlecht hat bisher bei ihr die Gefängnisluft angeschlagen.

Aschermittwoch in Pirna

1961. Das Licht im Saal des Kreisgerichts wird immer fahler, die Sonne, die an diesem Morgen im vollen Glanze aufgegangen war, verfinstere sich. Der dunkle, bleiche Mann Albert mit den harten Gesichtszügen erscheint noch bleicher. Seine Konturen verschwimmen. Was ist mit ihm? Liegt es am Zwielicht, daß so wenig Sympathien von ihm ausstrahlen? Es liegt nicht am Licht. Er hat einfach nicht die Gabe, Freunde zu gewinnen.

Sehr traurig ist, was er von seinen beiden Ehefrauen erzählt. Die erste Ehe zerbrach, als Albert in Frankreich Soldat war. Er kam unerwartet nach Pirna zurück und fand einen anderen Mann an dem ihm gehörenden Platz.

Ein weiterer Versuch, das Dasein gemeinsam zu meistern, scheiterte an einem Kuraufenthalt seiner zweiten Frau in Bad Kösen. Ein Kurschatten trübte das neue Ehebild so sehr, daß wiederum ein Scheidungsgericht bemüht werden mußte.

Der Mann Albert blieb allein mit seinen Schmerzen. Im Kriege hatte er ein Auge verloren. Granatsplitter sind ihm in den Armen und in den Beinen verblieben. Aber all das wäre noch zu ertragen, schlimmer war das, was mit seinem Stolz, mit seinen Zielen und Hoffnungen geschah. Siebenundvierzig Jahre ist er alt. Ein qualifizierter Arbeiter, ein Dreher.

Vor 1933 war er Mitglied des Kommunistischen Jugendverbandes und des Kampfbunds gegen den Faschismus. Er ging mit seiner Klasse. Als Jugendlicher brannte sein Herz für die Ziele der Arbeiterbewegung. Dann aber kam 1933, die Zeit der Sonnenfinsternis. Albert wurde von der SA in einen Keller geschleppt und schwer mißhandelt. Damals wurde sein Stolz, sein geistiges Rückgrat gebrochen. Er beschloß, nur noch Arbeiter zu sein und sich um nichts anderes mehr zu kümmern.

Lange Zeit war er arbeitslos gewesen, 1933 meldete er sich »freiwillig« zum Arbeitsdienst. Albert hatte nichts für die Nazis übrig. Aber er tat auch nichts mehr gegen sie. Er mußte in ihren Krieg. Er wurde ein Rädchen in ihrer Maschine – willenlos, von oben gesteuert. Und dann schwer verwundet.

So blieb er auch 1945 ein seelisch und körperlich gebrochener Mann. Die Frauen, die er geheiratet hatte, konnte er nicht an sich fesseln. Vom Krieg zurückgekommen, wurde er in Leipzig Fahrdienstleiter in einem großen Kombinat. Diese gute Stelle verließ er, die Gründe erfuhren wir im Gericht nicht. Wahrscheinlich aber hing es mit seinem Hang zum allgemeinen und billigen Tröster, dem gemeinsten Tröster der Menschheit, zusammen, zum Alkohol.

Zurückgekehrt in seine kleine, schöne, unzerstörte Heimatstadt an der Elbe, begann er wieder als Dreher. In einem kleinen Betrieb gab man ihm eine relativ leichte Arbeit, er konnte zeitweise im Sitzen die Maschine überwachen.

Albert ist kein Mensch, der das Alleinsein vertragen kann, der etwa jeden Abend ein Buch liest oder Radio hört. Er blieb nicht in seiner kleinen Kammer. Abend für Abend war er in Kneipen und Gasthäusern Pirnas zu finden. Er trank abends so viel, daß er morgens nicht mehr aus dem Bette herauskam und seine Arbeit oft versäumte. Sein Lohn wurde dadurch geringer. Seine Trinkerleidenschaft wuchs mehr und mehr. Es entstanden gefährliche Lücken in seinem Lohn. Er hätte all das nicht nötig gehabt, bei regelmäßiger Arbeit wären ihm sechshundert Mark monatlich sicher gewesen. Seine Miete betrug nur fünfzehn Mark, und er hatte nur für sich selbst zu sorgen. Er hätte mit diesem Geld jeden Tag sein Bier trinken könne, es wäre nichts Strafbares passiert. Aber sein Lohn sank immer mehr. Er bekam meist nur noch an die vierhundert Mark heraus, und das reichte nicht für seine Leidenschaft.

Er pumpte zwei Jahre lang bei diesem und jenem mit wahren und leider oft mit falschen Vorwänden, von dem einen fünf Mark, von dem anderen zehn, von dem dritten zwanzig Mark. Bei einem Bekannten sagte er, er brauche Geld für Butter und Brot. Aber er kaufte nicht nur Brot, er kaufte auch Alkohol. Einen Gastwirt schädigte er eines Abends um zwanzig Mark. Als der nicht im Geschäft war, ging er noch einmal in die Kneipe und holte von der Wirtin noch eine Zeche für zwei Mark heraus, seine Bierchen.

Einen Teil der gepumpten Beiträge, einen geringen allerdings, zahlte er auch manchmal wieder zurück. Es liefen Anzeigen bei der Volkspolizei ein. Und eine Notiz erschien in der Zeitung: »Es mögen sich alle melden, die durch Albert geschädigt wurden.«

Ich bezweifle, ob das in einer Stadt wie Pirna – und in jeder anderen Stadt – die richtige Methode ist. Nein, ich bin davon überzeugt, es ist die falsche Methode. Es ist dasselbe wie ein Pranger im Mittelalter. Die Wirkung war für Albert katastrophal. Er verließ am selben Tag seine Heimatstadt, trieb sich einige Wochen in Leipzig und Dresden auf Bahnhöfen herum. Er lebte von Semmeln und schlief in Wartesälen. Schließlich wurde er auf der Strecke nach Berlin von der Volkspolizei aus dem Zug geholt.

Das Kreisgericht stellte fest, daß er etwa fünfzehn Menschen um insgesamt zweihundertzwanzig Mark durch Betrug geschädigt hat. Wobei der Begriff Betrug meiner Meinung nach sehr weit gefaßt wurde; denn nicht jeder Pump ist strafbar. Strafbar wird der Pump erst, wenn er durch eine falsche Behauptung oder durch das Bestehenlassen eines Irrtums erfolgt.

Aber stellen wir uns auf den Standpunkt des Gerichts. Der Schaden betrug zweihundertzwanzig Mark. Albert ist nicht vorbestraft. Das Gericht verurteilte ihn zu einer Gefängnisstrafe von vier Monaten wegen Betruges und wegen des Herumtreibens als Landstreicher zu der Höchststrafe von sechs Wochen Haft. Kurzum, Albert muß fünfeinhalb Monate sitzen. Sein Betrieb will ihn dann wieder aufnehmen.

Ich glaube, das Kreisgericht hat sich in seiner Urteilsfindung nicht genug mit dem Beschluß des Staatsrates über das Justizwesen beschäftigt. Bei Albert wäre eine bedingte Gefängnisstrafe am Platze gewesen. Ich glaube, nein, ich bin sicher, er hat den festen Willen, sich wieder zu fangen, und er hat das ehrliche Bemühen, seine Schulden zurückzuzahlen.

Das schematische Verhängen der Höchststrafe für Landstreicherei ist meiner Meinung nach ganz besonders zu kritisieren. Albert war nicht der typische Landstreicher. Welche Strafe will das Kreisgericht in Pirna einem richtig arbeitsscheuen Pennbruder geben, wenn schon Albert die Höchststrafe trifft?

Das, was Albert retten könnte, das kann das Kreisgericht ihm nicht geben. Er brauchte eine Frau, eine Familie, ein gemütliches Heim, dann wird er von selber das Herumsitzen in den Kneipen unterlassen.

Nach dem Urteilsspruch leuchtete die Sonne in ihrer ganzen Pracht wieder über Pirna. Aber froh bin ich über meine Fahrt nach Pirna nicht geworden.

Kiste 9

Anfang 1962 erreichte mich der Hilferuf einer jungen Lehrerin aus Quedlinburg. Sie berichtete kurz über das Unglück, das ein altes Fräulein, eine ehemalige Lehrerin, betroffen hatte. Offensichtlich wollte man die alte Dame aus ihrem kleinen Häuschen vertreiben. Ein Notfall.

Ungewöhnliches hatte sich in der ehrwürdigen Stadt an der Bode im Vorland des Harzes ereignet. Leider war mir nicht Zeit und Muße gegeben, Herrn Heinrich I., den deutschen König, in seiner Gruft in der Stiftskirche Sankt Servatius auf dem Schloßberg meine Aufwartung zu machen. Auch war es mir nicht vergönnt, die weltberühmte Blumenzucht zu bewundern. Ich hatte zu tun mit vergifteten Hunden und, fast schlimmer noch, mit dem Lächeln eines Stadtrates.

Die vergifteten Hunde

Das kleine, schmale Fräulein mit den fröhlichen Augen und dem gütigen, von tausend Fältchen durchzogenen Gesicht, mit der grauen Pelzmütze und der seltsamen Bekleidung ist eine bekannte, liebenswerte Erscheinung in der Stadt. Die Großmütter der heutigen Quedlinburger ABC-Schützen haben bei ihr gelernt. Kunsterziehung und Zeichnen; aber leider mußte Fräulein Milde – sie heißt wirklich so und ist wirklich so – schon 1928 den Schuldienst aufgeben, da ihr Gehör von Jahr zu Jahr schlechter wurde. Sie kaufte sich ein kleines Grundstück am Stadtrand – auf einem Berghang gelegen, mit einem wunderschönen Blick in ein liebliches Tal, sie legte sich dort Terrassen an und begann, auch die Fundamente zu einem Hause zu bauen. Aber leider reichte ihr Geld nicht aus, sie hatte nur genug zu einer kleine Wohnlaube mit zwei Zimmerchen.

Mit ihrer Feder und ihrem Holzschnitzmesser gestaltete sie die Türme und Tore, die Bäume, Winkel und Gässchen, das Schloß mit dem alten romanischen Dom ihrer geliebten Stadt. Ihre Blätter ließ sie auf Karten drucken und in Mappen sammeln. Ihre Zeichnungen erschienen in vielen Kunstzeitschriften.

Und in den ganzen Jahren hing ihr kleines Herz an ihrer Hundezucht. Das war ihre Leidenschaft und ihr bescheidener Erwerb. Die Schäfermeister der Umgebung kauften gern die oft prämiierten Schäferhunde aus ihrem Zuchtzwinger. So lebte sie all die Jahre still vor sich hin, nur vom fröhlichen Gebell ihrer Hunde umgeben, niemandem zuleide.

Eines Tages fand sie ihre Hunde tot - vergiftet, bis auf zwei. Es kam zu Auseinandersetzungen mit Nachbarn, und sie wollte sich Schutz bei dem Schiedsmann ihres Bezirks holen, der auch nicht sehr weit entfernt von ihr wohnte. Der versprach ihr seine Hilfe, und er kümmerte sich ein wenig um das nunmehr vierundsiebzigjährige Fräulein. Ihre Wohnlaube war baufällig geworden, die Stufen ihrer Treppe sind heute noch in einem so schlechten Zustand, daß man jeden Tag einen Unfall befürchten muß.

Der Schiedsmann - er ist auch Schöffe beim Kreisgericht - in einem großen volkseigenen Baubetrieb tätig, machte ihr einen Vorschlag. Sie möge ihm das schöne Grundstück kostenlos überlassen. Er wolle auf dem Fundament ihres unvollendeten Wohnhauses weiterbauen und ihr in dem neuen Haus auf Lebenszeit Wohnrecht in zwei Zimmern gewähren. Fräulein Milde war sehr angetan von diesem Vorschlag, und am 14. Februar 1961 schlossen sie vor dem staatlichen Notar in Quedlinburg einen Schenkungsvertrag ab. Es wurde jedoch versäumt, schriftlich festzulegen, in welcher Zeit der neue Grundstückseigener das Haus fertigbauen sollte, und wann also Fräulein Milde in den Genuß ihres kostenlosen Wohnrechts kommen konnte.

Der neue Eigentümer hatte es nun nicht mehr so eilig; er errichtete auf dem Grundstück erst einmal einige massive Schuppen. Und die Beziehungen zu Fräulein Milde wurden immer schlechter, die Schuldfrage soll hier nicht untersucht werden.

Eines Tages fuhr ein Krankenwagen bei Fräulein Milde vor, und sie wurde ziemlich barsch von zwei Pflegern aufgefordert, einzusteigen. Sie erklärte, sie sei nicht krank, und bevor sie in ein Krankenhaus ginge, wolle sie erst einmal ihre Ärztin konsultieren. Die Pfleger hatten kein Verständnis, und sie brachten sie ins Krankenhaus in Thale – obwohl die Kreisstadt Quedlinburg auch ein Krankenhaus hat.

Es ist erwiesen, daß der Schiedsmann und nunmehrige Eigentümer des Grundstückes das Krankenauto bestellt hatte – vielleicht sogar aus der berechtigten Sorge um die Gesundheit des alten Fräuleins. Es gibt aber auch in der Stadt Gerüchte, die etwas anderes sagen. Jedenfalls stellten die Ärzte in Thale eine gewisse körperliche Erschöpfung bei der alten Dame fest, aber keine akute Krankheit, die eine so plötzliche, außergewöhnliche Maßnahme notwendig gemacht hätte. Fräulein Milde wurde dort einige Zeit aufgepäppelt und natürlich wieder nach Hause geschickt. Sie hat den Verdacht, daß der neue Grundstückseigener sie auf diese ungewöhnliche Weise für den Rest ihres Lebens in einer Nervenheilanstalt unterbringen wollte. – Er kann das natürlich nicht, und ich hoffe, daß auch ein solcher Verdacht völlig unbegründet ist.

Nun hatte sie den dringenden Wunsch, den lästigen Mann wieder loszuwerden. Sie wandte sich hilfesuchend an das Lehrerkollegium ihrer alten Schule, und hier fand sie Hilfe. Auch einige sehr beherzte Mütter standen ihr zur Seite. Fräulein Milde beauftragte einen angesehenen Rechtsanwalt, den Beschenkten zu verklagen, ihr das Grundstück wieder zu übereignen und vom Grundstück zu verschwinden.

Das Kreisgericht in Quedlinburg hörte den Schiedsmann, der konnte nicht nachweisen, daß er ernsthafte Bemühungen gemacht hatte, ein Haus zu bauen. Er hatte sich, wie das Urteil ausführte, äußerst fahrlässig verhalten. Er hatte versäumt, sich vor Abschluß des Vertrages zu vergewissern, ob er seiner Verpflichtung – das Haus zu bauen – auch nachkommen konnte. Sogar nach Abschluß des Vertrages hatte er keinen Antrag auf Baugenehmigung gestellt. Das Kreisgericht stellte fest, wenn in einem solchen Vertrag kein Termin für die Gegenlieferung – das Gewähren des Wohnrechts – ausgemacht ist, so ist dieses Recht sofort fällig. Der Schiedsmann wurde also verurteilt, in die Rückauflassung im Grundbuch einzuwilligen und die Wiedereinsetzung von Fräulein Milde als Eigentümerin zu beantragen.

Das ist gut und richtig. Aber kann dieser Herr ein Schiedsmann in Quedlinburg bleiben, und sollte man seinen Betriebskollegen raten, ihn wieder als Schöffen zu wählen? Ob sein Handeln lauter war? Ich weiß es nicht. Aber eins weiß ich: Er genießt nicht mehr das uneingeschränkte Vertrauen der Bevölkerung, das er zum Amt des Schiedsmanns und als Laienrichter am Kreisgericht braucht.

Fräulein Milde will weiter in ihrer Laube wohnen bleiben. Sie ist ein Naturkind und will auf gar keinen Fall in ein Feierabendheim. Aber ihre Laube muß renoviert werden. Es ist – offen gesagt – eine Schande für die Stadt Quedlinburg, wie eine alte verehrungswürdige Künstlerin dort wohnt. Es gibt einen Kuturfonds, der die Mittel hat, es gibt eine Volkssolidarität, die ihr mit Rat und Tat und einem verantwortungsvollen Pfleger zur Seite stehen muß. Es gibt eine Abteilung Finanzen beim Rat der Stadt, die ihr die Hundesteuer erlassen kann, denn die Hunde sind bei ihrer Taubheit ihr einziger Schutz. Und es gibt – ich bin in solchen Dingen sehr unbescheiden – eine Sozialversicherung, die ihr einen Hörapparat überreichen könnte.

Und es gibt auch viele, viele Junge Pioniere in Quedlinburg, die könnten für die alte Dame einiges tun. Was sie machen könnten, das sollte ihnen überlassen bleiben, aber sie könnten die Stufen reparieren, den Garten pflegen und mit bunten Blumen bepflanzen. Denn auch in Quedlinburg gelten die Pioniergesetze – alten Leuten zu helfen –, und wäre es nicht schön, wenn die Pioniere der Lehrerin ihrer Großmütter ein wenig zur Seite stehen würden?

Ein offenes Wort ... über das Lächeln eines Stadtrates

Unsere kleine Geschichte über die alte Dame, die Künstlerin und Lehrerin Dorothea Milde, hat viele Gemüter bewegt. Nicht zuletzt auch die ihrer Mitbürger in der wunderschönen alten Stadt Quedlinburg. Sie sandten ihr Blumen und Geschenke. Und sie kamen selbst, einige Familien und auch eine junge Lehrerin aus ihrer alten Schule, brachten das kleine Stübchen in Ordnung, und die Männer reparierten kleinere Defekte an Dach und Wänden. Die Jungen Pioniere wollten ihren Garten pflegen. Da die örtliche Kreispionierorganisation sehr zögernd diese Initiative unterstützte, gingen sie, wie echte Pioniere, auf eigene Verantwortung hin, und begannen den Garten umzugraben. Ein kleiner Junge aus einer anderen Stadt schrieb Fräulein Milde einen Brief, er habe auch einen Hund, und er würde mit ihm gern nach Quedlinburg kommen, um den Täter, der die Schäferhunde vergiftet hatte, aufzuspüren.

Nicht so einfach und so natürlich und so naiv reagierte die Stadtverwaltung. Wegen der sanften Kritik an der Sorglosigkeit der Verwaltung, kam der Sitzungsmechanismus in Bewegung. Er trieb wunderliche Blüten; anscheinend ist Kritik in der Verwaltung dieser Blumenstadt ein sehr seltenes Gewächs, es wird weder geschätzt noch gepflegt.

Auf einer Sitzung, die in der Ursula-Götze-Schule in dieser Stadt stattfand, äußerte der Sekretär des Rates der Stadt, der Stadtrat Paul Schröder: »Es kostet mich ein Lächeln, dann geht das Bauamt raus; die machen die Bude dicht. Und dann kann sie (Fräulein Milde) sich weigern, so viel sie will, dann muß sie raus. Dann kommt sie in eine andere Wohnung oder in ein Feierabendheim.«

Und zu der jungen Lehrerin, die sich als Parteisekretärin verantwortlich fühlte für das Schicksal von Fräulein Milde: »Wenn du Spaß hast, kannst du dann draußen deinen Walzer tanzen.« Ich nehme zu seinen Gunsten an, er hatte in diesem Augenblick vergessen, daß die junge Lehrerin gehbehindert ist.

Inzwischen hatte die »Wochenpost« erfahren, daß der Rat der Stadt Quedlinburg in seinem Haushaltplan über keine Mittel verfügte, die Wohnlaube instandzusetzen.

Es fanden sich einige Künstler und Schriftsteller, die aus Solidarität folgendes Telegramm an den Bürgermeister von Quedlinburg sandten: »Die unterzeichneten Künstler und Schriftsteller garantieren für das Aufbringen der Kosten für eine würdige Instandsetzung der Wohnlaube unserer Kollegin Dorothea Milde. Unterschrieben: Lea Grundig, Auguste Lazar, Willi Bredel, Rosemarie Schuder, Rudolf Hirsch.«

Mit einem herzlichen Brief bedankte sich die Stadtverwaltung für die rasche Hilfe und nahm das Angebot an. Wir könnten so mit der Regelung zufrieden sein. Es geht uns aber nicht allein um die Wohnung einer alten Dame. Es ist nicht nur eine Frage der Baukunst. Es ist ein Problem der Staatskunst. Es ist ein Problem der Beziehung zwischen dem Bürger und seinem Staat.

Sicherlich ist der Kollege Paul Schröder ein tüchtiger Verwaltungsfachmann – ich habe nicht das Gegenteil gehört. Wir wollen ihn auch nicht wegen seiner dummen Äußerung über das Tanzen – wie man so sagt – die Beine weghacken. Aber vielleicht sollte er selbst einmal seine Verwaltungsmethoden überprüfen.

Ein Verwaltungsangestellter ist kein König, kein absoluter Herrscher; er sollte sich auf den Rat der Fachleute stützen. Wie wenig der Kollege Schröder auf die freiwillige Mitarbeit gutwilliger Menschen wert legt, zeigt seine Anordnung: Er ließ den Direktor der Ursula-Götze-Schule unterrichten, der jungen Lehrerin von dem erwähnten Telegramm nichts zu sagen.

»Es kostet mich nur ein Lächeln.« Es ist ein Lächeln, das die Menschen zum Erstarren bringt, ein Lächeln, das Tränen gebiert. Tränen der Verzweiflung.

Kiste 10

Wildromantisch

1962. Herr Heinrich sitzt nicht am Vogelherd - wie es in einem alten deutschen Lied heißt -, er sitzt auch nicht froh und wohlgemut, nein, er muß vier Monate sitzen; und das ist eine umständliche und nicht immer erfreuliche Geschichte aus den wildromantischen Tälern des Harzes.

Dort, wo Heinrich Vogeler harmlosen Vergnügen nachging, oder besser: nachsaß, in Quedlinburg, hat auch unser Herr Heinrich seine Braut. Und sie wird nicht sehr glücklich sein, wenn sie über das Treiben ihres Heinrich etwas erfährt, das nur sehr hinterhältige Menschen mit der Liebhaberei des Königs in Verbindung bringen könnten.

Einiges hat sie ihm schon verziehen. In Hasselfelde, dem kleinen Harzstädtchen, das angeblich wegen einiger böser Übergriffe von Bergknappen auf ein Nonnenkloster im Mittelalter vom Kaiser in Acht und vom Papst in Bann getan wurde, in Hasselfelde also lebt ein kleines Büblein, dessen Vater Herr Heinrich ist.

Und in einem anderen Städtchen an der wilden Bode wohnt ein genau gleichaltriges Mädchen, das seinen Ursprung auch von unserem Herrn Heinrich herleitet - an der Bode, die wiederum ihren Namen von dem böhmischen Riesen Bodo haben soll, der einem Hünenkind Gewalt antun wollte und von der Roßtrappe in die seither siedende Bode stürzte.

Wie man sieht, es tat und es tut sich etwas in dieser Hinsicht in den wildromantischen Tälern des Harzes.

Unser Herr Heinrich ist fast ein Hüne von Gestalt, er ist Arbeiter in einem Kalkbruch, das »Moos« ist bei ihm nicht knapp, und da er einen »Trabant« besitzt, kann man sich erklären, wie es, technisch gesehen, möglich war, in so weit auseinanderliegenden Städtchen fast zu gleicher Zeit für gleichaltrigen Nachwuchs zu sorgen.

Tatsächlich sorgt er auch heute für sie. Fünfundneunzig Mark seines Monatsverdienstes wendet er auf für die kleinen Trabanten.

Eines Nachmittags, als Heinrichs Brigade Überstunden abbummeln wollte, saßen er und alle seine Freunde in der Konsum-Betriebsverkaufsstelle ihres Kalksteinbruchs in Rübeland und spülten sich mit Lagen Lagerbieres den Kalkstaub von ihren Gurgeln.

Ein junges Mädchen, Hella – schwarz war ihr Haar, schwarz war ihr Aug, leicht ihr Gewicht und auch ihr Sinn –, servierte freundlich. Und Herr Heinrich glaubte, nicht zu Unrecht, daß er »Schlag« bei ihr habe. Schon einmal hatte er sie, die so sehr in festen Händen war, ins Kino eingeladen. Aber beide waren damals nicht hingegangen.

An diesem Nachmittag ging in der Konsum-Betriebsverkaufsstelle das Bier aus. Heinrich und seine Freunde wollten in einem Gasthaus nebenan weiter ihre Gurgeln reinigen, vorher hatten sie bei Hella noch Schnitzel bestellt. Und Hella servierte sie ihnen nun dort in dem anderen Gasthaus – es gibt doch Kundendienst beim Konsum.

Sie blieb auch eine Stunde, einen süßen Kirsch trinkend bei der Brigade sitzen, während ihrer Arbeitszeit. Hella war zweifellos in der Kundenbetreuung ein wenig zu gewissenhaft. Dann ging sie in ihre Verkaufsstelle zurück, hatte aber vorher Heinrich, dem in Quedlinburg verlobten Herrn Heinrich, versprochen, später wieder zurückzukommen.

Ihre Verkaufsstellenleiterin warnte sie, ihr Freund, der sie erwartete, könne das übelnehmen. Aber im Konflikt zwischen dem Versprechen an Herrn Heinrich und dem Versprechen an Freund und Kollegin siegte der Leichtsinn.

Bald gingen Hella und Heinrich zusammen fort; ob er sie an der Hand gefaßt hat, blieb vor Gericht ungeklärt. Er pries sich als erfahren und verschwiegen in den Dingen der Liebe. Sie erwiderte, der ihre sei auch kein schlechter Kerl. Was niemand behauptet hatte.

Dann hob der Hüne Heinrich das leichte Mädchen auf und trug es etwas vom Wege ab. Sie strampelte mit den Beinen und sagte: »Ach, laß das doch.« Aber leider so leise, daß es die Menschen auf der belebten Straße nicht hören konnten.

Die Aussagen Heinrichs und Hellas über den weiteren Verlauf des Abends widersprechen sich in vielen Dingen. Ob sie nur an diesem Abend nicht wollte oder überhaupt nicht, dieser Zweifel blieb im Raum.

Das Gericht und selbst der strenge Herr Staatsanwalt neigten mehr zu Heinrichs Version. Hella hatte zwar eine morsche Holzlatte eines Gartenzauns in ihrer Abwehr umgerissen. Aber ich glaube nicht, daß sie ihrem Rosse – wie weiland das Hünenkind – die Sporen gegeben hätte, um sich über Felsen und Abgrund auf das andere Ufer der Bode zu retten.

Herr Heinrich hatte sie wohl gegen ihren Willen unfein angefaßt, aber er hatte nicht seine überlegenen Kräfte zu Schlimmerem mißbraucht, als er merkte, daß seine Liebe an diesem Abend nicht erwidert werden sollte. Sie saßen nach vergeblichem Liebesmühen friedlich im Grase und sprachen von diesem und jenem. Ob sie sich an diesem Abend zu einem späteren Zusammensein verabredet hatten, konnte auch vom Gericht nicht geklärt werden.

So war es recht und billig, daß der Staatsanwalt seine ganz bittere Anklage fallenließ, und daß auch das Gericht unseren Herrn Heinrich nur wegen tätlicher Beleidigung verurteilte.

Wohl ereignete sich dies alles in Rübeland, und dieser Name soll von Räveland gleich Räuberland kommen. Die zehn Raubburgen dort sind verschwunden, die Raubritter sind vergessen, aber ein wenig von der Herrenmoral, von dem Herrenrecht scheint in Heinrich zurückgeblieben zu sein. Er ist kein Räuber, er arbeitet vorbildlich, bei seiner Brigade ist er beliebt.

Wir wollen ihn nicht wegen seiner Übergriffe in Acht und Bann tun. Hart zufassen soll er beim Kalksteinbruch, aber zart sein zu den Frauen. Er muß lernen, sie zu achten, sonst wird die Gesellschaft ihn hart anfassen.

Aus Gründen der Moral, und nicht nur aus diesen, wäre es Heinrich zu empfehlen, in Zukunft nur zärtlich zu seiner Braut in Quedlinburg zu sein; sonst wäre er bald genötigt, bei einem Familienausflug seinen Trabant gegen einen mittelgroßen Ikarus einzutauschen.

Meine Lieblingsgeschichte zum Vorlesen am Silvesterabend:

Engelsexisch

1962. Sie ist ein rundliches Engelsgesicht, er beim Referat Steuern. Sie hat mit Fischen zu tun, er mit Abend- und Fernstudium. Sie tanzt gern und redet viel, er sieht gern fern; wenn er zu Hause ist, dann ist er ganz häuslich, zu häuslich, was ihr wieder ein Graus ist, zu gräuslich.

Ist er aber zur Prüfung in Berlin, dann glaubt sie, daß er, der zu Hause ein Gefrierfisch ist, dort, unter fremder Glut auftaut. Ihn wiederum ärgert, wenn sie mit einem anderen tanzt; selten genug, daß sie zusammen ausgehen.

Harri, der kleine, schwarzgelockte, stupsnäsig lustig aussehende Steuerreferent mit dem großen Wissen von Zahlen und Veranlagungen, sitzt stumm wie ein Kabeljau und träg wie ein Karpfen neben seinem Engelsgesicht. Er nickt wohl zustimmend, wenn ein fremder Kavalier nach altem feudalen Brauch ihm seinen Bückling macht und den Herrn fragt, ob es gestattet sei, mit der rundlich blonden Clarissa zu tanzen.

Zu Hause aber, lange nachher, gibt ihr Harri nach Art einer Steuereinschätzung Bescheid; über die berufsbedingten Ausgaben beim Besuch einer Tanzgaststätte und über die schlechten Manieren von gewissen Tanzkavalieren, die sich allzuviel aus einer begünstigten Tangotätigkeit herausgenommen hätten. Das sei Gefahrenklasse drei für den Stand der Ehe; er lege Beschwerde gegen ihre Art zu tanzen ein und begründet diese Beschwerde – das Fernsehen vergessend – in einer ausgedehnten Frist von mehreren Stunden.

> Wie du knurrst und lachst und brütest,
> Wie du dich verdrießlich windest,
> Wenn du, ohne selbst zu lieben,
> Dennoch Eifersucht empfindest

hat einmal Heinrich Heine in ähnlicher Situation gedichtet.

Vielleicht ist es nicht ganz so schlimm mit dem Bestand der Liebe – mit der Eifersucht aber ist es schlimmer – bei beiden. Und da kommt es vor, daß er ihr bei solchen Szenen einen Stoß verpaßt – liebenswürdig –, und in Sachsen nennt man das einen Schlenkrich, und sie erwidert auch auf engelsächsisch und engelsexisch: »Da hab' ich ihm ein paar gekläbt.«

Der Jahreswechsel kam. Und dieser Termin ist nicht nur

110

eine Belastung für den im Fischhandel Tätigen, er ist ebenso eine schwere Belastung für die Referenten des Finanzaufkommens. Dieser Tag hat nicht nur schicksalhafte Bedeutung für Millionen Karpfen, die geschlachtet und ausgenommen werden, auch für Millionen von Steuerpflichtigen. Wahrlich ein Grund für beide, nach des Jahres Mühen und des Tages Plage das neue Jahr beschaulich und ruhig zu begrüßen.

Sie hatten nur ein befreundetes Ehepaar eingeladen, die beiden Kinder zu Bett gebracht; das älteste, für dessen Sorge Clarissa allein verantwortlich ist, war nicht zu Hause. Eine Bowle war angesetzt, eine Flasche Sekt stand im Kühlschrank, Mützchen, Konfetti und Luftschlangen waren bereitgelegt. Kurzum, alle üblichen Requisiten waren vorhanden, um Fröhlichkeit heranzuzaubern, die durch fehlende Heiterkeit des Gemüts nicht von selbst kommen konnte.

Aber es kamen nicht nur die Freunde, es kamen Verwandte, kamen Freunde der Verwandten und Verwandte der Freunde. Alle tranken aus der Bowlenschüssel, setzten Papiermützchen auf, warfen Konfetti auf den deutschen Perser, ringelten Luftschlangen über die Armleuchter, brannten Löcher in die Tischdecke, zerbrachen die schlanken Sektgläser, Männer küßten Clarissa, und Harri kuschelte sich zu fremden Frauen, und dann trockneten sie sich noch die feuchten Hände an den Übergardinen ab, kurzum, es war eine echte, schöne Silvesterfeier im altdeutschen Stil.

Gegen zwei Uhr bemerkte unser Engelsgesicht, daß ihr stiller Harri verschwunden war und mit ihm auch sein bester Freund. Clarissa und ihre Freundin gingen, sie zu suchen.

Such ihn nicht im Kollegium,
Such ihn beim Glas Tokaier,

riet schon Heinrich Heine, aber in den Wirtshäusern der Umgebung war von Harri und seinem Freund keine Spur.

Such ihn nicht in der Hedwigskirch,
Such ihn bei Mamsell Meier.

Und die beiden gingen zu Mamsell Meier.

Auch Mamsell Meier, die Lebedame der Wohngegend, beteuerte hoch und heilig, Harri und seinen Freund an diesem

Abend nicht gesehen zu haben, und Mamsell Meier klagte, sie sei am Silvester so allein, und Clarissens gutes Herz wurde weich.

Mamsell Meier ging mit, und nach kurzer Zeit erschienen auch wieder die verschwundenen Ehemänner. Clarissa auf der einen und Mamsell Meier auf der anderen Seite, so nahmen sie Harri in die Mitte.

Und da bemerkte unser Engelsgesicht, daß die beiden sich doch schon im neuen Jahr gesehen hatten. Ich bin fest davon überzeugt, daß er sie wegen ihres Einkommens aus freiberuflicher Tätigkeit steuerrechtlich einschätzen wollte.

All das hätte Clarissa, das Engelsgesicht, noch hingenommen. Als aber Harri in einem Anflug von sächsischem Charme ihr erklärte: »Sie einmal, Clarissa, wie schön Mamsell Meier ihre Haut pflegt, und wie angenehm die rotlackierten Fingernägel sind«, da warf unser Engelsgesicht die Freunde und Verwandten, die Verwandten der Freunde und die Freunde der Verwandten und die nicht verwandte und nicht befreundete Mamsell Meier kurzerhand hinaus.

Und dann zog das erste Gewitter des neuen Jahres heran. Das Engelsgesicht sagte wahre und bittere Worte. Das habe sie davon, daß sie mitarbeite und mitverdiene, Schellfische und Heringe verkaufe im Konsum und nicht Zeit habe, ihre Fingernägel zu lackieren wie so eine. Der ruhige Harri gab ihr jetzt den bekannten Schlenkrich und stieß Clarissa an den Ofen, und da griff sie in ihrem Zorn zu einem kleinen Küchenmesser.

Die Wunde in Harris Rücken war nur einen Zentimeter tief; er hatte überhaupt nicht bemerkt, daß der Schmerz im Rücken von einem Stich herrührte. Er markierte, auf den Boden fallend, den Schwerverletzten. Clarissa glaubte, sie habe ihn tödlich verletzt, alarmierte sofort die Volkspolizei. Harri konnte mit einem Pflaster im Rücken noch in derselben Nacht von der Rettungsstelle nach Hause entlassen werden. Clarissa wurde erst in den Morgenstunden des neuen Jahres von der Volkspolizei freigegeben.

Das Engelsgesicht, von Scham und Reue erfüllt, bot ihrem Harri sofort die Scheidung an; Harri, voller Reue und Scham, bat sie, zu bleiben. Vor Gericht, als schuldbeladener Zeuge, versprach er, nie mehr von diesem Messerstich zu sprechen, mit der Erwähnung der gefährlichen Körperverletzung nicht die schon verletzte Ehe zu gefährden.

Das Gericht mußte seines Amtes walten. Der Mann soll den Stich vergessen, das Gericht aber setzte ein Jahr als Frist, und danach soll auch für die Gesellschaft die Sache abgetan sein. So lange muß Clarissa sich bewähren, und die vier Monate Gefängnis bleiben, wenn sie sich in diesem Jahr bewährt, eine Strafe auf dem Papier und keine Strafe, die in der Zelle zu verbüßen ist.

Und in Zukunft, Harri? Sieh nicht so viel fern, schau auch Clarissa an, dein Engelsgesicht. Denk nicht nur an die Steuerveranlagung, denk auch an die Veranlagung deiner Frau. Sie hat genug mit kalten und stummen Fischen zu tun im Konsum. Zu Hause braucht sie einen Mann.

Bauen uns ein Nest

Der alte Herr Schwalbe hatte schon viele Jahre sein Stammnest in der Berliner Innenstadt, es war ein wohlgefügtes, mit allem Komfort der Neuzeit. Er hatte sogar auf die Aufzucht von Nachwuchs verzichtet, weil er seine Ruhe und Bequemlichkeit über alles liebte. Sein Gefieder war schon grau geworden, alle Klippen des Lebens hatte er wohl und heiter umflogen. In seinem Betrieb war er schon Jahre tätig; ein wichtiger Betrieb mit großen Exportaufträgen. Herr Schwalbe schwebte als sehr angesehener Abteilungsleiter über dem gesamten Versand. Fünfundfünfzigmal hatte er Sommer und Winter erlebt, als an einem Frühlingstage sein ruhig gewordenes Herz heftiger zu schlagen anfing. Es war das flügge, aber in den Augen des Herrn Schwalbe sehr junge, blonde Nesthäkchen seiner Abteilung, ein tüchtiges Geschöpf, Expeditientin, fleißig und beschlagen, eifrig Abendlehrgänge besuchend, Industriekaufmann könnte man sie nennen, besser hätte man Industriekauffräulein zu ihr sagen müssen. Herrn Schwalbes pochendes Herz kam nicht mehr zur Ruhe, seine reife Männlichkeit, seine Unbestechlichkeit und Korrektheit, ihre Jugend und ihr Fleiß und der gemeinsame tägliche Umgang, Betriebsfeiern, Gewerkschaftsversammlungen. Da geschah das, was Herr Schwalbe anstrebte.

Im Betrieb blieb die neuentflammte Liebesglut nicht verborgen. Aber da die Aufgaben immer von beiden gut bewältigt wurden, legte man diese Kenntnis stillschweigend zu den Akten.

Herr Schwalbe war in jeder Hinsicht als Vorgesetzter, wie Schwälbchen vor Gericht betonte, überaus korrekt. Er·weigerte sich, bei Prämiierungen für Schwälbchen Beurteilungen zu schreiben, aber Schwälbchen wurde oft und gern prämiiert. Die undankbare Aufgabe, der Freundin des Chefs eine Prämie zu verschaffen, übernahm dankenswerterweise der stellvertretende Abteilungsleiter, denn Schwälbchen war auch gesellschaftlich vornean, sie hatte sich in der Abteilungsgewerkschaftsleitung um die Kultur und das Sozialwesen gekümmert.

Wenn der Betrieb auch sehr gut Bescheid wußte, versteckt mußte die Liebesglut vor der alten Frau Schwalbe werden. Und da wußte Herr Schwalbe Rat, er pachtete sich ein hübsches Wassergrundstück in der Nähe von Berlin und begann, vom kleinen Schwälbchen eifrig unterstützt, sich ein neues Nest zu bauen. Herr Schwalbe war in früheren Jahren ein sehr guter Handwerker gewesen, und seine vielseitigen Begabungen waren ihm jetzt von Nutzen. Er zimmerte und klopfte, mischte Zement und Kies zu festem Beton, beim Verlegen von elektrischen Leitungen vollbrachte er Höchstleistungen.

Es war natürlich ein überaus schwieriges Unterfangen, die vielen Stunden im illegalen privaten Aufbauwerk vor Frau Schwalbe geheimzuhalten. Aber ein Abteilungsleiter hat natürlich Dienstbesprechungen, Dienstreisen, Konferenzen und Tagungen. Ganz unmöglich war es jedoch, die vielen Ausgaben, die so ein Bau mit sich bringt, vor Frau Schwalbe zu tarnen, ob man diesen Bau nun Laube, Datsche oder gar Bungalow nennen mag. Ganz abgesehen davon, daß ein alter, erfahrener Liebhaber bei einer jungen Geliebten nie knausrig sein darf.

Nun ist eine große Übersee-Expedition ja eine wahre Fundgrube für den Bau von Schwalbennestern. Da gibt es zum Beispiel Dachpappe, um die Kisten wasserdicht zu machen. Herr Schwalbe wies einige Male die ihm unterstellten Kraftfahrer an, ihm einige solcher Rollen auf das Grundstück zu fahren. Und es gibt in dieser Fundgrube Kanthölzer, die man sehr gut für den Bau des Eigenheims gebrauchen konnte. Transportschwierigkeiten hatte Herr Schwalbe überhaupt nicht, denn die Kraftfahrer waren eifrig bemüht, dem verehrten Chef die Sachen nach draußen zu bringen. Auch Schaumgummiplatten, die benötigt wurden, um die empfindlichen Geräte beim Transport vor Erschütterung zu schützen, konnte der

Herr Abteilungsleiter für seinen Hausbau sehr gut gebrauchen. Kunststoffolien, als Wasserschutz gedacht, wanderten ins Liebesnest und Bretter ohne Zahl.

Natürlich braucht das Grundstück eines so bedeutenden Abteilungsleiters auch einen kleinen, ganz kleinen Landungssteg von siebzig Metern in den schönen See. Auch dafür konnten Bretter und Pfähle vom Betrieb abgezweigt werden.

Der Diebstahl von Materialien aller Art wurde bei beiden zur Manie. Fünfundzwanzig Radioröhren, für die es überhaupt keine Verwendung gab, wurden von Herrn Schwalbe und seinem Schwälbchen nach draußen gebracht. Vier Schlafsäcke, für Monteure in Übersee bestimmt, fanden sich ebenfalls in der Laube. Einmal ließ Herr Schwalbe zwei komplette Werkzeugkästen mitgehen und ein zweites Mal nahm auch Schwälbchen zwei Werkzeugkästen, einen ganzen Satz mit Bohrern dazu, zwei Seelen und zwei Gedanken, aber nicht zur gleichen Zeit. Es wurden Staubsauger, es wurden Ventilatoren nach draußen gebracht.

Als Herr Schwalbe für seinen Kraftwagen einen Vor- und Hauptschalldämpfer haben mußte, fand er in seiner Expedition einen geeigneten. Auch Autoreifendecken wurden geliefert, bezahlt aber nie. Daß er die Kabel für seine Laube nicht kaufte, braucht nicht erwähnt zu werden, denn sein Betrieb hatte ja genug Kabel.

Welche Initiative Herr Schwalbe im Organisieren entwickelte, mag ein Beispiel zeigen. Hollywoodschaukeln, die brauchte man dringend. Es fanden sich äußerst geschickte Mitarbeiter seiner Abteilung, die aus alten Rohren, die im Betrieb herumlagen, feinste Hollywoodschaukeln herstellten, selbstverständlich immer während der Freizeit, das betont Herr Schwalbe.

Natürlich blieben die Liebe, das Grundstück und die Hollywoodschaukeln auch vor Frau Schwalbe nach zehn Jahren Ehe nicht unentdeckt. Es kam zur Scheidung, und endlich konnte Herr Schwalbe sein Schwälbchen legal als Frau heimführen.

Nicht alles, was der Staatsanwalt angeklagt hatte, konnte im Verfahren erwiesen werden. Es ist auch nicht der Wert der Gegenstände, der hier das Strafmaß allein bestimmt – für Herrn Schwalbe und sein Schwälbchen je ein Jahr Freiheitsentzug –, es war vor allem das schlechte Beispiel. Jeder Mitarbeiter von

Schwalbe und Schwälbchen wurde mit hineingezogen und nahm auch zum Teil selber. Not war es nicht, über Not konnten die beiden nicht klagen bei ihrem guten und sehr guten Einkommen. Es war die Gier, um jeden Preis sich ein schönes und komfortables Nest zu bauen aus fremdem Holz, die Gier nach Besitz, die Gier, die zu einem staatlich gesicherten Nest für beide führen mußte.

Es kam nach diesem Artikel aus dem Jahr 1963 ein Brief von einem Herrn, der in einer ganz ähnlichen Stellung wie der von mir genannte lebte, der aber nun wirklich Schwalbe hieß. Er wurde ständig mit diesem Artikel von seinen Kollegen gefrozzelt.

Er hat es mir nicht übelgenommen, denn den Namen Schwalbe hatte ich mir ausgewählt nach einem alten, etwas sentimentalen Operettenlied: »Machen wir's den Schwalben nach, bau'n wir uns ein Nest.« Ich entschuldigte mich in der höflichsten Form über die wirklich unbewußte Komplikation.

Röhrender Hirsch und Doppelnelson

1963. Seine Skala ist reich, sie geht vom straflosen unmoralischen Pumpen bis zum sträflichen Betrug. Und Egon weiß nie, wann er die Grenze überschreitet. Er versucht meist erst den straflosen Weg: »Ich bin in Geldverlegenheit«, sagt er zu dem Nachbarn, »pump mir fünf, zehn oder zwanzig oder fünfzig Mark. Ich zahle sie dir morgen, übermorgen, nächste Woche zurück.«

Das ist noch kein Betrug, denn zum Betrug gehört das, was das Gesetz sprachlich unlogisch, aber juristisch präzis verlangt Vorspiegelung falscher oder Unterdrücken wahrer Tatsachen, also die Erregung eines Irrtums. Auf einfache Pumpversuche reagieren Egons Nachbarn fast alle sauer; denn sie kennen ihn. Aber sie kennen auch seine Frau - notabene seine dritte Frau -, und die mögen sie gut leiden. Doch auch sie, die dritte, hat sich von ihm scheiden lassen. Vor Gericht behauptet er, sie würden doch wieder zusammenbleiben. Und wenn Egon sagt, meine Frau ist im Krankenhaus, sie ist leidend, ich will ihr etwas mitbringen, dann öffnet er mit dieser Tour die Herzen und die Brieftaschen seiner Nachbarn. Und hiermit überschreitet er die Grenzen zwischen straflosem Pump und strafbaren Betrug, denn er hat nie die Absicht, seiner Frau etwas Eßbares mitzubringen, sondern einzig und allein die Sucht, selbst viel und nicht allein zu trinken.

Mit Egons Arbeitsstellen ist es immer etwas kompliziert. Er findet sie genauso schnell, wie er sie los wird. Sein adrettes Äußeres nützt ihm beim Ankommen, und sein zerrüttetes Innenleben beschleunigt sein Wegkommen. Herr Egon ist ein guter Mitvierziger, wie es so schön heißt. Mit seinen melierten, straff zurückgekämmten Haaren, seinem winzigen gepflegten Schnurrbärtchen, seiner dunklen breiten Hornbrille ist er, wie eine geprellte Dame von ihm sagt, außerdem noch ein genialer Mann. Ob Genie oder nur Talent, das weiß ich nicht, aber nach Bernard Shaw ist das Tragischste ein Mann von Genie, der nicht auch ein Ehrenmann ist, und Herr Egon also ist im Sinne von Shaw eine tragische Figur.

Er kann malen, er hat die Kunstgewerbeschule besucht und auch die Hochschule für Bildende Kunst. Ohne mit der Wimper zu zucken, hat ein älterer Herr aus seiner Nachbarschaft ihm ein Bild abgekauft, darstellend vierundzwanzig Kosaken, und ihm dafür sechshundert Mark auf den Tisch des Hauses gelegt. Also Herr Egon betreibt keine brotlosen Künste, seine Kunst hat einen respektablen Marktwert. Wie es mit dem Kunstwert aussieht? Ich weiß es nicht, ich habe nichts von ihm gesehen und verstehe auch wenig davon. Seine Themen sind nicht gerade originell und modern, sie sind sozusagen zeitlos; denn röhrende Hirsche gab es schon bei den vorgeschichtlichen Darstellungen der Höhlenbewohner.

Eine jüngere Dame, Waltraud heißt sie, hatte Gefallen an diesem uralten Motiv und bezahlte Herrn Egon fünfundsiebzig Mark für das liebeskranke Tier im Wald und in Öl. Er brachte ihr auch ein solches Bild, aber er hatte das schon jemandem verkauft. Herr Egon verlangte von Frau Waltraud den Hirsch in Öl und Wald zurück, angeblich, weil er das einmalige Kunstwerk für sich noch kopieren wollte. Und dann brachte er Frau Waltraud nichts mehr, was sie sich in ihr Schlafzimmer hätte hängen können. Erst als sie sehr energisch wurde, übergab er ihr eine friederizianische Quadrille, aber von der wollte Frau Waltraud nichts wissen.

Seine Maltalente hatte Herr Egon, das soll hier zu seinen Gunsten auch berichtet werden, unentgeltlich in den Dienst einer Sichtagitation gestellt und unter anderem für eine Institution »Die Erstürmung des Winterpalastes in Petersburg 1917« gemalt. Auch dieses Werk kenne ich nicht, aber ich frage mich, wem nützt es, wen rührt es, wen überzeugt es? Ist eine solche Malerei ohne innere Anteilnahme nicht dem Drehen einer Gebetsmühle gleichzusetzen?

Vielen anderen Nachbarn, es waren fast zwanzig aller Größen und Altersstufen, erzählte er von seiner Frau und hob von ihnen Gelder in Höhe von fünf bis fünfzig Mark ab. Anderen sagte er, er müsse eine Reise nach Cottbus machen, und fuhr auf der Schmalspurbahn des Betruges in die nächste Kneipe. Einem wildfremden Mann machte er glauben, er sei beim Deutschen Fernsehfunk angestellt, müsse eine Dienstfahrt machen und habe dafür kein Geld. Einem Nachtwächter, der früher einmal Schwergewichtsmeister im Ringen war, hatte er auch fünf Mark abgerungen, und als dieser von dem schwebenden Verfahren gegen Egon hörte, schrieb er an das Gericht, wenn er nicht bald zu seinem Geld komme, würde er auf Herrn Egon einen Doppelnelson ansetzen. Damit meinte er zweifellos nicht zwei britische Vizeadmirale vom Format eines Nelson, sondern das, was wir früher in der Schule einen Schwitzkasten nannten oder so etwas Ähnliches.

Als das Strafverfahren lief, hatte Herr Egon gerade Arbeit als Lackierer in einem kleinen Betrieb, aber seine Tätigkeit war mehr die eines Pumpmeisters als die eines Spritzmeisters. Er blieb häufig unentschuldigt seiner Arbeit fern, fünf Tage lang in der kalten Silvesterzeit. Vor Gericht behauptete Herr Egon, er wäre damals bettlägerig gewesen und so allein, daß er nicht einmal dem Betrieb telefonisch Bescheid sagen konnte.

Wer Pech hat, so sagt man, dem bricht sogar der Finger in der Nase ab. Herr Egon hatte solches Pech, denn als eine weitere, sehr komplizierte Borgangelegenheit zur Sprache kam – es handelte sich um das Leihen von Geld, um einen Pfandschein auszulösen –, zog Herr Egon aus seiner Brusttasche ein riesiges Bündel von Pfandscheinen heraus, und da entdeckte die Richterin, daß Herr Egon in den Tagen, da er angeblich völlig hilflos zu Bette lag, in die Stadt gefahren war, um die Bettkissen seiner geschiedenen und im Krankenhaus liegenden Frau zu versetzen.

Das Hintergehen der vielen, oft sehr wenig begüterten Nachbarn wertete das Gericht als Betrug. Der geringe Umfang seiner nützlichen Tätigkeit und sein bummelndes Verhalten nach dem Aufdecken seiner Straftat war entscheidend, ob Herr Egon eine bedingte oder eine unbedingte Strafe verdient hatte. Das Gericht sandte ihn ohne Bewährungsfrist fünf Monate in ein Haus, in dem er die Pritschen nicht versetzen und höchstens Wasser pumpen kann.

Kiste 11

Vom Mädchen, das nur schlafen wollte

1963. Sie, liebe Dame, wissen nicht, wie betörend Sie sind, und deshalb muß ich es Ihnen hier, an dieser Stelle sagen: Sie sind eine Gefahr. Ihr ebenmäßiger Wuchs, Ihr etwas künstlich tiefschwarz gefärbtes Haar, Ihre dunklen und tiefgründigen Kulleraugen, Ihre Jugend, Ihr Kußmäulchen und auch Ihre etwas kindliche, berlinische Stimme. Und Ihre Frische und Ihre Unbeschwertheit, das alles in einer Person vereinigt, ist gefährliches Dynamit, und das muß man hüten.

Sie sind nicht beschuldigt und nicht angeklagt. Sie sind nur Zeugin und Geschädigte. Und Sie wollen auch Schadenersatz haben, weil bei der Explosion Ihre seidene, durchsichtige Bluse und noch einiges andere, was durch die Bluse zu sehen, zu ahnen war, zerfetzt wurde. Und Sie haben auch hier Recht bekommen. Und auf der Walstatt geblieben ist ein junger Mann, Erich, der keine Schönheit ist, dessen Haar fad blond und dessen Ohren ein wenig lächerlich wirken, weil sie so weit abstehen, als ob sie Überschallgeräusche einfangen sollten; der aber nicht das Ohr hat für die wahren Töne Ihres neunzehnjährigen Herzens. Ein Herz, das so unbekümmert und so naiv unter Ihrer wohlgeformten Brust schlägt, liebe, schöne Irmtraud, wie der Pendel eines Regulators in der Wohnung Ihrer Großeltern.

Sie gingen mit Ihrer älteren Schwester am 28. April in ein munteres Berliner Ballhaus. Enttäuscht, weil Sie einen gewissen Knaben nicht angetroffen hatten, und mit dem prickelnden Verlangen, zu sehen, wie es in diesen Ballhäusern zugehen mag. Sie fanden auch Anschluß an zwei Herren, der eine, Martin, groß und schlank, mit breiten Schultern und schmalen Hüften, mit einem etwas brutalen Gesicht.

Wir – Sie und ich – sahen ihn vor Gericht auch als Zeugen,

und er war angetan mit einem blauen Sakko und goldenen Knöpfen, ein Fleischer von Beruf und angezogen wie ein Offizier zur See. Zusammen mit ihm war der andere, Erich, den Sie selber in einem gewissen Moment und – durch den Moment – stark übertrieben als fiesen Kerl bezeichneten. Der Sie aber zu gewinnen hoffte und Ihnen noch im Ballhaus erzählte, er sei Küchenchef in einem großen Berliner Restaurant. Ihr Regulatorherzchen aber schlug mehr für den etwas manirierten Mariner Martin, von dem Sie nicht wußten und nicht wissen konnten, daß sein Schiff schon wohl vertäut im Ehehafen gelandet war. In dieser Hinsicht wird in Berlins Ballhäusern ziemlich viel gelogen.

Ihre Schwester, um zehn Jahre älter und erfahrener als Sie, liebe, bezaubernde Irmtraud, verließ die Gesellschaft, als die Kapelle ihr auf Wiedersehen intonierte, wohl ahnend, daß mit den beiden Kavalieren wenig Staat zu machen sei. Sie aber, berauscht von den Schmeicheleien des vermeintlichen Seeoffiziers und vom Wein, den Sie notabene auch noch selber bezahlen mußten, blieben und gingen mit in das Rosencafé, den Abend und die Nacht in den Morgen hinüber über Gebühr ausdehnend. Und hier setzte leider auch Ihre Vernunft ein wenig aus.

Wie wollten Sie, liebe Irmtraud, nach Hause kommen, nach Karow? Da nun die letzte S-Bahn im Begriffe war abzufahren. Würden die beiden Kavaliere ein Taxi spendieren, die beiden Naßauer, die nicht einmal den Wein bezahlt hatten? Oder dachten Sie etwa, sie würden zu Fuß, fünfzehn Kilometer weit, mit Ihnen nach Hause gehen? Doch darüber dachten Sie gar nicht nach. Sie sollten aber Ihr schönes Köpfchen auch zum Denken benutzen und nicht nur als, zugegeben, sehr reizvollen Tafelaufsatz für neue Frisuren und weiße Haarbänder.

Und als das Rosencafé schloß, da gingen Sie mit den beiden ziellos durch die Straßen. Und als Erich, der angebliche Chefkoch, Sie und den Martin fragte, ob Sie noch mit hinaufkommen wollten, eine Tasse Kaffee trinken, da gingen Sie mit. Sie sagten, oben angekommen, daß Sie lieber schlafen wollten. Und willig machte der Koch keinen Kaffee, sondern das Bett auf seiner Couch.

Sie aber zogen Ihr Röckchen aus und legten sich ins Bett, drehten sich zur Wand, und da gesellte sich zu Ihnen der Seeoffizier. Sie sagten ihm sehr deutlich, er solle Sie in Ruhe lassen, gewährten ihm wohl ein Küßchen in Ehren, und dann sagten Sie etwas psychologisch ungemein Kluges, was meine tiefste Bewunderung heute noch erregt. Sie sagten ihm: »Du kannst ja nicht einmal richtig küssen.« Da trafen Sie ihn an seiner verwundbarsten Stelle. Der Mann Martin war tief gekränkt und beleidigt und zog sich, innerlich knurrend, zurück.

Nachdem das Landemanöver des »Seeoffiziers« kläglich gescheitert war, sagte der aber zu seinem Freund Erich, dem angeblichen Chefkoch: »Ich habe keinen Schlag bei ihr, versuch Du es.«

Sie aber, schöne liebliche Irmtraud, wiegten sich schon in den tiefsten Träumen, als Sie die Hand des Erich verspürten. Sie wurden energisch und grob, er wurde gemein, mit den Händen und mit den Worten: »Wat denkste dir, wofür wir dir mitgenommen haben?« Bei diesem Ringen wurden das Blüschen, das Hemdchen und noch einiges anderes Gewirktes arg lädiert. Sie gaben ihm zwei Ohrfeigen und sagten ihm, daß er ein fieser Kerl sei. Es begann eine wilde Jagd über Tisch und Stühle.

Dann aber beruhigte sich Herr Erich und ließ Sie gehen. Und Sie wollten zur Volkspolizei. Sie kehrten aber auf der Treppe um, noch einmal nachzusehen an der Wohnungstür, mit wem Sie eigentlich das Mißvergnügen gehabt hatten.

Sie haben inzwischen gemerkt, der Erich ist gar kein schlechter Kerl, er ist auch kein Chefkoch, sondern Transportarbeiter im Restaurant mit einem sehr schmalen Verdienst, schüchtern, fleißig und ordentlich. Nur einmal aufgefallen, weil er, damals der Grenzgänger, seinen Wohnsitz illegal verlegt hatte zu einer Tante nach Westberlin. Er ist ein Einzelgänger, so erzählte eine Kollegin aus dem Restaurant, und findet schlecht Anschluß. Dabei gäbe es in dem Betrieb eine Reihe von jungen Damen, die ihm sehr wohlwollend gesonnen seien. Erich aber trauert noch immer um eine treulose Braut in Westberlin, die nicht zu ihm kommen will.

Das, was Erich getan hat, ist ein Sittlichkeitsdelikt, und da soll es keine bedingte Verurteilung geben. Das Gericht verhängte eine Gefängnisstrafe von sechs Monaten, und unbedingt.

Sagen Sie, liebe Irmtraud, ist das nicht ein bißchen hart? Meinen Sie nicht auch, der Staatsanwalt hätte sich vor der Verhandlung an die Kollegen des Betriebes wenden sollen, um von ihnen eine Bürgschaft zu erreichen? Gewiß, das Gericht hat die Mindeststrafe ausgesprochen, aber wäre es nicht gut gewesen, wenn Erich eine Bewährungsfrist bekommen hätte?

Sein umnebelter Geist und Ihr Leichtsinn, mit zwei wildfremden Herren nachts auf die Bude zu gehen, wurde als mildernder Umstand gewertet. Aber seine Tat gilt als erheblich gesellschaftsgefährlich. Zugegeben, ziemlich gemein war sie, aber gesellschaftsgefährlich? Daß ein Mädchen mit zwei Herren nachts zwischen drei und vier mitgeht und dann nur schlafen will, ist schon selten, aber noch rarer ist eine so dynamische Schönheit, ein Dynamit, mit dem Sie eine gütige Natur überreichlich ausgestattet hat und mit dem Sie umgehen, als ob es ein Knallbonbon wäre.

Dornröschen und der Bikini

1963. Die weisen Frauen hatten unser Dornröschen mit Tugend und Schönheit beschenkt, mit den Gaben des Reichtums und der Weisheit waren sie jedoch etwas sparsam umgegangen. Auch in der Wahl der Eltern waren sie nicht ganz so umsichtig gewesen wie die Feen im Märchenland. Zwar schenkten sie dem Kind einen wohlklingenden Namen, auf den unser Dornröschen sehr stolz ist, jedoch stammte dieser edle Name von der Mutter; der Vater, ein Künstler bürgerlichen Geschlechts, lebt in jenem anderen Reich und kümmert sich um sein Dornröschen nur auf dem Postweg.

Die Mutter, die strenge, adelsstolze Frau, lebt mit Dornröschen in einem kleinen Häuschen zusammen mit der Großmutter, alles umgeben von einer dichten Dornenhecke, und dort herrscht die Mutter wie eine Königin. Da sie nicht mehr von ihren Hörigen und Leibeigenen ernährt wird, lebt sie von ihrer Hände Arbeit – in allen Ehren. Einmal in der Woche verläßt sie das Dornröschenschloß, holt sich weiße, seidene Tücher und bemalt sie höchst kunstvoll mit Tieren, Blumen, Früchten und Girlanden.

Dornröschen aber muß den Hausstand versorgen, sie muß die Großmutter pflegen und, wenn es dann noch Zeit hat, der Mutter beim Bemalen helfen. Nur der Gasmann, die Lichtfrau, die Frau, die den Zähler der Elektrizitätswerke abliest, und ein schwarzer Schornsteinfeger dürfen in geziemendem Abstand in dieses Schlößchen.

Ein Fernsehkistchen vermittelt den drei Eingeschlossenen ein wenig Kenntnis von der Umwelt, vermutlich eine verzerrte Kenntnis, da man im Schloß eine Neigung zu westlichen Ausstrahlungen hat. Dornröschen wurde auch in Westberlin in einer Schule ein wenig das Malen gelehrt. Gelernt hat es diese Kunst aber nur unvollkommen.

Kein Prinz hat je Dornröschens Lippen geküßt, kein Theater, kein Lichtspielhaus, keine Konzerthalle, keinen Tanzpalast hatte es von innen gesehen. Der Liebe Freud und Leid hat es nie berührt. Kein Wunder der Schöpfung – auch nicht die Wunder, die Haydn musikalisch illustriert hat – hatte es an Freundeshand gemeinsam gekostet, den Morgentau, den Abendhauch, der Früchte Saft, der Blumen Duft. Nur die blassen Blumen und Früchte auf den bemalten Tüchern waren ein bescheidener Abglanz der Köstlichkeiten der wirklichen Welt jenseits der Dornenhecke.

Aber in dem nun einundzwanzigjährigen, sehr zarten, sehr blonden, lieblichen Kind war die Sehnsucht erwacht. Dornröschen, das wie Aschenputtel lebte ohne den süßen und herben Lohn der fröhlichen Jugend. Nicht einmal ein Badekleidchen war sein eigen, die erwachenden Reize seiner Jungfräulichkeit den immer neugierigen, lüsternen Prinzen darzubieten. Und die Mutter war sowieso nicht dafür ... Sie hätte es gern gesehen, daß alle Badeanzüge verbrannt werden, wie es der König in dem Märchen mit den Spindeln getan hat. Nur um die Tochter vor süßen Gefahren zu schützen.

Hätte nur unser Dornröschen soviel Mut wie Anmut besessen, dann wäre es aus diesem verwunschenen Schlößchen ausgebrochen, hätte sich Arbeit gesucht, gute Taler verdient und sich den schönsten Badeanzug erworben. Aber der Zauber der mächtigen Mutter war stärker als die Kraft des Mädchens, und es verblieb in ihrem Bannkreis. Und den durchbrach unser Dornröschen dann fehlerhaft.

Dornröschen ging eines sonnigen Tages in ein Sportgeschäft, dort wo Selbstbedienung herrscht, und glaubte zu bemerken, daß die Verkäuferin in ein Gespräch über die Freuden ihres gewöhnlichen Alltags vertieft sei. Sie entnahm aus dem Regal drei Badekostüme, ein rotes, ein blaues und ein grünes – einen Bikini – verschwand in der Ankleidekabine, kehrte zurück, legte aber nur das rote und das blaue wieder hin.

Aber eine ebenso blonde, jedoch schönere, weil klügere Verkäuferin hatte Dornröschens Tun und Lassen bemerkt, und als es das Geschäft verlassen wollte, aufgefordert, doch einmal sein Täschchen zu öffnen.

»Sie wissen nicht, mit wem sie reden«, sagte es und sträubte sich sehr. Aber das half nichts. Und der kleine grüne Bikini, genau passend für das überzarte Figürchen, fand sich in Dornröschens Täschchen. Da er aber nicht mit Talern erworben war, galt er noch als Volkseigentum. Die ganze Angelegenheit nannte die Gesellschaft Diebstahl und das mußte der Volkspolizei gemeldet werden.

Dornröschen aber fuhr nach Hause und schwieg. Und als die Ladung zum Gericht kam, erzürnte die Mutter gar sehr. Dornröschen hatte den fürstlichen Namen der Mutter in den Schmutz gezogen. Und sie war so unerbittlich, daß Dornröschen aus dem Leben scheiden wollte, Tabletten nahm und tatsächlich auch in einen tiefen Schlaf verfiel, aus dem sie nicht durch einen Prinzen, wohl aber durch einen tüchtigen Arzt erlöst wurde.

Wäre dies nicht einem Dornröschen geschehen, sondern irgendeiner anderen Rose, tätig und emsig neben anderen Blumen, hätte man diesen Fall der Konfliktkommission vorgelegt. Hier aber, bei dem einzeln blühenden Dornröschen, war das nicht möglich. Es wächst so sehr am Rande der Ordnung, daß es noch nicht einmal von der Existenz solcher Konfliktkommissionen gehört hatte. Deshalb meinte die Staatsanwältin (wenn ich hier ihr Aussehen beschreibe, würde ich jede Glaubwürdigkeit verlieren, ich tue es nicht; tatsächlich aber ist sie die Anmutigste von den hier handelnden Personen; und sie gab mir auch in ihrem Plädoyer das Stichwort »Dornröschen«), und deshalb meinte die Staatsanwältin, das Richtige wäre eine Gefängnisstrafe von vierzehn Tagen, bedingt ausgesetzt mit einer Bewährungsfrist von einem Jahr.

Und so sprach auch das Gericht Recht. Und Dornröschen bedankte sich mit Handschlag und Knicks sehr artig für das Urteil und versprach, sich endlich die Sandkörner aus den Augen zu reiben und nicht als Aschenputtel, sondern als Mensch zu arbeiten, schöpferisch und dem Leben zugewandt. Auf daß es endlich von einem ordentlichen handfesten Prinzen wachgeküßt werde.

Die falsche Fanny
oder das Fest der Lebensfreude

1963. Das Adelsprädikat »von und zu« galt in früheren Jahren als das Vornehmste, Erstrebenswerte. Heute wollen viele »von und mit« sein. Star und Autor einer Fernsehsendung, möglichst einer Fernsehreihe. Das ist für manche Menschen das Adelsprädikat unserer Zeit.

Zahllos sind die Geschichten von kleinen und großen Schwindlern, die mit echten und falschen Adelsbezeichnungen ihre Mitmenschen düpierten, ihrer Eitelkeit schmeichelten und sie ausnutzten, weil sie sich geehrt fühlten, mit so hochgeborenen Herren und Damen dinieren, soupieren und vielleicht auch schlafen zu dürfen, mit falschen Prinzessinnen, Komtessinnen, Fürsten und Grafen, in einer Zeit, in der die Herkunft alles, die Leistung und die Persönlichkeit nichts galt.

Die junge Frau mit den mahagonigebeizten und gelackten Haaren – Mahagoni erinnert mich immer an das gutbürgerliche Schlafzimmer – trägt ihre Unterlippe ein wenig nach außen gekehrt. Das hat sie der großen Sophia Loren abgesehen. Und durch diese unnatürliche Imitation bekommt ihr Antlitz etwas Starres, Maskenhaftes. Sie hat eine zweifellos gute Figur, das ist heute noch sichtbar, auch wenn sie in wenigen Wochen ein Entbindungsheim aufsuchen muß. Sie ist von der Gefängnishaft bleich, sie wirkt jedoch sehr selbstsicher. Und wenn sie mir erzählt hätte, sie sei ein Fernsehstar, ich muß bekennen, auch ich hätte es ihr geglaubt.

Sie wohnt im sächsischen Zwickau und spricht auch so. Sie hat gelernt, fachgerecht Nudeln, Heringe, Suppenwürfel und Tomatenmark zu verkaufen, sie kennt die feinen Unterschiede zwischen Brühpolnischer und Bockwurst, man kann ihr kein Curry für schwarzen Pfeffer andrehen. Aber die gutgewachsene Mary hat keine Sitzfläche, sie will hoch und höher hinaus. Mit siebzehn Jahren ging sie einmal nach drüben. »Schön ist manche ferne, fremde Stadt, weil sie zauberhafte Reize hat«, singt ihr Idol Fanny Daal.

Aber dort, in der Fremde, werden die gebratenen Tauben auch nur in teuren Feinkostläden feilgeboten, und Mary kehrte bald zurück. Im Rückwandererlager trifft sie einen jungen Mann. »Zuerst war es nur ein stummer Gruß«, so singt und klingt es auf Amiga-Platten. Dann wurde es mehr; ihre Her-

126

zen schlagen, wenn auch nicht im Dreivierteltakt, so doch im Zweitakt, denn er ist aus Zschopau und sie aus Zwickau, beide Städte sind wegen ihrer Zweitaktmotoren berühmt. Der junge Mann bringt die schöne Mary mit nach Zschopau und stellt sie seiner Mutter vor, einer sehr kritischen Dame, nennen wir sie Frau Tafelberg.

Die junge Liebe zerrinnt nach vier Wochen. Mary führt ihr unstetes Leben weiter, sie wechselt von der Nahrungs- zu einer Zahnpraxis, von einer Fleischerei zu einem Fußpflegesalon, von einem Kunstgewerbeladen zu einem Friseur, vertauscht den Stenoblock mit einer Servierschürze, und das am schönen Ostseestrand.

Sie hat also einige wenige Kenntnisse von schrecklich vielen Dingen, sie spielt auch leidlich Klavier und möchte immer, immer mehr sein, als sie ist.

»Die Wege der Liebe sind wunderbar, wunderbar«, singt ihr Fernsehstar. Bei Mary geht es nicht wunderbar, sondern sehr natürlich zu. Dreimal ist sie schon Mutter geworden, einmal hat sie sogar Zwillinge geboren. Und leider hat sie sich auch juristische Kenntnisse angeeignet, aber dort, wo man sie möglichst nicht studieren sollte, auf der Anklagebank und in Haftanstalten. Ganz geringe Diebereien sind es, und zweimal Amtsanmaßung.

Sie hat einmal von einem Selbstmord gehört, da gab sie sich als weibliche Mitarbeiterin der Mord- und Unfall Kommission aus und hat Ermittlungen in eigenem Auftrag geführt. Ohne materielle Vorteile für sich erschleichen zu wollen. Auch erzählt man sich auf den Zuschauerbänken, sie habe sich einmal als Richterin und ein anderes Mal als Ärztin aufgespielt.

Im Januar dieses Jahres hatte sie an ihren alten Freund nach Zschopau geschrieben und in diesem Brief behauptet, sie sei jetzt Schlagersängerin und Fernsehstar geworden und sei als Fanny Daal bekannt, beliebt und berühmt. Frau Tafelberg hatte den Brief geöffnet, da ihr Sohn wieder in Westdeutschland lebt. Frau Tafelberg hatte Mary geantwortet, sie sei erfreut, daß ihr Sohn zu einer so bekannten Dame einmal Beziehungen gehabt habe, und sie möchte sie bei Gelegenheit besuchen.

»Denk daran, denk daran, wie die Liebe begann«, das singt die echte Fanny Daal. Arme, echte Fanny Daal! Der Zeuge in dieser Sache kann nicht umhin, den Finger auf einen anderen Schwindel zu legen, den Schwindel mit Gefühlen. Schlagertexte sind das. Leder und Schleim zusammengepappt aus dem Reimlexikon. Wie würde ich mit allen Schlagerfans jauchzen, wenn für diese Stimme intelligente und witzige Texte erdacht und vertont würden.

Eines Tages im September klingelt es an der Tür bei Frau Tafelberg, und sie steht da, Mary mit der vorgeschobenen Unterlippe und dem Künstlernamen Fanny Daal. Wen stört es, daß sie nur einen kleinen Pappkarton bei sich hatte, der Wartburg sei leider gerade in Reparatur und der schweinslederne Koffer defekt. Konnte Frau Tafelberg vermuten, daß diese weltberühmte Sängerin geradewegs aus der Haftanstalt und nicht von einer Ostseetournee oder vom Fernsehzentrum Adlershof zu ihr geeilt war? Daß diese Fanny Daal im siebten Monat der Ruhe und Pflege bedurfte, das war ja gewiß.

Es waren unterhaltsame Tage, die vielen Anekdoten aus Künstlerkreisen, von Fips Fleischer und seinen Jungs, o lala, und von Bärbel Wachholz mit ihrem schneeweißen Tatra, von allem wußte der Gast so schön zu berichten. Und Frau Tafelberg sprach von dem Sohn und von den Wegen der Liebe, die so wunderbar sind.

»Wenn man einander glauben kann, ist alles halb so schwer«, trällerte die falsche Fanny vor sich hin.

Und oft weilte bei Frau Tafelberg der Herr Hugo, ein Pantoffelfabrikant von Profession und ein Musiker aus Leidenschaft. Der freute sich, mit Fanny dinieren und soupieren zu können, und er bat die liebenswürdige Künstlerin, sich einmal eine Amateurtanzkapelle anzuhören und ihr mit ihren großen Erfahrungen zu helfen. Und unsere Fanny war bereit. Sie gingen zusammen in das Gasthaus »Zum Stern«, wo die braven Jungens gerade probten.

Fanny war gar nicht hochnäsig, aber doch sehr kritisch. Sie bemängelte den Rhythmus, sie ärgerte sich, daß die Pausenzeichen nicht richtig eingehalten wurden, und sie gab der jungen Sängerin, dem hoffnungsvollen Talent, Ratschläge. Sie müsse den Dialekt ablegen, und sie empfahl ihr, die Stimme auf einem Tonband selbst zu kontrollieren.

Diese weisen Lehren gab unsere liebe, falsche Fanny im echten Zwickauer Sächsisch von sich. Leider war es ihr nicht möglich, auch nur einmal auf der Probe etwas vorzusingen, das sei ihr vertraglich von der Konzert- und Gastspieldirektion verboten.

Nun wußte das ganze Städtchen, Fanny Daal, der Fernseh-star, weilt in unserer Mitte. »Für uns kann die Welt nicht schöner sein«, sangen sogar die Spatzen von den Dächern, und überall drängten sich junge Leute um unsere Fanny und baten sie um ein Autogramm. In den Restaurants aber kamen die Objektleiter herangeeilt und legten das Gästebuch vor. Und lobend sprach sich unsere falsche Fanny über die aufmerksame Bedienung und das fachkundige Küchenpersonal aus. Nie aber schrieb sie das ins Buch, was die melancholischen Text- und Tondichter der echten Fanny zubereiteten: »Überall bleibst du ein fremder Gast.«

Und auch im Rat des Kreises hörte man von dem hohen Besuch und war entzückt. Der junge Abteilungsleiter für Kultur wurde von einem Sachverständigen für Landwirtschaftsfragen auf das Ereignis aufmerksam gemacht.

Ein »Fest der Lebensfreude« war geplant, und der junge Sachverständige für Kultur war hingerissen vom Ruhm und Charme des bezaubernden Stars und wußte Fanny zu gewinnen. Sie konnte noch nicht sofort zusagen, sie müsse erst einmal die Konzert- und Gastspieldirektion um Erlaubnis bitten. So streng seien die Sitten auf dem Schlagermarkt.

Dann aber sagte sie zu, und der junge Abteilungsleiter fragte, wieviel sie denn an Honorar beanspruche. Sie summte etwas vor sich hin und meinte, in dieser kleinen Stadt könne sie nur ein kleines Honorar fordern, und das würde sie für die Förderung der jungen Talente zur Verfügung stellen. Jetzt war man ganz begeistert.

Hier, meinte ein sehr boshafter Mann, hätte man stutzig werden müssen, aber niemand stutzte. Der Himmel und die Liebe blieben, wie im Schlagertext, sternenklar, sternenklar.

In Ehrenfriedersdorf wurden ein Saal und eine Kapelle gemietet, Plakate gedruckt: »Fanny Daal singt«. Die Papierblumen zum »Fest der Lebensfreude« fanden reißend Absatz und berechtigten zum freien Eintritt.

Der Saal war proppenvoll, und dem jungen Abteilungsleiter für Kultur wurde heiß und kalt. Er wußte, Fanny Daal würde nicht kommen, wenn er auch in seiner Verzweiflung immer vor sich hin sang: »Laß mich nimmer mehr allein«. Ein Lied aus dem Repertoire der echten Fanny Daal, auf das er sich so sehr gefreut hatte.

Aber inzwischen hatte Mary sich heimlich auf und davon

gemacht. Einige Tage zuvor hatte sie noch die kleine Kassette ihrer liebenswürdigen Wirtin, der Frau Tafelberg, mit einem falschen Schlüssel geöffnet und, bescheiden wie sie ist, nur fünfzig Mark von den dort ruhenden zweihundert Mark entnommen.

Das hatte wohl die gute Frau Tafelberg gemerkt, aber sie konnte sich einfach nicht vorstellen, daß die berühmte Fanny Daal ihr so etwas antun könne.

Und dann machte der Abteilungsleiter vor dem überfüllten Saal den wirklich großen Fehler. Statt den Schlagerfreunden ehrlich zu bekennen, ich bin einer charmanten Schwindlerin auf den Leim gegangen, verkündete er, nein, er ließ es verkünden: »Fanny Daal hat abgesagt«. Das erfuhr natürlich die echte Fanny Daal und wurde sehr böse, denn sie sagt nie ab, wenn sie einmal erst ja gesagt hat. Und jetzt mußte unser hoffnungsvoller junger Abteilungsleiter das bekennen, was die ganze kleine Stadt und der ganze große Kreis schon wußten.

Mary wurde zu vier Wochen Haft verurteilt, weil sie sich vor den Behörden als jemand anders ausgegeben hatte. Unsere Mary wollte nur die Süße des Ruhms schmecken, nicht aber den goldenen Lohn. Drei Monate Gefängnis bekam sie wegen des kleinen Delikts, das noch immer in unserem Strafgesetzbuch als »schwerer Diebstahl« klassifiziert wird.

Wir fallen nicht mehr auf die falschen »von und zu« herein, uns imponieren eher die »von und mit«. Wir dürfen hier und heute über die falsche Fanny schmunzeln und über die Getäuschten lächeln, ohne Bitterkeit, weil der Lorbeer, mit dem sich unsere schöne Schwindlerin geschickt drapierte, entliehener Lorbeer war, aber nicht geborgt vom kahlen Ast eines morschen Stammbaums.

Portwein und Kornettklang

1964. Den Zauber des Südens und der Musik hat die nüchterne norddeutsche Großstadt im märkischen Sand nicht von ihr tilgen können. Nennen wir sie getrost Manuela, ein Name, der zu ihrem Inneren und Äußeren viel besser paßt als der, den vor fünfunddreißig Jahren ihre Muter ihr gab.

Tiefschwarz ist ihr Haar, das wohlgekämmt auf ihre stolzen Schultern fällt. Erbteil eines dunkeläugigen Vaters, ein Hidalgo jenseits der Pyrenäen, an der Küste des Atlantiks. Ihre so melodische Stimme, weich und einschmeichelnd, stammt sicher von ihrer Mutter, die in einer Tiroler Damenkapelle so süß Kornett blies, und in einer Pause, bei einem Gläschen alten Portweins ... Was soll ich Ihnen sagen, Sie glauben ja es auch zu wissen, wie es in diesen südlichen Regionen vor sich geht, in denen, wie man sagt, die Religion streng, die Moral eher lax gehandhabt wird.

Zurückgekehrt in unseren so moralischen Norden, tat die Mutter nicht gut. Und wenn Manuela von ihr spricht, treten ihre Augen traurig hervor, und sie verzieht ihr Mündchen so tragisch, daß ihr ganzes Antlitz etwas Dorschhaftes bekommt. Ich meine damit nicht die große Schauspielerin Käte Dorsch, sondern eher die seelenvollen Fische, die in Netzen gefangen und in unseren Markthallen feilgeboten werden. Wenn Manuela aber lacht, dann wirkt sie durchaus nicht fischblütig, sie hat dann in ihrer Art jene reizvolle Mischung von altem Portwein und hellem Kornettklang der Tiroler Damenkapellen in ihrem Wesen.

Manuela, das Kind der Liebe und sicher auch ein sehr liebes Kind, wurde viel herumgestoßen, wuchs ohne Heimat bei den Großeltern, im Kinderheim und bei der Mutter auf. Sie hat nie etwas Rechtes gelernt. Statt Milch bekam sie sehr häufig Alkohol zu trinken. Und auch ihre Erziehung und ihre Nahrung waren keine solide Hausmannskost. Ihr wurde eher etwas vom Ausfressen beigebracht, das nicht so gefährlich sei, das man aber ja nicht zugeben dürfe.

Doch blütenweiß blieb Manuelas Weste in den vergangenen fünfunddreißig Jahren. Ja, sie ließ sich sogar von ihrem ersten Mann scheiden, als dieser seiner Schwiegermutter allzusehr nacheiferte. Ihr zweiter Mann ist ein hübscher, sehr weicher junger Herr mit einem guten Beruf, aber leider mit einer etwas geschmälerten Gesundheit. Er leidet an Anfällen und Manuela hat sicher eine schwere Aufgabe. Doch er ist, so, scheint es mir, nicht allen Anforderungen seiner dunkeläugigen Dame gewachsen. Ich glaube auch nicht, daß er sie je mißhandelt hat mit Worten und mit Taten; ich weiß nicht, ob sie hier Gleiches mit Gleichem vergilt. Eines aber weiß ich, das häufige Ins-Restaurant-Gehen restauriert nicht seine Gesundheit und ist ihrer Moral und beider Geldbeutel gewiß nicht zuträglich. Soweit ihr Mann in dieser Sache mitbeteiligt war, muß er sich jetzt noch vor der Konfliktkommission seines Betriebes verantworten. Manuela aber steht vor Gericht.

Dreimal begann es im Restaurant. Die schöne, wilde Manuela mit der glockentiefen Stimme fällt den Männern auf. Ihr eigener zarter Mann wurde nicht als der ihre angesehen oder aber eben mit in Kauf genommen.

Ein baumstarker blonder Siegfried, Bauarbeiter seines Zeichens, selbst an ehelichen Konflikten leidend, saß mit seiner Mutter im Lokal und trank. Bald saßen die vier zusammen. Und als der Wirt die Stühle auf die Tische stellte, zogen sie alle zu Siegfrieds Mutter in die Wohnung. Siegfried zeigte der schönen Manuela sein Kofferradio »Sternchen«.

»Gefällt es dir?« soll er gefragt haben, und es gefiel ihr. Was weiter geschah, verschweige ich; ich nehme davon keine Kenntnis, ich weiß nur, daß Manuela am nächsten Morgen im Besitz des »Sternchens« war.

Ein anderer junger Mann, auch sehr groß, aber sehr knochig und viel jünger, Soldat in der Nationalen Volksarmee, lernte die beiden im Restaurant kennen. Und dann zogen sie zu dritt – wie der Staatsanwalt ungewollt wortspielerisch sagte – angeschäkert zu Manuela nach Hause. Dort wurde noch mehr getrunken, also geschickert. Ob geschäkert wurde, das weiß ich nicht, jedenfalls schlief der Soldat auf einem Sessel ein. Manuela näherte sich ihm zärtlich und befreite ihn von der schweren Last seiner Armbanduhr. Morgens wunderte sich der Soldat, plötzlich »zeitlos« zu erwachen. Manuelas Mann aber versetzte die Uhr für fünfunddreißig Mark im städtischen Leihhaus.

Die Geschichte aber mit Wilhelmus, dem Elektriker, und seiner Jacke war für Manuelas lockere Moral doch etwas sehr ungewöhnlich. Der Mann mit dem latinisierten Kaisernamen war nicht nur ein alter Freund des Hauses, sondern auch anscheinend ein alter Hausfreund. Er ging mit Manuela sich restaurieren, und wie üblich wurde nach Lokalschluß bei Manuela zu Hause weitergefeiert. Manuelas Mann kam von seiner anstrengenden Arbeit nach Hause, und er legte sich ohne jede Bedenken allein ins eheliche Schlafgemach. Wilhelmus aber entledigte sich seiner Jacke und ruhte friedlich neben Manuela, und Manuela ruhte friedlich neben Wilhelmus auf der Couch. In der Nacht wachte Manuela auf, zog aus der Jacke die Brieftasche und warf die Jacke unter die Couch.

Am nächsten Morgen vermißte unser Wilhelmus seine Jakke. Manuela behauptete, es sei auch noch ein Grenzsoldat in der Wohnung gewesen. Sie öffnete ihren Schrank und fing an zu jammern, auch sie vermisse jetzt fünfundneunzig Mark. Herr Wilhelmus, der Elektriker, schaltete schnell. Ein Volkspolizist wurde geholt. Dieser machte über die verschwundene Jacke und die angeblich gestohlenen fünfundneunzig Mark ein kleines Protokoll. Als die beiden weg waren, nahm Manuela aus der Brieftasche hundertzwanzig Mark. Tasche und die Ausweise wurden verbrannt, und die Jacke wurde einige Tage später in einen Hausflur geworfen.

Schöne Geschichten sind das nicht. Sie hat allen etwas gestohlen; ob sie ihnen etwas gegeben hat, das kann leider hier nicht aufgerechnet werden. Wohl aber muß gesagt werden, daß sie fleißig arbeitet als Packerin in einem Betrieb, daß sie sogar bei den Kolleginnen beliebt ist, daß sie leider manchmal unentschuldigt fehlt, und viel später bringt sie dann einen Krankenschein. Es ist zu vermuten, daß sie auch den Arzt wohl manchmal etwas betören kann. Aber sonst arbeitet sie tüchtig und geschickt.

Sechs Monate werden eingetragen in ihr Buch. Aber sie stehen nur als Drohung da, denn sie hat zwei Jahre Bewährung, und während dieser Zeit darf sie ihren Arbeitsplatz nicht wechseln.

Schöne Manuela, zarte Blume mit einem Schuß alten Portweins und dem hellen Klang des Kornetts aus der Tiroler Damenkapelle, verpflanzt in die nüchterne norddeutsche Tiefebene im märkischen Sand, laß das Schickern, laß das Schäkern. Nutze deine Jahre, pack in der Versandabteilung, aber greif nicht nach den »Sternchen«, greif lieber nach den Sternen.

Kiste 12

Diese Geschichte aus dem Jahr 1964 hat wie alle meine anderen Geschichten den Vorzug, wahr zu sein. Aber ich wußte, als ich sie geschrieben hatte, daß sie bei meinem Chefredakteur nicht so leicht durchgehen würde.

In solchen Fällen meldete ich mich bei ihm und sagte: »Lies das bitte mal durch.« Er las es. Er war ein sonst sehr umgänglicher Mensch, der meine Arbeit schätzte, aber jetzt sagte er: »Deine Bemerkungen am Anfang können wir nicht bringen, das mußt du streichen.«

Ich sagte in meiner etwas legeren Art: »Kastrieren lasse ich mich nicht. Entweder kommt die Geschichte ganz und gar oder gar nicht. Aber in meinem nächsten Buch erscheint sie.«

»Ich bin nur verantwortlicher Chefredakteur für die ›Wochenpost‹. Mit deiner Buchproduktion habe ich nichts zu tun.« Er war nicht glücklich über den Verlust dieser Reportage, er war mein Freund und ließ mich gewähren.

Ich hatte schon einige Bücher mit Reportagen aus der »Wochenpost« herausgegeben. Bei der Hauptverwaltung Verlage und Buchhandel - so hieß die Behörde für die Druckgenehmigung jedes neuen Buches - war man sicher, was der Hirsch uns hier vorlegt, ist ja schon publiziert. Ich hatte keine Veranlassung, etwas anderes mitzuteilen. Und meine Geschichte »Tränen und Schnee« erschien unangefochten im Buch »Zeuge in neuen Liebes- und Ehesachen«.

Natürlich war das ein Verlust. Denn die Wochenpost hatte eine Auflage von mindestens einer Million zweihunderttausend Exemplaren. Diese Auflage wurde schon jeden Donnerstag früh sehnlichst erwartet und war sofort nach der Auslieferung am Kiosk ausverkauft. Und jedes Exemplar dieser Zeitschrift wurde von mindestens vier Menschen gelesen.

Meine Bücher aber bekamen, für heutige Verhältnisse auch erstaunlich, meist eine Auflage von zwanzigtausend Exemplaren.

Hier der Text:

Tränen und Schnee

Das Gewicht eines bedeutenden Mannes kann man auch bei uns - ich muß es seufzend bekennen - an den Pferdekräften ermessen, die er lenkt, oder mit denen er gelenkt wird. Wenn diesem Mann also ein personengebundener Tatra 603, ein Fahrer und ein persönlicher Referent zur Verfügung stehen, so ist seine Bedeutung keine Ermessensfrage mehr, sondern sie ist offenkundig.

Diese Geschichte hat etwas mit Mathematik gemein; wir können von den vier hier erwähnten Faktoren Persönlichkeit, persönlicher Referent, Fahrer und Auto den gewichtigsten Faktor mit einem Kunstgriff einfach ausklammern und ihn unberücksichtigt lassen. Er spielt - meiner Treu - hier keine Rolle, er tritt gar nicht in Erscheinung. Er konferiert oder schläft, sieht fern oder hört Musik, vielleicht tut er mehreres von dem auf einmal oder nacheinander - unerheblich.

Die Fahrt war nach Dresden gegangen zu einer bedeutsamen Tagung. Die Persönlichkeit hatte sich am Abend zurückgezogen, persönlicher Referent und Fahrer waren in ihr Quartier gefahren, der Tatra abgestellt und abgeschlossen. Die beiden gingen in eine nahegelegene kleine Gastwirtschaft. Ein jeder trank dort vier Glas Pilsner; kein Mensch ist berechtigt, ihnen hieraus einen Vorwurf zu machen. Aber Beelzebub bedient sich der seltsamsten Mittel, zwei tüchtige, ehrliche und verheiratete junge Leute in Versuchung zu bringen. Der Böse trat diesmal in der Verkleidung eines älteren Ehepaars an sie heran, das höflichst bat, am Tisch der beiden Platz nehmen zu dürfen. Vom Wetter und vom Essen sprach man, aber dann wurde das Gespräch doch höchst bedenklich. Wie es denn käme, fragte das Ehepaar, daß zwei so flotte junge Leute hier beim Radeberger Pilsner säßen, es sei doch - wir schrieben gerade den 2. März - Prinz Karneval eingezogen und schlage mit seiner Pritsche hohe Wellen. Es sähe ja so aus, als habe man in Dresden das solide Elbfräulein mit dem berüchtigten Vater Rhein vertauscht. Vor allem in der Kakadu-Bar gehe es hoch her, darüber spräche ganz Dresden, dort herrsche die Stimmung eines Münchner Atelierfestes.

Mit gefälligen Umgangsformen bestätigte eine sympathische

Serviererin diese erstaunlichen Informationen. Sie sei auch bereit, die beiden fremden Jünglinge in und durch die tolldreisten Wogen des Kakadu-Faschings zu lotsen, das aber könne sie natürlich nur nach Dienstschluß und in Begleitung einer vertrauten Freundin.

Der Fahrer, trotz des Biergenußes gewissenhaft, wollte in der eisigen und schneeigen Märznacht kurz seinen Tatra 603 erwärmen, und wegen des Bieres kühn und renommierfreudig, erklärte er den Damen die Wunderwelt seines sausenden, glänzend polierten, schnittigen Eisenblechkanisters. Ohne weitere Frage nahm man nun von dem Tatra Besitz, und ab ging die Fahrt unter Scherzen, wie der Referent meinte, in die Kakadu-Bar.

Was hierselbst geschah, ist bedeutungslos für die Geschichte und den Geschichtsschreiber. Nicht das Tanzen und das Tosen und das Kosen, nicht die Versuchung durch die Luftschlangen, nicht der Konfettiregen und die Erregung im närrischen Treiben sind Tatbestandsmerkmale dieser sachlichen Berichterstattung.

Es wurden zwei Flaschen Wein bestellt und getrunken, als gutes Gewissen will der Referent dem Fahrer den zweiten Schoppen entzogen und selbst getrunken haben. Um vier Uhr bestiegen die vier wieder ihr Auto. Der Fahrer hatte es inzwischen unter Schmunzeln als sein fahrbares Hotel bezeichnet. Ob diesem Namen Tribut gezollt wurde, und ob der Referent seinem Namen Ehre machte und persönlich wurde, ist vor Gericht nicht ergründet worden. Schließlich feiert man ja Karneval, um dem Fleisch und der Fleischeslust Valet zu sagen.

Dann wurde eine Dame nach Hause gefahren, die unter Tränen Abschied nahm. Nur die andere Dame war dabei, als der schnittige Tatra auf einer abschüssigen und etwas gekrümmten Straße, die mit jungfräulichem Schnee bedeckt war, ins Rutschen geriet, der weinselige Fahrer die Gewalt über seinen fahrbaren Zauberkasten verlor und dann mit erheblicher Geschwindigkeit gegen eine Mauer prallte. Der Wagen kam arg zu Schaden, seine Wiederherstellung erforderte eine fünfstellige Summe; der Fahrer verlor einen Zahn, und seine Unterlippe sprang auf. Die im Wagen verbliebene Dame blutete an der Wange nach der Berührung mit zersplittertem Glas, der Referent aber blieb körperlich unversehrt.

Der Fahrer lief verzweifelt um sein Wrack und war ratlos.

Er zitterte um seine gute Stellung, um seine Fahrerlaubnis. Schwarzfahrt und Alkohol im Blut.

»Wir sagen einfach, der Wagen ist uns gestohlen worden«, sagte er zu seinem Freund, dem persönlichen Referenten. Der hatte erhebliche Bedenken, aber da er sich auch mitschuldig fühlte, gab er schließlich nach. Er hatte vielleicht mehr Respekt vor seiner Frau als vor seinem Chef, wenn es ruchbar wurde, daß er sich an der Exkursion in die Kakadu-Bar beteiligt hatte. Sie verließen also den Ort des Unheils, die Dame war schon längst nach Hause gegangen, leise weinend kehrten sie in ihr Quartier zurück, und der Fahrer verständigte um sechs Uhr die Volkspolizei, daß der Wagen gestohlen wäre.

Die aber hatte schon längst den zerschundenen Tatra entdeckt und forderte den Fahrer auf, zur Unfallstelle zu kommen. Der Referent aber ging zum Tagungsort, dort hatte man schon von dem Diebstahl und seinen Folgen gehört, und der Referent sagte nichts, um der Wahrheit zum Siege zu verhelfen.

Was aber der Fahrer tat, war wirklich eine Täuschung der Behörden, eine falsche Anschuldigung, allerdings sehr töricht, sehr vergeblich. Die Volkspolizei suchte nicht den vermeintlichen Autoräuber, denn die Anwohner waren, durch den Anprall des Nachts aufgeweckt, ans Fenster geeilt und hatten eine genaue Beschreibung der Autobenutzer geben können. Die aufgesprungene Lippe und der fehlende Zahn straften den lügenden Fahrer Lügen.

Beide sind bestraft für ihre Schwarzfahrt, für die Trunkenheit am Lenkrad und das Gewährenlassen, für die vergebliche Irreführung. Heute ist der persönliche Referent kein Referent mehr, sondern in einem Betrieb Materialverwalter. Der Fahrer aber legt Rohre, ein Beruf, in dem er Hervorragendes leistet und sogar noch mehr verdient denn als personengebundener Tatrafahrer.

Das Urteil: eine Geldstrafe. Vielleicht sind Geldstrafen ungerecht, denn der Fahrer muß als aktiv Handelnder fünfhundert Mark bezahlen, der Referent, der es duldete, der alles mitmachte, nur dreihundert Mark. Aber Ungerechtigkeit ist die Natur der Geldstrafe.

Die Tränen über die Zahnlücke, die Lippen und der Kelch der Kakadu-Bar sind getrocknet, genauso wie der Märzschnee geschmolzen, auf dem der Tatra 603 gegen eine Wand sauste.

»Wo«, fragt Villon auf französisch und fragt Brecht auf deutsch,
»sind die Tränen von gestern abend« und, »wo ist der Schnee
vom vergangenen Jahr?« Der Referent und der Fahrer werden
fraglos noch sehr lange an die Tränen und den Schnee denken, wenn sie die fünfstellige Rechnung über ein zerschelltes
fahrbares Hotel begleichen müssen, das sie unbefugt in einer
Faschingsnacht benutzten.

Der verspätete Weihnachtsmann aus Angst

1964. Kennen Sie den Nußknacker aus Seifen im Erzgebirge?
Bitte stellen Sie sich ihn vor ohne die bunte Uniform, etwas
unrasiert, aber sonst ohne Schnurrbart und Bart und vor allem ohne sein wichtigstes Attribut, ohne Zähne, dann wissen
Sie ungefähr, wie unser fünfundsechzigjähriger Karl aussieht.
    Er lebt seit 1918 in Berlin, stammt vom Lande und ist in
der langen Zeit kein Berliner geworden. Wenn er sich einmal
festgelegt hat, bleibt er dabei, sicher wie sein Vater, der ein
Schäfer war und auch von seinen uralten Mitteln und Methoden nicht abgehen wollte.
    Er hat meist mit Kohle zu tun gehabt, als Austräger, als
Lastkraftwagenfahrer und jetzt zuletzt als Heizer. Nach dem
Vorfall wurde er Bademeister in einem chemischen Großbe-
trieb und muß dafür sorgen, daß der Staub der Elektrokohle
von seinen Kollegen abgespült wird. Vom Spülen hält er viel.
In diesem Manne steckt ein Kind, das will spülen – mit Alkohol. Er bekommt eine Medizin zum Einreiben und spült damit den trockenen Gaumen. Ein anderes Präparat ist für die
Nase, und auch diese Flüßigkeit geht den Weg durch die Keh-
le und versetzt unseren alten Karl in den holden Wahn und
Rausch, den er so liebt. Karls Frau mag diese Leidenschaft
nicht. Obwohl sie krank ist und oft im Bett liegt, soll sie ihm
bittere Vorwürfe machen und ihm auch manche Ohrfeigen
verpassen.
    Seine Arbeitsstellen sind nie von langer Dauer. Er ist Heizer
in so unterschiedlichen Betrieben gewesen wie im VEB Kühl-
betrieb und VEB Wärmeversorgung. Auch beim Bahnpost-
amt war er ein Siebenmonatskind. Er wurde einmal dabei
gesehen, wie er ein Päckchen unter seiner Jacke verborgen
hielt. Er habe es auf dem Hof gefunden, und da er gleichzei-

tig einen Sack mit Spänen in den Heizungskeller transportieren sollte – der Sack habe ein Loch gehabt – mußte er den Sack eben mit beiden Händen zuhalten; er habe keine andere Möglichkeit gehabt, das Päckchen offen zu transportieren. Die Bahnpost entließ unseren Karl daraufhin. Der Staatsanwalt sah in diesem Falle von einer strafrechtlichen Verfolgung ab.

Nun wurde Karl Heizer in einem Gebäude der Berliner Innenstadt, das der Kommunalen Wohnungsverwaltung gehört. In diesem Hause aber befindet sich ein staatlicher Großhandel von Lederwaren aller Art. Im Keller werden die großen Kisten und Pakete ausgepackt, sortiert, mit dem Fahrstuhl in die verschiedenen Lagerräume und Etagen gefahren und dort aufbewahrt, bis ein Ladengeschäft sie anfordert.

Nur der Fahrstuhl in diesem Gebäude ist die dünne Schnur, die den Heizer – angestellt bei der Kommunalen Wohnungsverwaltung – und den Großhandelsbetrieb für Lederwaren verbindet; denn der Fahrstuhlführer ist verpflichtet, die Asche und die Schlacken der Heizung an das Tageslicht zu befördern.

Ein schlankes Fräulein war einmal dem Heizer Karl im Lagerkeller des Großhandelsunternehmens begegnet, und wieder hielt er mit beiden Händen seine Jacke fest, und unter der Jacke zeichnete sich irgendein Paket ab.

»Ich suchte den Fahrstuhlführer und habe mich vor dem Fräulein geniert, weil meine Jacke keine Knöpfe hat. Darunter war nichts als meine Brust verborgen.«

Eines Tages aber erschien bei der Polizei ein Herr und gab eine große Reisetasche, eine Aktentasche und zwei Kollegtaschen ab. Dieser Herr erzählte, er habe früher einmal mit Herrn Karl zusammen gearbeitet. Und gestern sei dieser Herr Karl bei seiner Frau erschienen, habe gesagt: »Ich bin der verspätete Weihnachtsmann«. Und er habe ihr die große Reisetasche als Geschenk überbracht. Als seine Frau die Tasche öffnete, waren darin noch eine Aktenmappe und eine Kollegtasche verborgen. Auf der Straße habe er dann Herrn Karl getroffen, und der habe ihm noch eine Kollegtasche geschenkt. Als er nach oben kam, habe er die drei anderen Taschen gesehen, und das sei ihm verdächtig erschienen. Er sei zu Herrn Karl in die Wohnung gegangen und habe ihm dort bestellen lassen, entweder hole er morgen die vier Taschen wieder ab, oder er würde zur Polizei gehen. Der Herr Karl sei aber nicht gekommen.

Nun ist der Herr Karl des Diebstahls angeklagt. Er ist entrüstet. »Ich habe diese Taschen nicht gestohlen. Ich habe sie gefunden an einer Haltestelle der Straßenbahn, an der ich ganz zufällig vorbeikam.«

»Nein«, sagt er, als die Richterin ihn fragt, »ich habe nicht hineingeschaut, ob Geld oder Personalausweise in den Taschen waren. Das interessierte mich nicht. Ich liebe überhaupt keine Aktentaschen.«

»Und warum«, fragte die Richterin, »haben Sie Ihre Frau nicht mit der Reisetasche beglückt?«

»Was soll ich meine Frau beglücken? Ich wollte sie meinem ehemaligen Kollegen eben schenken. Er hat mir einmal einen Koffer geliehen, und ein Zollangestellter hat damals das Futter aufgeschnitten.«

Das mit dem geliehenen Koffer stimmt, nicht aber die Geschichte mit dem aufgeschnittenen Futter.

Merkwürdig, gerade eine Reisetasche, zwei Kollegtaschen und eine Aktenmappe wurden in der Großhandelsgesellschaft an demselben Tage vermißt auf dem Wege vom Keller zu den Lagerräumen. Die vier Taschen, die der Herr bei der Polizei abgab, stammen ohne Frage aus eben diesem Großhandelsunternehmen.

Jeder hier im Gericht weiß, Herr Karl hat in der Mittagspause den Keller aufgeschlossen und sich die Taschen genommen, aber er hat dann keinen Mut mehr gehabt, die Sachen mit nach Hause zu nehmen. Die Taschen stehlen, ja, aber was soll er mit den Taschen, wenn er sie mit nach Hause nimmt? Er liebt wirklich nicht Taschen und Täschchen, aber Flaschen und Fläschchen.

Den Diebstahl will er nicht zugeben, wohl eine Fundunterschlagung, obwohl das im ganzen gesehen das gleiche ist.

Die Staatsanwältin glaubt ihm nicht, niemand glaubt dem armen Karl. Sie beantragt wegen des Diebstahls sechs Wochen Gefängnis, aber bedingt, weil der relativ geringe Schaden auch schon wieder gutgemacht ist; weil Herr Karl fünfundsechzig Jahre alt ist und trotz seines Hanges zum Alkohol immer gearbeitet hat, deswegen nur ein Jahr Bewährung.

»Na ja«, so beginnt Herr Karl seine Verteidigungsrede, »das wird ja auch einmal verfallen. Im übrigen«, meint Herr Karl,

»will ich dem Gericht keine Vorschriften machen.« Am Nachmittag nimmt er das Urteil in Empfang, das dem Antrag der Staatsanwältin entsprach. Verurteilt wegen Diebstahls. Das kommt davon, wenn man etwas nimmt, das man nicht liebt, das einem nicht gehört, etwas Ungehöriges.

Nimm, nimm, so schrie es in ihm, getrieben von der Vorstellung, hast du was, dann bist du was. Aber die Angst, was wird Mutti dazu sagen. Armer Nußknacker ohne Zähne, verschmitzt, nein, verschnitzt, verholzt.

Bei diesem Verfahren konnte ich nur mit Mühe ein Lächeln, ja ein Lachen unterdrücken. Hier ließ es der Richter zu, daß nun ein dritter über die Frage vernommen wurde, ob die Ehe von Frau Isolde und Herrn Marke zerrüttet war. Als wäre er Tag und Nacht ein ständiger unsichtbarer Beobachter gewesen.

Tristan und Isolde 1965

Vergleiche hinken – meist auf beiden Beinen. Aber vergleichen heißt nicht gleich sein. In grauer Vorzeit war Tristan ein edler Ritter, mein Tristan aber ist nicht minder edel, jedoch Gerichtsvollzieher in einer kleinen sächsischen Stadt.

Der alte König Marke hatte meines Wissens kein uneheliches Kind und war auch nicht zweimal geschieden. Herr Marke dagegen konnte mit alledem aufwarten. Aber es geht in unserem Falle wie in der Geschichte von Tristan und Isolde um die eheliche Treue und die sündige, ehebrecherische Liebe der schönen Isolde zum jungen Tristan.

Die alte Geschichte endet mit wenig Streichern und viel Bläsern in Isoldes Liebestod, die moderne mit einem Scheidungsbegehren der zierlichen Isolde vor dem Kreisgericht irgendwo in Sachsen 1965. Schon der Ausklang zeigt den Unterschied, dort tragisch, musikdramatisch, hier prosaisch, etwas ironisch, dort Wagner pompös mit Hörnern und Trompeten und allem Blech, das ein Orchester aufwenden kann, hier nur der berüchtigte »Zeuge in dieser Sache«.

Herr Marke ist groß, eine Hornbrille und ein kleiner Schnurrbart zieren sein ausdrucksvolles Gesicht. Alles an ihm ist gerade, korrekt, sein Blick ist nach vorn gerichtet, seine Rede wohlgesetzt. Nichts ist unüberlegt. Isolde, das schöne, schlanke, stupsnäsige Kind von fünfundzwanzig Jahren, mit dem etwas männlichen Haarschnitt, verheiratet mit Herrn Marke seit sieben Jahren. Ein netter Junge, sechs Jahre alt, ist das Pfand ihrer Liebe, vergangenen, verflossenen Liebe.

Wie das Leben so spielt. Sie strebt von Herrn Marke weg. Die Ehe sei zerrüttet, sagt sie – und wir müssen ihr glauben –, seit sie erfahren, daß Herr Marke mit einer anderen Dame Umgang gehabt und während ihrer Ehe, die nun ein Kind von ihm habe. Das sagt sie, Isolde, und außerdem habe er sie über sein Einkommen getäuscht. Jetzt habe sie einen anderen Mann kennengelernt in einer Eisdiele, den Namen wolle sie nicht nennen.

Herr Marke gab einiges zu, auch den kleinen seitlichen Sprung im Meißner Porzellan der Ehe. Auch bekenne er sich zu dem hieraus entsprossenen Kindlein. Natürlich habe er Frau Isolde über sein Einkommen täuschen müssen, um für das unschuldige Baby zu sorgen.

Aber das sei alles ein paar Jahre her, Isolde sei ja wieder versöhnt gewesen, er habe Beweise ihrer Liebe empfangen, und die Affäre mit Tristan könne er und auch sein umfangreicher Freundeskreis nicht ernst nehmen.

Er sei auf jeden Fall bereit, alles zu vergeben und zu vergessen. Frau Isolde konnte die kleinen Beweise ihrer ehelichen Plicht- und Kürübungen nicht leugnen, aber sie habe sie doch nur widerwillig gewährt. Gezwungen sozusagen.

Ich mußte an einen alten Witz denken. Herr Meier sollte eine große Vertrauensstellung bekommen, und man gab ihm einen Fragebogen. Eidesstattlich sollte er versichern, wahrheitsgetreu alles zu beantworten. Auf dem Fragebogen stand auch die Frage: Trinken Sie? Herr Meier überlegt: schreibt er wahrheitsgetreu »ja«, bekommt er bestimmt die schöne Stellung nicht. Antwortet er mit »nein«, so sagt er die Unwahrheit und muß mit noch schlimmeren Folgen rechnen. Also schreibt er: »Ja, aber mit Ekel.«

Der Richter wollte nicht scheiden. Erst müsse er die Zerrüttung der Ehe augenscheinlich betrachten. An den Tristan aus der Eisdiele glaubt er nicht so recht. Sollte doch Isolde ihm Name und Adresse nennen, sonst würde seine Realität am hellen Gerichtstag einfach wegschmelzen. Das aber wollte Isolde nicht. Und nun beantragte Herr Marke, das Nichtzerüttetsein seiner Ehe durch einen Freund des Hauses als Zeuge eidesstattlich bestätigen zu lassen. Es wurde vertagt.

Aber er erschien zum zweiten Termin, Tristan, der einundzwanzigjährige Gerichtsvollzieher. Kritisch betrachtet, könnte er der Sohn des zweiundvierzigjährigen Herrn Marke sein, die gleiche Haarfarbe, eine ähnliche Statur, nur sein Gesicht ist faltenlos, etwas rundlicher, voller.

Isolde hatte nur ihren Typ verjüngt wiedergefunden. Sie seien sich einig. Isolde hatte bei dem zufälligen Treffen in der Eisdiele ihr kleines Herz über ihre schlechte Ehe ausgeschüttet, dann trafen sie sich häufig.

Erst nachdem Isolde beim Gericht die Klage einreichte, vollzog unser Tristan auch das, was nicht des Amtes eines Gerichtsvollziehers ist, sondern das, was ihm der sittenstrenge Richter in der kleinen sächsischen Stadt verübelte und was ihm einen dicken Tadel einbrachte. Es würde ihm noch manchen Ärger bei seiner Behörde verursachen, er hätte, so meint der Richter, in Keuschheit das Urteil des Gerichts abwarten müssen. Schade, daß der Richter diese Grundsätze dem echten Tristan und der echten Isolde in der Wagneroper nicht vorhalten konnte.

Auch über eine weitere Besonderheit dieses Verfahrens habe ich gestaunt. Der Zeuge des Herrn Marke, der beste Freund, der eng mit der Familie verbunden war, sagte über das Glück dieser Ehe aus. Er war mit Herrn Marke in der gleichen Partei, er saß mit ihm am gleichen Stammtisch und bestätigte, Herr Marke sei immer früher als die anderen aufgestanden, nur um zu seiner lieben, zierlichen Isolde zu eilen. Nie habe er etwas von einer Verstimmung, ja von einer Zerrüttung der Ehe gemerkt. Entschieden stellte es der Zeuge in Abrede, daß Herr Marke Vater eines unehelichen Kindes sei. Das sei gänzlich ausgeschlossen und sei sicherlich nur eine Verleumdung. Es herrsche Harmonie in der Ehe von Isolde und Marke.

Die Zeugenaussage war längst bedeutungslos geworden. Der edle Tristan war aus der Anonymität der Eisdiele an das helle Tageslicht getreten – bei der moralischen Einstellung des sächsischen Richters kann ich diese Zurückhaltung durchaus begreifen. Aber die Liebe war stärker, und da willigte schon vor der Verhandlung Herr Marke in die Scheidung ein. Die Wohnungsfrage und die Hausratsangelegenheiten konnten bereits vor der Verhandlung geklärt werden, wie es von vernünftigen und modernen Menschen nicht anders erwartet werden kann. Auch das Sorgerecht für den Jungen mußte seufzend Frau Isolde an Herrn Marke abtreten, das war der Preis für seinen Verzicht.

Kann überhaupt ein Freund des Hauses etwas über die wirklichen Beziehungen zweier Eheleute aussagen? Hier sind der Wahrheitsforschung, der Wahrheitsfindung Grenzen gesetzt. Nur ein Hausfreund könnte es.

Aber der Unterschied zwischen einem Freund des Hauses und einem Hausfreund ist eben ein gewaltiger.

Der Freund des Hauses kommt vormittags und geht abends. Der Hausfreund kommt abends und geht morgens, sagt man.

So kam ich nach Friedrichshagen, wo der Kreis der ehemals berühmten Dichter immer noch gefeiert wird, obwohl ihre Werke im Grunde der Archive ruhen, nur von einem wird ab und zu noch geredet, und es gibt Theateraufführungen von Gerhart Hauptmann, aber unter uns gesagt, er hat nie in Friedrichshagen gewohnt, sondern einige wenige Kilometer weiter ostwärts, in Erkner. Andere sind in Straßennamen auch jetzt noch geblieben. Und die Hauptstraße von Friedrichshagen, die ehemalige Friedrichstraße, bleibt ewig und immer Bölschestraße, nach Wilhelm Bölsche, der uns »Das Liebesleben in der Natur« nahebrachte.

Bevor Köpenick in »Großberlin« eingemeindet wurde, hatte Friedrichshagen als kleine selbständige Gemeinde ein Rathaus. Und dort, im ehemaligen Rathaus an der Bölschestraße, fand eine öffentliche Verhandlung statt, die kein Prozeß war. Damals, 1966, war das möglich, kleinere Straftaten konnten von der Staatsanwaltschaft an eine sogenannte Schiedskommission zur Verhandlung übertragen werden.

Die Anteilnahme der Friedrichshagener war so rege, man konnte meinen, ein Sensationsprozeß sollte verhandelt werden. Ich wollte erfahren, wie es bei einer solchen Schiedskommission zugeht. Ich fand gerade noch einen Platz im großen Saal des »Rathauses«, das damals ein Polizeirevier beherbergte. Es ging tatsächlich um Tod und Leben. Und so auch meine Überschrift:

Es leben die toten Hühner!

Die Kühe von Berlin-Friedrichshagen können jauchzen, die Hühner aber haben nichts zu lachen, wenn sie diesen Bericht lesen. Sie müssen trauern um vier Kolleginnen, die in einer Maiennacht einen kurzen, grausamen Tod fanden. Sie haben nicht einmal den Trost, daß ihre entseelten Kameradinnen als Suppenhuhn oder Hühnersuppe den Menschen zu Nahrung und Genuß gereichten.

Die Kühe von Friedrichshagen aber können lachen. Vorbei ist die Zeit, da sie um Liebesfreuden gebracht wurden, vorbei die unmenschliche oder, besser, die unrindviehische Methode, da ein medizinisches Gerät die Liebeskraft eines stämmigen Bullen ersetzte.

Der Gärtner Matthes hatte einen jungen Bullen »Jupiter« aufgezogen mit viel Liebe, viel Heu und viel Berechnung. Aber der Gärtner Matthes ist nicht Alleinbesitzer dieses Liebesgottes, dieses Symbols der Zeugungskraft. Zur Hälfte beteiligt an ihm ist Maurer Atze, ein etwa fünfzigjähriger Invalide, der bei ihm einen halben Tag in Arbeit und Lohn stand und alles machte, was bei einem fleißigen Gärtner so zu tun ist. Misten und veredeln, Hühner füttern, graben, jäten, säen, pikieren und manches andere, von allem versteht Maurer Atze etwas. Und vom Biertrinken mehr als genug.

So ist Maurer Atze nicht nur Lohnarbeiter, er ist auch Teilhaber in Matthes' Geschäft. Außerdem aber ist er Kunde in Matthes' völlig unkonzessioniertem Flaschenbierausschank. Ohne Verdienst, ganz auf Vertrauensbasis, wie Matthes betont. Die Beziehungen von Maurer Atze zu Gärtner Matthes sind also vielfältig verschlungen, für den Statistiker und Soziologen ein schier unentwirrbares Knäuel. Daß diese dreifach widerspruchsvollen ökonomischen Beziehungen eine Menge von Konfliktstoff in sich bargen, wird jeder verstehen.

Mit Maurer Atze ist Paule befreundet; Paule, treu und redlich einem land- und forstwirtschaftlichem Betrieb als Kraftfahrer verbunden; den ein Scheidungsverfahren von Frau und Kindern getrennt hat, der nun allein herumsteht in dieser Welt, mit sich und mit seiner Zeit nichts Rechtes anzufangen weiß. Der immer wieder trinken geht mit Maurer Atze, der wiederum dem häuslichen Glück, der Lebensgefährtin und der Familie entkommen will.

Als nun der Jungbulle Jupiter – wie soll man es verständlich und doch dezent ausdrücken – die Kälberhufe ausgetreten hatte und in sein stiermäßiges Alter eingetreten war, also just zu der Zeit, da er den Kühen Lust und Mutterfreuden und den Besitzern Gewinn versprach, da erklärte Gärtner Matthes seinem Teilhaber, Arbeiter und Kunden Atze: »Du bist nur noch zu einem Viertel an Jupiter beteiligt.« Jetzt fiel dem guten Atze auf, daß er eigentlich auch als Arbeiter zu wenig verdiene, und er sagte zu seinem Freund Paule: »Dem werden wir eins auswischen.«

Statt aber zur Schiedskommission wegen des Bullenviertels oder zur Gewerkschaft wegen des Lohns zu gehen, griff Atze zu eigenmächtigen, terroristischen Methoden. Er trank eine Woche später von dem illegalen Flaschenbierausschank seines Gegners Matthes zusammen mit seinem Freund Paule, dann gingen beide in eine konzessionierte Bierhalle. Dort in Friedrichshagen gibt es einen Wirt, der auch an schon betrunkene Zecher weiter ausschenkt, und den kannte natürlich unser Maurer Atze. Danach aber stiegen der schwer schwankende Maurer Atze und der fast genauso schwankende junge Paule in den Hühnerstall des Gärtners Matthes ein. Und durch Hühnerdunst und Alkohol beseelt, so sagte Atze es, griffen die beiden nach vier Hühnern und erwürgten sie mit der Hand, und steckten sie in einen Sack, den sie zu diesem Zweck schon mitgebracht hatten.

Der Funkwagen, der um die Sicherheit von Mensch und Tier in Berlin-Friedrichshagen zu wachen hat, griff die beiden auf, und die entseelten Hühner im Sack, Rassehühner höchster Qualität, brachten stumm ihre Beschuldigungen gegen ihre Mörder vor.

Dieser Fall wurde von der Staatsanwaltschaft an die Schiedskommission abgegeben, und dort wurde er erörtert. Und über vieles andere wurde auch gesprochen, über den unkonzessionierten Bierausschank, über die guten und schlechten Gastwirte und über die Schädlichkeit des Alkohols im allgemeinen. Vor allem aber wurde gesprochen über die beiden Übeltäter. Maurer Atze hat danach richtige Arbeit angenommen, er trinkt nicht mehr. Selbst den Einstand, den er nach alter, schlechter Sitte zu geben hatte, hat er nicht mitgetrunken.

Über Paule ist man sowieso voll des Lobes. Sein Betrieb will alles tun, um ihn zu fördern: »Nur eine Frau können wir ihm nicht beschaffen«, sagte fast bedauernd der Leiter des Betriebes. Vom Tierschutz wurde gesprochen und unfreiwillig komisch beklagt, daß die vier Hühner zu Tode gebracht wurden, was nicht den Lebensgewohnheiten entspreche.

Die Hühner müssen die beiden ersetzen. Ihr Wert wurde von einem sachverständigen Kleingärtner auf neunzig Mark geschätzt. Atze muß sechzig, Paule dreißig Mark bezahlen, und damit sind sie einverstanden. Auch die Rüge, die ihnen erteilt wurde, haben sie anerkannt. Nur einer der sechs von der Schiedskommission war dafür, die Rüge für Atze öffentlich auszuhängen, aber er wurde überstimmt.

So wurde alles für alle zur Zufriedenheit geregelt. Der Vorsitzende verabschiedete sich nach zweistündiger Beratung mit Handschlag von den beiden. Das Gericht braucht nicht bemüht zu werden, die Strafregister bleiben unbefleckt. Und die Beteiligten hatten die Gelegenheit, noch nach der Verhandlung die Fußballweltmeisterschaft im Fernsehen zu beobachten.

Der Tod der vier Hühner war nicht sinnlos. Sie gehen ein in die Literatur, ihre Geschichte wird durch die Presse verbreitet und durch den Rundfunk in den Äther geblasen. Dort werden sie im Reigen seliger Geister Zeugnis ablegen, wie schädlich der Alkoholmißbrauch, wie verderblich der Bierausschank aus illegalen Quellen ist, wie schlimm die Tierquälerei und wie dumm es ist, wenn man Konflikte nicht vernünftig regelt, sondern sich eigenmächtig rächt. Und sie werden Zeugnis geben, wie durch eine Beratung vor einer Schiedskommission die Menschen sich mehr und mehr um die Menschen kümmern. Es leben also die toten Hühner!

Über das Schwarz-Weiß-Malen

Es war während des zweiten Auschwitzprozesses, 1966, in Frankfurt am Main. Die geladenen Zeugen waren nicht erschienen, und der Vorsitzende des Schwurgerichts vertagte um 12 Uhr mittags die Verhandlung.

Auf dem Gang vor dem alten Schwurgericht fragte ich Mitarbeiter von den Frankfurter Zeitungen, Gerichtsberichterstatter wie ich, ob nicht in einem anderen Saal des riesigen Gebäudekomplexes, der hier das Amtsgericht, das Landgericht

147

und das Oberlandesgericht Frankfurt am Main beherbergt, ob nicht in einem anderen Saal ein anderer Prozeß verhandelt würde, der des Schreibens wert sei.

Ich muß sagen, die Frankfurter Journalisten berieten mich gut. Sie geleiteten mich in den Saal des Schöffengerichts des Amtsgerichts Frankfurt, genau gegenüber vom alten Schwurgerichtssaal. Dort verhandelte ein sehr beliebter Richter, Herr Amtsgerichtsdirektor Willer, gegen einen Schwindler, der einer Bardame mit einem Heiratskontrakt einige tausend Mark abgenommen hatte. Der hatte vorgegeben, er sei der Privatpilot des Multimillionärs Quandt. Zu seinem Glück war er es nicht, denn Herr Quandt ist mit seinem Piloten und seinem Privatdüsenflugzeug inzwischen tödlich verunglückt.

Bei unserem Eintritt machte ich vor dem Hohen Gericht, wie es in westdeutschen Landen üblich ist, eine korrekte Verbeugung – ich bin gut erzogen und mache gelegentlich auch Gebrauch davon –, und mein Gruß wurde von dem Vorsitzenden, einem freundlichen Herrn im schneeweißen Haar, auch erwidert.

Nach kurzem unterbrach der Herr Amtsgerichtsdirektor die Verhandlung. An die Mittagspause hält sich jedes ordentliche Gericht genau so streng wie an die Strafprozeßordnung. Der Vorsitzende kam auf mich zu.

»Ein neues Gesicht, wie erfreulich.«

Ich stellte mich vor, sagte, so erfreulich sei der Anlaß nicht, ich käme aus der DDR zu den Auschwitzprozessen.

Das Gesicht des freundlichen alten Herrn nahm einen besorgten Ausdruck an. Ja, Auschwitz, das sei wirklich nicht besonders schön, meinte er, und dann fuhr er fort: »Wir hier in Frankfurt sind ja schon immer dagegen gewesen. Das ganze Elend, das hat ja mit den Preußen unter Bismarck angefangen. Als die Preußen 1866 in die Freie Reichsstadt Frankfurt einzogen und sie besetzten, da hatten sie die Behörden gezwungen, die Fensterläden schwarz-weiß zu streichen.« Daraufhin habe sich der Bürgermeister wegen der Schmach das Leben genommen. Aber nun müsse er sich entschuldigen, »Sie verstehen, die Mittagspause.« Nachmittags werde man sich ja wieder in der Verhandlung sehen.

Ich war um ein Detail deutscher Geschichte bereichert worden. Am Nachmittag wurde also weiterverhandelt, und ich bin selten mit einem solchen Genuß einer Verhandlung gefolgt. Der alte Herr war freundlich zu dem Angeklagten, er ließ ihn ausreden. Über Dinge, die man ihm nicht beweisen konnte, ging der Richter mit Eleganz und Routine hinweg. Dabei kommentierte er den ganzen Prozeß, und er blinzelte immer zu mir herüber. Also während der Verhandlung erläuterte er mir den Stand des Verfahrens, bedenkend, daß ich nicht von Anfang an teilgenommen hatte. Trotz seiner so konzilianten Verhandlungsführung machte er mit seinen beiden ständig schweigenden Schöffen das Urteil sehr schnell. Verhältnismäßig hart und juristisch einwandfrei begründet.

Ich war von dieser souveränen, freundlichen, aber festen Haltung beeindruckt. Nach der Verhandlung sagte ich ihm: »Herr Direktor, ich bin von Ihrer Verhandlungsführung sehr angetan.«

»Aber bitte«, sagte er zu mir, »bitte, Herr Hirsch, jetzt ist die Verhandlung zu Ende, jetzt bin ich für Sie nicht der Herr Direktor, sondern ganz gewöhnlich Herr Willer.«

»Darf ich Ihnen morgen früh ein Buch von mir überreichen?« fragte ich ihn höflich.

»Aber selbstverständlich. Kommen Sie nur in mein Amtszimmer.«

Am nächsten Morgen betrat ich sein Dienstzimmer, Herr Amtsgerichtsdirektor Willer schickte sofort den Herrn, mit dem er konferiert hatte, hinaus, und ich überreichte ihm mein Buch »Zeuge in Ost und West«, das im wesentlichen meine Berichterstattung über den ersten Auschwitzprozeß enthält. Er blätterte darin, er las darin. »Ja«, sagte er dann zu mir, »solche Leute wie Sie brauchen wir in Deutschland. Würden Sie mir bitte eine Widmung geben?« Das tat ich auch. Und dann begann Herr Amtsgerichtsdirektor Willer ein Gespräch: »Ich habe ja eigentlich gar nichts gegen Kommunisten«, sagte er. »Ich kenne in Offenbach zwei Herren, die waren schon vor 1933 Kommunisten, sie waren es während der Nazizeit, und sie sind es heute noch. Ich persönlich habe gegen die Herren gar nichts einzuwenden. Aber eines, Herr Hirsch, das ärgert mich.«

»Verzeihung, über mich?«

»Aber nicht doch, lieber Herr Hirsch, Sie haben nichts damit zu tun. Nur, sie haben da im Osten bei Ihnen ein Buch herausgegeben, auf der Liste dort stehe ich auch. Das ist doch sehr peinlich. Sie tun mir Unrecht. Sehen Sie, Herr Hirsch, ich war ja einige Wochen in Frankfurt am Main während der

Nazizeit beim Sondergericht. Aber das hat mir gar nicht gefallen. Es waren nur ganz wenige Wochen. Ich habe mich dann zur Front gemeldet, ich wurde ganz einfacher Soldat.«

Zurückgekehrt nach Berlin, nahm ich Einblick in die Akten des Sondergerichts Frankfurt am Main, die hier in den Archiven lagern. An zwei solcher Verfahren hatte Amtsgerichtsdirektor Willer teilgenommen. In einem Verfahren hatte er mitgewirkt, das einen jungen Polen wegen eines Bagatelldiebstahls zu verschärftem Straflager verurteilt hatte. Das heißt auf deutsch: Zum Tode.

Es waren eben nur ganz wenige Wochen.

Soviel über das Schwarz-Weiß-Malen.

Die Geschichte vom Schwindler und der Bardame in Frankfurt am Main nannte ich:

Das intelligente Mäuschen

Er gab sich nicht für einen Hohenzollernsproß aus, obwohl es ihm, dem Peter, jeder geglaubt hätte; hochaufgeschossen, eine gerade, aufstrebende Nase, blond gescheitelt, mehr scheinend als seiend, sportlich versiert, ein ehemaliger Stabhochspringer.

Aber Pilot einer Düsenverkehrsmaschine, da schlagen die Herzen höher, da ist das Abenteuer, da ist der Traumberuf, da wird Geld verdient. Außerdem ist es praktisch, da hat man viele Möglichkeiten abwesend zu sein, da kann man, wiederkehrend fabulieren, von Honkong und von Los Angeles, der Stadt der Engelchen, von Buenes Aires, der Stadt der guten Lüfte, und vom Kap der Guten Hoffnung. Hohenzollernsproß dagegen ist unmodern geworden in Frankfurt am Main, der Stadt mit dem großen Rhein-Main-Flughafen, mit den Wolkenkrazern, mit den Banken aus aller Herren Länder, der amerikanischsten Stadt Westdeutschlands.

Es war kein älteres Fräulein, kein Dummchen aus dem Hinterwäldischen, es war ein Mädchen, gewaschen mit allen Kosmetikwassern von Elizabeth Arden und Helena Rubinstein. Das Fräulein, sehr zierlich, sehr klein, die tiefschwarz gefärbten Haare madonnenhaft gescheitelt, gehüllt in einen teuren, schwarzen Persianermantel mit Persianermütze, ein intelligentes Mäuschen, Geraldine, Bardame aus der Frankfurter Kaiserstraße, eine Kennerin der Männerherzen und der Männerbegierden, fiel auf den »Schallmauerbrecher« herein.

»Er war so anders als die üblichen Barbesucher«, sagte sie mir in einer Pause, »er benahm sich ganz normal, sprach vernünftig, machte nicht die üblichen Zoten. Sein Vater, so sagte er, sei Industrieller aus der chemischen Industrie, dem aufblühenden Zweig der Haushaltreinigungsmittel.«

Von Amerika erzählte er und von den Amerikanern. Er hatte tatsächlich einige Zeit dort gelebt und ihre Sprache, ihre Sitten und Gebräuche, ihre Liebe zu den breiten Autos, zu den Dollars und zum Aufschneiden übernommen. Ein kleines Haus am Michigansee sei ihm aus einer Erbschaft geblieben und noch bare dreihunderttausend Mark.

Geraldine, die kleine, intelligente, schwarzhaarige Maus aus der Kaiserstraßenbar, verlobte sich mit dem Lufthanseaten Peter. Und schon an ihrem nächsten freien Tag saß sie zu Hause mit ihm vor dem Bildschirm. Und als des Vaters Haushaltsreinigungsmittel im Werbefernsehen angepriesen wurde, erregte sich Peter über diese alberne und vulgäre Reklame. »Ich habe meinem Vater gesagt, er sollte nicht diese amerikanischen Public-relations-Methoden übernehmen, aber der Alte hört ja nicht auf mich.«

Peter und Geraldine tauschten Küsse, Ringe und noch manches andere mehr. Natürlich mußte sie den etwas bedenklichen Beruf als Bardame aufgeben. »Das hast du nicht nötig«, meinte Wolkenpeter, »wie soll ich dich dann auch meinen Eltern vorstellen.« Natürlich konnte nicht sofort geheiratet werden, die Scheidungspapiere lagen im kleinen Haus am Michigansee, und die Kohlen waren auch noch nicht ganz flüßig. Und so schlossen sie, wie vormals der Herzog von Burgund für seine Nichte und der König von Spanien für seinen Sohn, sie, die Bardame Geraldine und er, der Überschallpilot Peter, einen Ehevertrag vor dem Notar.

Die Kosten von tausenddreihundert Mark legte Geraldine erst einmal aus. Peter verpflichtete sich in dem Vertrag, sie sofort nach der Erledigung der Formalitäten zu ehelichen, ihr dann als Ehefrau ein Nadelgeld von monatlich zweitausend Mark zu gewähren und ihrer armen, alten Mutter noch eine Sonderrente von dreihundert Mark, die Erbschaft stände in jedem Fall Geraldine zu.

Diesen so vorteilhaften Ehevertrag bevorschußte die fleißige Geraldine mit sechstausend Mark, so nach und nach, Gelder, die sie in fleißiger Kleinarbeit aus den Taschen der Herren an der Theke gezogen hatte.

Wer will Geraldine schelten? Wer ist mißtrauischer als ein Kassierer der altrennomierten Frankfurter Bank? In dem neuen Hotel Intercontinental hat dieses Institut eine Zweigstelle, in dem Hotel, in dem ein Zimmer für eine Nacht teurer ist als hierzulande eine Vier-Zimmer-Wohnung im ganzen Monat. An dieser Zweigstelle der Frankfurter Bank stellte sich der Herr Peter als der Privatdüsenpilot des Herrn Quandt aus Homburg vor der Höhe vor. Der Kassierer nahm Haltung an; denn Herr Quandt, vielfacher Millionär, außerdem der erste Mann der zweiten Frau Goebbels, ist also in diesen Kreisen wohlgelitten und angesehen. Peter legte einen Scheck über dreitausend Dollar vor, ungedeckt und bezogen auf eine amerikanische Bank an der Westküste. Als Beweis für seine hohe Moral und Gewissenhaftigkeit zeigte Peter dem Kassierer auch noch den notariell beglaubigten Ehevertrag, nicht erwähnend, daß die Notariatsgebühren von dem Geld bezahlt wurde, das die Herren an der Bar Geraldine in den Busenschlitz gesteckt hatten.

Der Kassierer zahlte dem auf dem Trockenen sitzenden privaten Düsenflugzeugkapitän erst einmal hundertvierundzwanzig Dollar Vorschuß auf den eingereichten Scheck aus. Und Peter nahm auch noch einigen amerikanischen Soldaten und einem britischen Captain bares Geld ab. Ihnen hatte er die herrlichsten Autos zu herabgesetzten Preisen versprochen, Sportwagen, Straßenkreuzer, importiert aus Holland. Die Autos haben diese Herren ebensowenig gesehen wie die jetzt bargeldlose Geraldine den Traualtar.

Peter aber landete vor dem Frankfurter Erweiterten Schöffengericht und wurde dort für ein Jahr aus dem öffentlichen Verkehr gezogen, seines nicht eingehaltenen Eheversprechens, der nicht gelieferten Sportwagen und des ungedeckten Schecks wegen.

Geraldine aber sitzt wieder in Old Daddys Saloon oder in der neuen Macky-Messer-Bar nach dem Motto: Erst kommt das Saufen, dann kommt die Moral, eifrig bemüht, ihren schweren Verlust durch ein leichtes Leben wieder auszugleichen.

Nur die Frankfurter Bank hat es einfach. Sie kann ihren

Verlust durch eine Schadenersatzforderung gegen ihren Kassierer geltend machen, der sich bluffen ließ und auf einen fremden Scheck unberechtigt Geld auszahlte. Der Rückgang der Aktien dieses Geldinstitutes an der Frankfurter Börse an diesem Tage steht also in keinem Zusammenhang mit dieser betrüblichen Geschichte.

Warum schoß Paul Wacker

1966. Fetischismus, das ist die Verehrung roher, für beseelt gehaltener Gegenstände, so steht es im alten Meyers Konversationslexikon. Und dann heißt es weiter: »Die Fetische werden von Fetischmännern, das heißt Schamanen, gemacht, und die Hauptkunst besteht also in der Hineinlockung eines Schutzgeistes. Findet der Inhaber, daß der Fetisch nicht den von ihm gehegten Erwartungen entspricht, so gibt er ihn zugunsten eines stärkeren Fetischs auf.«

Die modernen Schamanen der Industrie kennen sehr wohl die Sehnsucht des kleinen, gernegroßen Mannes nach dem Besitz eines eigenen beseelten Schutzgeistes, eines Geistes, der stark ist, beweglich, willig. Sie erfanden nicht nur das Automobil, das sich durch natürliche Ursachen rasend schnell fortbewegen kann, sie entdeckten auch noch die segensreiche Wirkung des Fetischs, der Marke, die den Besitzer mit Stolz und Freude erfüllt, Mitglied einer großen Gemeinde zu sein, Teilhaber einer übersinnlichen Seele, Mitglied einer Markenfamilie, behütet von einem silbernen Stern, der weithin über die Lande leuchtet, der den Besitzer über alle Nichtbesitzer hinaushebt. Das, was der gute alte Meyer die Hauptkunst des Schamanen nennt, die Hineinlockung des Schutzgeistes, ist bei den Industrieschamanen des Kapitalismus die Reklame.

Der Fetisch, dem Paul Wacker sein Leben und Streben geweiht hat, das ist der Mercedes-Stern. Mit Leib und Seele ist er ihm ergeben, bis in den Tod. Paul Wacker besitzt in Frankfurt am Main eine kleine Reparaturwerkstatt für Autos. Sein Traumziel ist es, einmal von den gewaltigen Industrieschamanen in Untertürkheim mit einer Vertragswerkstatt betraut zu werden. Aber dafür fehlen ihm bisher die Mittel. Doch für sich privat besitzt er seinen Fetisch, einen häufig benutzten, einen alten Mercedes 180 A, den er mit zärtlicher Liebe pflegt. Es ist erwiesen, daß nicht wenige Menschen in der Bundesrepublik ihre Benzinfetische öfter baden und waschen als ihre kleinen Kinder.

Es war am 25. Juli 1963. Paul Wacker mußte aus technischen Gründen seine Werkstatt schließen, er war mit seiner Freundin zum Baden gefahren, er hatte auf der Mainzer Landstraße auf dem Hinweg an einem Kiosk Bier gekauft. Gebadet und leicht vom Geiste des Bieres beseelt, wollte er die leeren Flaschen zurückgeben, und er parkte sein Auto vor dem Kiosk. Dort stand Josef Beinert, der einem anderen Fetisch verschworen war, als Pächter einer Tankstelle seelisch und materiell dem Hause Opel verbunden. Paul und Josef, beide Kleinstgewerbetreibende, hatten sich nie gesehen, hatten sich nie gekannt, aber sie mußten sich hassen, bekämpfen. Diener ihrer Fetische.

Josef Beinert war ein lustiger Mann, groß und stark, ziemlich sehr betrunken und seinem Fetisch besonders nah verbunden. Er häufte bitteren Spott auf den ankommenden Mercedesfahrer Paul: »Alter Angeber, die Typen, die mit Mercedes vorfahren, liegen mir sowieso im Magen«, begann Josef das Gespräch. Jetzt nahm das Gespräch eine Wendung, die soziologisch hochinteressant ist. Paul verbat sich das vertrauliche Du, er sei ein selbständiger Geschäftsmann.

»Angeber, so intelligent siehst du gar nicht aus. Hau nicht so auf den Putz. Du bist gar nicht in der Lage, ein Geschäft zu führen.«

Dann soll Paul Wacker gesagt haben, so ungefähr: »Jeder Popel fährt heute Opel.«

Und Josef Beinert: »Gebt dem Kerl doch fünf Flaschen Bier aus Mitleid.«

Damit war das Stichwort, ja das Schlagwort gegeben. Es begann eine Prügelei, die der sehr starke, sehr kräftige Kioskbesitzer schlichten konnte. Er wollte sie auch geistig beruhigen und sagte: »Der beste Wagen ist doch der Borgward.« Er hatte sich nicht überlegt, daß Borgward pleite ist, der Fetisch Borgward hatte jede Kraft verloren. So hörte Josef nicht auf, Paul wegen des alten Mercedes zu ärgern.

Aber Mercedes ist mehr als ein Auto, es ist eine Weltanschauung. Paul zog sich zu seiner beleidigten Gottheit zurück. Und da sagte die Freundin Pauls: »Paß auf, der hat ein Messer in der Hand.«

Jetzt griff Paul zu dem Revolver, den er unter der Fußmatte liegen hatte. Die Waffe hatte er von einem Besatzungssoldaten bekommen, für den er einen Wagen repariert hatte; der konnte nicht bar bezahlen, er bezahlte mit Pistolen, nicht mit alten französischen Goldmünzen, sondern eben mit diesem Revolver. Paul schlug erst mit dem Revolver, Josef schlug zurück. Und dann rief Paul bei einer Verfolgungsjagd um den umstrittenen Mercedes: »Nimm dich in acht, ich schieß dich tot.«

Josef, überzeugt von der Stärke und Schlagkraft des Gottes Opel im nahen Rüsselsheim, sagte: »Du traust dich nicht.«

Aber Paul Wacker schoß. Er traf den anderen in den Bauch. Nach einer halben Stunde war Josef Beinert tot.

Angeklagt vor dem Schwurgericht stand Paul Wacker wegen Totschlags. Und einmal in diesem Verfahren weinte er. Als sein Rechtsanwalt schilderte, daß sein Mandant sich schon immer verfolgt fühlte, weil er das uneheliche Kind eines französischen Besatzungsoffiziers war, als die Franzosen nach dem ersten Weltkrieg das linke Rheinufer besetzt hatten. Paul Wakker weint nicht um den Toten, nicht um die Witwe, von der gesagt wird, daß sie von Herrn von Opel aus Reklamegründen unterstützt werde. Herr von Opel ist zwar nicht mehr Besitzer, aber für Frankfurt am Main immer noch Generalvertreter des amerikanischen Konzerns Adam Opel AG. in Rüsselsheim.

»Der Schuß war notwendig«, sagte der Rechtsanwalt, »das Erschießen rechtmäßig. Ich fordere Freispruch für den Totschlag und nur eine geringe Bestrafung für illegalen Waffenbesitz.«

Ganz schloß sich das Schwurgericht diesem Verlangen nicht an. Es verurteilte Paul Wacker, der mit der Waffe in der Hand die Ehre des Fetischs Mercedes verteidigt hatte, zu zwei Jahren und sieben Monaten Gefängnis. Dieser Fetisch, diese Reklamemarke hat nichts mit dem wirklichen Wert der Ware zu tun, aber dieser Geist hat auch seinen Preis. Die Kapitalisten nennen die Suggestivkraft einer Marke den Goodwill, das ist guter Wille. Aus gutem Willen also brachte Paul Wacker einen Menschen um.

Kiste 13

Wenn das jeder machen würde

1967. Das Kreisgericht Jena-Stadt liegt genau gegenüber dem neuen Zeiss-Hochhaus, dort, wo Meß- und Prüfgeräte entwikkelt werden und Elektronenmikroskope, die auch die kleinste Regung des Lebens sichtbar machen können. Wieviel Exaktheit, wieviel Können, wieviel Fleiß gehören dazu, diese Geräte immer noch mehr zu verfeinern und zu vervollkommnen. Das können die Arbeiter in Jena, das haben sie gelernt, das ist ihnen überkommen seit Generationen.

Das Handeln, die Fehlhandlungen von Menschen zu beurteilen, ihre Ursachen bloßzulegen und sichtbar zu machen, ist Aufgabe der Juristen im Haus gegenüber. Wird hier mit der gleichen Präzision, mit dem gleichen wissenschaftlichen Ernst und mit dem gleichen Erfolg gearbeitet wie im Zeiss-Hochhaus? Und hier geht es nicht einmal um die Entwicklung neuer Methoden, hier brauchte man nur die bewährten, vorgeschriebenen richtig anzuwenden.

Frau Traude, einundvierzig Jahre alt, Tochter sehr angesehener, tapferer Eltern und Mutter eines sehr tüchtigen, fähigen und wohlbeleumdeten jungen Mannes, steht heute zum dritten Mal wegen Betrugs vor Gericht, Rückfallbetrug also. Für den Staatsanwalt vielleicht ein Beispiel, wie man jetzt in dem Kreisgericht Jena-Stadt mit unbelehrbaren Rückfalltätern fertig wird, es war ja vor kurzem eine Tagung des Obersten Gerichts. Dort wurden Empfehlungen ausgearbeitet. Hier also eine abgefeimte Betrügerin, so glaubt der Staatsanwalt, die mit der Schärfe des Gesetzes zu bestrafen ist, vor der man die Gesellschaft schützen muß.

Frau Traudes Charakter ist nicht lupenrein. Und wenn ich hier mit dem Staatsanwalt nicht in allem einig bin, dann nicht deshalb, weil ich Frau Traude für fehlerfrei halte; ich bedaure nur, daß der Staatsanwalt und leider auch in einigen Gesichtspunkten das Gericht sich nicht der Lupen bedient haben, die dem Gericht zur Verfügung stehen, um die schwarzen Stellen im Charakter von Frau Traude zu erforschen, zu ergründen und ihr einen Weg in die Zukunft zu weisen. Das allerdings macht Mühe und kostet Zeit, aber es ist, so glaube ich, sinnvoller, als Exempel zu statuieren, die gerade scheinbar auf ein aktuelles Plenum des Obersten Gerichts passen.

Den beiden Vorstrafen liegen ähnliche Verfehlungen zugrunde wie die Dinge, die der Staatsanwalt heute Frau Traude zur Last legt, 1961 und 1963. Und 1963 gab es eine Gefängnisstrafe von acht Monaten, unbedingt zu verbüßen.

Sie hatte einmal Friseuse gelernt, durfte aber aus Gesundheitsgründen diesen Beruf nicht weiter ausüben. Sie ist gewandt, geschickt und findet schnell Kontakt zu den Menschen. Nach ihrer Haftentlassung im Jahre 1964 hat sie sich als Telefonistin in einem Krankenhaus tadellos und zur Zufriedenheit aller bewährt. In diesen zwei Jahren hat sie keine der Verfehlungen begangen, die ihr heute zur Last gelegt werden. Aber sie sagt, damals hat sie zu wenig verdient. Sie kündigt und geht in die städtische Landschaftsgestaltung. Hier hat sie mit Bestattungen zu tun, und das gefällt ihr nicht, und auch hier beginnt sie mit ihrem alten Laster, sie pumpt sich Geld bei Kollegen. Immer sind es kleine und kleinste Beträge. Aber noch ist das, so scheint es mir, unerheblich.

Sie meldet sich bei der Deutschen Reichsbahn. Sie wird dort gebraucht. Sie gibt ihre Vorstrafen an und wird auch eingestellt. Frau Traude besteht eine Prüfung als Blockwärterin, aber danach wird ihr gesagt, sie kann als Blockwärterin nicht arbeiten, sie soll als Reinigungskraft beginnen. Das ist eine Kündigung, die an gewisse Voraussetzungen gebunden ist, die hier nicht erfüllt waren. Das weiß sie nicht, und sie macht einen Aufhebungsvertrag. Warum die Reichsbahn ihrer Verpflichtung nicht nachgekommen ist, wurde vor Gericht leider nicht geklärt. Frau Traude verlangte, den Kaderleiter der Reichsbahn zu hören, aber der Richter ging auf diesen Antrag nicht ein.

Aus einer schriftlichen Beurteilung erfährt man, daß Frau Traude in dieser Zeit ihren Ausweis und ihre Dienstfahrkarte versetzt hat, um zu Geld zu kommen. Ob dies ein Grund für eine Kündigung oder eine fristlose Entlassung ist oder nur disziplinarisch bestraft werden muß, darüber hätte ich gern den Kaderleiter gehört. Ob die plötzlich vorgeschlagene Beschäftigung als Reinigungskraft ohne Kündigung der alten Beschäftigung nach dem Gesetzbuch der Arbeit möglich war, das allerdings bezweifle ich.

Frau Traude hat sich danach noch bei einem Taxiunternehmen um eine Stellung als Disponentin beworben. Man machte ihr Hoffnung, so sagt sie, aber nach einer telefonischen Anfrage bei der Reichsbahn wird ihr auch hier eine Stellung als Scheuerfrau angeboten. Jetzt ist sie einige Zeit ohne Arbeit. Und nun beginnt die Kette der Dinge, die der Staatsanwalt ihr vorwirft. Sie pumpt Leute an, Bekannte und ihr völlig Fremde. Sie erzählt, sie sei in einer Notlage, sie müsse dies oder jenes kaufen. Sie verspricht Rückzahlung, oft für den nächsten Tag. Manchmal, aber nicht immer, weiß sie, daß sie es zu dem versprochenen Termin nicht zurückzahlen kann. Es sind Beträge von fünf, sechs Mark, höchstens zwanzig Mark, einmal sogar drei Mark und zwanzig Pfennige. Einige Enttäuschte zeigen sie bei der Volkspolizei an. Und da sie dort bekannt ist, gibt die Volkspolizei ein Inserat in der Tagespresse auf: Geschädigte mögen sich melden. Und es melden sich viele, einige sogar noch, die sich aus dem Jahr 1963 geschädigt fühlen.

Für einen Juristen wird es immer eine dankbare und schwere Aufgabe sein, an jedem Fall darzulegen, war das hier wirklich Betrug. Hatte Frau Traude die Absicht, sich rechtswidrig in jedem Falle einen Vermögensvorteil zu verschaffen? Es müßte in jedem Falle dargelegt werden, welchen Irrtum sie bei dem Angepumpten erregt hat, welche falschen Tatsachen sie vorspiegelte. Und war diese falsche Tatsache der Grund, daß der Geschädigte Geld hergab? Pump allein ist nicht strafbar, auch das Nichtbezahlen von Schulden; denn unsere Strafanstalten sind keine Schuldtürme, und das sollen sie auch nicht sein.

In einigen der hier angeklagten Fälle war Vorspiegelung von Irrtum und Irrtumserregung nicht vorhanden; bestimmt nicht bei dem Kollegen der Reichsbahn, der ihr vor der ersten Lohnzahlung dreimal fünfzig Mark lieh, der auch sonst noch durchaus zärtliche Gefühle für Frau Traude hatte. Und Betrug war es bestimmt nicht in dem einen Fall, in dem ihr eine Frau zweimal zwanzig Mark für eine Reise nach Weimar und für den Ankauf eines Vorhängeschlosses gab, denn die Rückzahlung wollte Frau Traude nach Wiederaufnahme der Arbeit leisten. Aber nehmen wir an, alle anderen Fälle seien wirklich Betrug gewesen, dann ist der Gesamtschaden, den die Rückfallbetrügerin angerichtet hat, hundertsechzig Mark.

Die Ursache aber erkannte ein Kioskbesitzer, der ihr auch einmal Geld geliehen hatte, der sie persönlich kannte, der sich noch nicht geschädigt fühlte. Er sagte: Frau Traude ist eine Quartalssäuferin. Und sie trinkt eben nur, wenn sie enttäuscht ist. Als die Stellung bei der Landschaftsgestaltung ihren Wünschen nicht entsprach, und als es bei der Reichsbahn nicht klappte.

Stimmt das aber, dann ist der Antrag des Staatsanwalts, zwei Jahre und zwei Wochen Zuchthaus, auch wenn der Schaden, wie der Staatsanwalt annimmt, im Jahre 1967 sogar dreihundertfünfzig Mark war, dann ist dieser Antrag zu hoch.

Das Gericht erkannte die etwas schematische Ermittlungstätigkeit der Volkspolizei und den nicht sehr durchdachten Antrag des Staatsanwalts, aber es ging leider nicht analytisch vor, es stellte nur fest, daß in einigen Fällen die Betrugsabsicht, die Irrtumserregung, nicht nachzuweisen sei, und verurteilte Frau Traude zu einer Zuchthausstrafe von einem Jahr, zehn Monaten und drei Wochen und zweihundert Mark Geldstrafe.

»Wenn sich jeder Geld borgen würde, wie Sie es taten?« fragte der Staatsanwalt die Angeklagte einmal. Frau Traude wußte keine Antwort auf diese in Strafprozessen so beliebte Frage. Ich hätte eine Antwort gewußt: Wenn wirklich jeder sich von jedem Geld borgt, dann würde – sehr verehrter Genosse Staatsanwalt in Jena Stadt – überhaupt kein Schaden entstehen.

Hanna mit der Rosenknospe

Die Haltung und der Gang dieser jungen Frau, die dort auf dem Korridor wartet, sind vollendet, die hohe Stirn und auch die knospende Rose, die sie in der Hand hält. Als letzte Zeugin vernommen, sagt sie auf die Frage des Richters »Haben Sie auch an den sogenannten Parties teilgenommen?« selbstbewußt aus: »An sogenannten Parties, Herr Richter, nie.«

»Was verstehen Sie unter sogenannten Parties?«

»Verzeihung, Herr Vorsitzender, Sie haben von sogenannten Parties gesprochen. Aber an Parties habe ich teilgenommen.«

Die junge, schöne, schlicht elegante, sehr gepflegte Frau, Bauingenieurin Hanna, hätte diese Frage nicht zu beantworten brauchen. Einmal, weil sie die Frau des Angeklagten, des Herrn Georg, ist, und das gibt ihr das Recht zu schweigen. Zum anderen hat ihr der Richter ausdrücklich gesagt, sie habe auch das Recht der Aussageverweigerung, wenn ihre wahrheitsgemäße Aussage ihr zur Unehre gereiche.

Zur Ehre gereicht es bestimmt keiner Frau, dieses Bekenntnis, an diesen Parties oder sogenannten Parties teilgenommen zu haben. Jetzt aber ist ihr Mann als Veranstalter dieser Feten angeklagt, der Kuppelei angeklagt. Und Hanna, die neugebakkene Ehefrau - die dritte, notabene -, sagt ja, ich war dabei, ich habe mitgemacht und mitgemischt im wahrsten Sinne des Wortes. Das, was Herr Georg zögernd zugeben muß, das bekennt sie freiwillig, ohne Scham.

Und die Rose, die Knospe in der Hand, soll ihm gehören, auch wenn der Leiter des Untersuchungsgefängnisses sich Blumenspenden für seine Insassen dankend verbeten hat.

Er, Herr Georg, ist keine Schönheit, aber er hat das gewisse Etwas, er wirkt auf kleine Mädchen, auf größere und auch auf einige kluge, große Frauen. Er ist gebeugt von der Last der sechsundvierzig Jahre, sein gewelltes Haar ist schwarzgrau durchwoben, die Nase prägnant, fast wirkt er häßlich, aber interessant, wie ein bekannter französischer Schlagersänger. Er kann alles erklären, kann überzeugen, er ist beredt wie selten einer.

Er war Flieger im Naziweltkrieg, Antifaschist, wie er sagt, verfolgt, zum Tode verurteilt, dann begnadigt zu fünf, fünfzehn oder, was unmöglich war in der damaligen Zeit, zu fünfundzwanzig Jahren Zuchthaus. Ein bißchen Dunkel liegt da über all seinen Erinnerungen, aber einiges stimmt.

Er lebte lange in Westdeutschland, manchmal als Heizungsmonteur in Düsseldorf, manchmal im sauerländischen Hohenlimburg, Teilhaber eines armenischen Teppichhändlers. Und er landet in der DDR. Vom Fliegen, von Teppichen, von Heizungsmontage, von Lichtbildnerei, darstellend die nackte Wahrheit, davon versteht er etwas. Ein wenig Orient bringt er mit, der Märchenerzähler, mit seinen kühnen Akten und kühlen Nackten, von Schätzen und vom Teppichschätzen, vom Fliegen und von fliegenden Teppichen, dieser Teppichschätzer und Heizungsmonteur, ins kühle Sachsen.

Und einige Sächsinnen lassen sich gern von ihm verzaubern und aufs Negativ bannen. Herr Georg aber, wenig diskret, verkauft die nackten Damen aus Sachsen und Umgebung. Er entwickelt seine Bilder und verscherbelt sie an kauflustige sächsische Herren, an Sachsen-Anhalter und auch an Niedersachsen. Er ist billig, für eine und zwei Mark den Akt. Die Masse muß es bringen, die Masse bringt's, jedoch spärlich.

Dann möchten die Kauflustigen mehr wissen. Sie wollen die Damen, deren Konterfei sie korrekt erworben haben, auch im bekleideten Zustand kennenlernen. Zweifellos sind es Textilfachleute.

Herr Georg, nicht ungefällig, kann diesen Wünschen nicht widerstehen, und auf Anruf kamen die meisten der Damen, und es kamen alle geladenen Herren. Da die Herren wissen wollten, ob Herr Georg sie nicht betrogen habe, wurden Pfänderspiele und Flaschendrehen veranstaltet. Etwas legten die Damen ab, fast gar nichts, nur ganz wenig, es blieb alles von den Blusen, nur das L verschwand.

Die Herren zogen dann ihre Röcke aus, und die Damen taten ein Gleiches. Das weitere verschweig' ich, denn die Gerichtsverhandlung über die Kuppelei wurde unter Ausschluß der Öffentlichkeit geführt. Und Ärgerniserregung durch Gerichtsberichterstattung ist noch immer bei uns gemäß § 184 b mit Geldstrafe oder mit Gefängnisstrafe bis zu sechs Monaten bedroht.

Auch darf ich nicht durch weitere Enthüllungen die Namen und das Äußere der Damen heraufbeschwören, die über Art und Unart der Parties vor Gericht Auskunft geben mußten. Die Jungen, die Zarten, die Älteren, die Erfahrenen, die Verworfenen und die schüchtern Weinenden, die Sündigen und auch einige, die der Sünde widerstanden, die aber, unter uns gesagt, am gefährlichsten und verworfensten aussahen.

Geld hat Herr Georg eigentlich nur wenig mit den Akten und gar nichts mit den Nackten verdient. Seine Kuppelei war nicht gewerbsmäßig, sie war eher gewohnheitsmäßig. Aber keinesfalls mäßig. Es ging in der Stadt in Sachsen recht bunt zu, so daß die Nachbarn des Herrn Georg sich beschwerten. Und die Strafe des Kreisgerichts: drei Jahre Gefängnis unbedingt.

Es sprach für ihn der Betrieb, der mit den Heizungsmontagen des Herrn Georg gar nicht so unzufrieden war. Und ein erfahrener Rechtsanwalt glättete in der Verhandlung auch manche berechtigte Woge der Empörung, die da aufbrodelte. Am meisten aber sprach für ihn Hanna, seine dritte Frau, die fünfundzwanzigjährige schöne, stolze Bauingenieurin, die dem soviel älteren, etwas anrüchigen, total verschuldeten, leicht verkommenen Mann mit einer zarten Rosenknospe andeutete wie die Hanna Cash in der Ballade von Bertolt Brecht: »Und wenn er hinkt, und wenn er stinkt, und wenn er ihr Schläge gibt, es fragt die Hanna Cash, mein Kind, doch nur ob sie ihn liebt.«

Es hat viel Aufregung über diesen Prozeß aus dem Jahr 1967 gegeben. Mit Ach und Krach hat der Vorsitzende Richter mir gestattet, trotz Ausschluß der Öffentlichkeit daran teilzunehmen, ging es doch um ein Sittlichkeitsverbrechen, Kuppelei.

Das alte Strafgesetzbuch aus dem Jahre 1871 bezeichnet grundsätzlich die Liebe von zwei nicht miteinander verheirateten Menschen als Unzucht. Wer eine solche Liebe oder das, was man allgemein Liebe nennt, duldet, ermöglicht oder einen Raum dafür zur Verfügung stellt oder gar vermietet, wird eben als Kuppler bestraft. Gestattet aber ein naher Verwandter, Eltern zum Beispiel, diese sogenannte Unzucht ihrer Tochter und ihrem Freund oder ihrem Sohn und seiner Freundin, so ist das schwere Kuppelei, und darauf stand grundsätzlich Zuchthaus.

Aber alle Mühe und Aufregung in Dresden waren umsonst. Noch ehe Herr Georg seine Strafe antreten konnte, führte die DDR am 1. Juli 1968 ein neues Strafgesetzbuch ein. Und siehe da, hier gab es keinen Straftatbestand der Kuppelei mehr. All das, was Herr Georg veranstaltet hatte, war völlig straffrei.

Es war das, was der große William Shakespeare über seine Tragikomödie einmal geschrieben hatte: »Viel Lärm um Nichts.«

Der Unheilbutt

1969. »Im Prinzip, Frau Vorsitzende, sind die Vorwürfe gegen mich in der Anklageschrift richtig, aber ich wäre dafür, dieses Dokument stilistisch zu überarbeiten«, so Heiko vor einem Jahr in der ersten Gerichtsverhandlung.

Diese Lässigkeit, diesen Hochmut hat er auch heute noch

nicht abgelegt. Der Staatsanwalt hegt sogar die Vermutung, Heiko spiele hier nur den Angeklagten, den Verurteilten, den Insassen der Strafvollzugsanstalt, um seine Erfahrungen in einem Fernsehspiel später nutzbringend an den Mann zu bringen. In dieser stilistisch vielleicht verbesserungsfähigen, aber kriminalistisch einwandfreien Anklageschrift wurde Heiko nachgewiesen: Er hatte im Strandbad Müggelsee junge Leute kennengelernt und ihnen wahrheitsgemäß erzählt, er arbeite für das Fernsehen, und lügenhaft dazugesetzt, er besitze ein Auto, wolle ein neues kaufen, brauche dazu dreitausendfünfhundert Mark. Und hatte das Geld gleich zweimal bekommen, kein altes Auto gehabt, kein altes Auto verkauft und kein neues erworben, sondern die siebentausend Mark mit Männchen und Mäuschen durchgebracht.

Vor einem Jahr hatte man bei Gericht sogar Verständnis für den ästhetischen Schwindler. Er hatte so hoffnungsvoll seine Laufbahn begonnen, Abitur, Studium an der Hochschule für Musik in Weimar, Staatsexamen als Opernsänger, dann sogar noch der Versuch, ein zweites Examen als Musikerzieher abzulegen. Danach die glanzvolle Premiere bei Rundfunk und Fernsehen, Mitarbeiter in vielen Abteilungen, Mitgestalter vieler Sendungen. Und dann der Absturz, den er heute noch hochmütig erklärt: »Wir, die Jungen, wollten endlich etwas Neues beim Fernsehen machen, aber die alten Hasen haben uns Schwierigkeiten gemacht. Sie machen weiter ihre alten Fehler, sie machen ein Fernsehen wie vor zehn Jahren. Dann bin ich einfach ausgeschieden und wurde freier Mitarbeiter, habe allerdings wenig und wenig regelmäßig Geld verdient.«

Aber Heiko hat das Großer-Mann-Spielen nicht aufgeben können, Dramaturg und Regisseur zu sein, Sänger und Schauspieler. Dann begann der Hochstapellauf am grünen Strand und gelben Sand des Müggelsees, die großen Sonnenseiten des Lebens durch kleine Unbesonnenheiten der anderen zu finanzieren, blutende Laien der Television zu geduldigen Fernsehern ihres Geldes zu machen.

Wie gesagt, vor einem Jahr hatte man noch Verständnis für Heiko, den ästhetisch und lässig gekleideten Dandy, der sozusagen die Hürden zum Erfolg im Salopp nahm. Er bekam vor einem Jahr ein Jahr Gefängnis, bedingt, mit der Weisung, zwei Jahre an dem Arbeitsplatz sich zu bewähren, den das Amt für Arbeit diesem Knaben Heiko nachweisen würde.

Aber Heiko, der mehr oder weniger glücklich Verheiratete, tauchte nach dem Urteil des Gerichts im Meer der Großstadt unter wie ein Unheilbutt. Es steht wohl geschrieben, keiner kann zwei Herren dienen, aber es steht nicht geschrieben, daß einer sich nicht von zwei Frauen bedienen lassen kann. Das aber tat er. Er zog in ein kleines Stübchen zu einer zweiten Frau, dort blieb er für die Briefe des Gerichts, des Staatsanwalts, des Amtes für Arbeit und der Abteilung für innere Angelegenheiten beim Rat des Stadtbezirks unauffindbar.

Wohl hatte er Kenntnis von einigen Briefen; die Vorladung vor die Abteilung Inneres erschien ihm, so erklärte er heute, als Drohung. »Ich verstrickte mich also in immer schlimmere Dinge«, aber das hinderte ihn nicht, sich von den zwei Frauen bestricken, bekochen und bekleiden zu lassen.

So mußte das Gericht ohne sein Beisein des Amtes walten und tagen, und es wandelte die damalige Verurteilung auf Bewährung in ein Urteil mit einem Jahr Freiheitsentzug um. Als man den Unheilbutt Heiko aus dem Meer der Großstadt herausgefischt hatte, wurde er den Richtern vorgeführt, ihm wurde das neue Urteil verlesen, und ohne Widerspruch erkannte Heiko es an, sicher nicht erbaut über die Aussicht, so lange im Bau weilen zu müssen.

Inzwischen hatte sich ein Herr aus Borna gemeldet, der auf höchst seltsame Weise und mit viel Mühe viertausend Mark an Heiko verloren hatte. Dieser Herr las in der »Berliner Zeitung« ein Inserat; dort wurde ein kurzfristiges Darlehn gegen gute Sicherheit gesucht. Er hatte überflüßiges Geld, er schrieb auf die Chiffre, und ihm antwortete Heiko, er sei ein Fernsehmann, was damals ja noch stimmte, er besäße ein altes Auto, einen Wartburg aus dem Jahre 1960, den er verkaufen wolle, was nicht stimmte, um sich ein neues Auto aus dem Jahre 1964 anschaffen zu können. Als Sicherheit für das Geld bot er den Wartburg aus dem Jahre 1960 an. Aber der sicher nicht bornierte Herr aus Borna ließ sich den Wagen gar nicht zeigen und nahm nicht einmal Einsicht in die Fahrzeugpapiere. Er forderte bescheiden, wie ein Herr aus Borna ist, nur fünf Prozent Zinsen im Jahr und händigte dem erstaunten Heiko viertausend Mark in bar aus. »Ich muß wohl berauscht gewesen sein von dem Erlebnis, bare viertausend Mark in den Händen zu haben.« Und so schaffte er sich alles mögliche an, Teppiche, Radio.

Ein überlegenes Lächeln steht heute noch auf seinen dünnen Lippen. Seine weiche Stimme hat ein trauriges Timbre, wenn er auf seine Aussagen vor der Volkspolizei eingehen soll. Ob der Betrug schon bei der Aufgabe des Inserats geplant war? Nein, davon will er heute nichts wissen, aber er hat es im Protokoll zugegeben. Er bezweifelt diesen Wahrheitsgehalt, das sei so ein Stückchen Vernehmungssprache, resigniert habe er es aufgegeben, die Vernehmer von seiner Version zu überzeugen und die Sache in einem richtigen, guten Deutsch darzustellen. »Ich habe der Einfachheit halber zu allem ja gesagt, wenn die das so haben wollen, dann lasse ich es eben so stehen.«

Die viertausend Mark, die er nun mit Zins und Zinsen an den gutgläubigen Herrn aus Borna zurückzahlen muß, kosten ihn strafrechtlicherseits ein weiteres halbes Jahr seiner so kostbaren Freiheit.

Wieder resigniert Herr Heiko, er nimmt das Urteil an, er versteht die harte Sprache der Welt und des Gerichts nicht mehr. Das soll Betrug sein? Das war nur ein Spiel, ein Versuch, wie gut die Leute heute sind, welch ein herrlicher Text für eine Buffoarie.

Heiko, das muß hier gesagt werden, ist ohne Frage hochmusikalisch, aber vom ernsten Tuten und fröhlichen Blasen hat er keine Ahnung.

Matratzengeld

1969. Von weit her kam der erste, er kam aus Kuweit, dem Ölscheichtum am Persischen Golf. Bezauberte er sie durch seine freundlich-fremde Erscheinung oder durch die Gaben, die den Weisen aus dem Morgenland schon einen legendären Ruf einbrachten? Wir wissen nur, er verschwand, und ein kleines, heute vierjähriges Mädchen zeugt von der Leidenschaft seines Erzeugers. Er kümmerte sich nicht sonderlich um die kleine Kuweiterin in Ostberlin, nur über Danielas echte Oma, die in Westberlin lebt, sandte er gelegentlich durch morgenländische Freunde kleine Geschenke.

Einer dieser Gesandten, ein Herr aus Amman, übergab seine Gaben auf so zierliche Weise, daß Daniela ihm nicht nur die Hand, nein auch ihr Herz öffnete. Und so geschah es, daß die kleine Kuweiterin bald mit einem jordanischen Brüderchen im märkischen Sand spielen konnte. Nach diesem freudigen Ereignis wurde der Herr aus Amman abberufen, und auch die zweite Vaterschaftsklage hat bis heute noch nicht die Ufer des Jordans erreicht.

Sie aber ist die Versuchung in Person, so groß und so schlank wie ein Mannequin, das Gesichtchen mild wie Milch und Honig, ein Mund, der alle Seligkeit auf Erden verspricht. Aber ach, ein klein bißchen Wehmut liegt über dem blonden Haupt der schönen und begehrenswerten zweiundzwanzigjährigen Daniela. Sie, die von der Göttin der Schönheit und der Grazie in so verschwenderischer Weise beschenkt wurde, nutzt diese Gaben nicht, sie verplempert sie.

Die beiden Sprößlinge der Daniela mußten sehr oft zusammen spielen, denn der Krippenplatz für das Brüderchen und der Kindergartenplatz für das Schwesterchen waren leider, leider sehr oft nicht vorhanden, so daß die schöne Mutter nicht arbeiten konnte. Und da die Väter nicht zahlen wollten, mußte Vater Staat über das Sozialamt die vergrößerte Minifamilie erhalten. Arbeiten kann Daniela, sie hat Industrieschneiderin gelernt, und auch dann, wenn ihre Kinder untergebracht waren, saß sie am Band, am Nähtisch. Und versorgt sind die Kinder bei ihr wie die Prinzen.

Als Daniela neuerdings wegen einer schwierigen, gefährlichen Fehlgeburt ins Krankenhaus mußte, wurden die Kinder in zwei Heimen untergebracht. Erst, als sie aus dem Krankenhaus entlassen wurde, konnte sie arbeiten und arbeitete wieder. Ihr Gesundheitszustand war nicht gut, deswegen ging sie nicht in die Konfektion, sie arbeitet in einem kleinen volkseigenen Betrieb der Schreibwarenbranche. In ihrer Tasche waren nur ein paar Mark, die sie als Überbrückungsgeld bekommen hatte.

Es muß hier zum besseren Verständnis etwas nachgetragen werden. Als Daniela fünf Jahre alt war, starb ihre Mutter, und ihr Vater heiratete ein zweites Mal. Daniela kam zur Stiefoma, hier wurde die Kleine liebevoll aufgenommen und erzogen. Aber der wankelmütige und vielleicht ein wenig herzlose Vater ließ sich scheiden, und so verlor auch Daniela wieder ihre Geborgenheit; denn zu der geschiedenen Stiefoma hatte sie ein herzliches Verhältnis, sie liebte diese Frau, besuchte sie, bis sie vor kurzem verstarb.

Wer wird es Daniela verdenken, daß sie nach dem langen

Krankenhausaufenthalt eine Freundin aufsuchte, wer will es ihr vorwerfen, daß sie in ein Café ging, weil sie die Freundin nicht antraf. Wer gönnt ihr nicht eine Tasse Kaffee und ein Stückchen Torte, das sie abends verspeiste?

Wer will es ihr verargen, daß sie sich von einem jungen Mann in der Garderobe in ihren Mantel helfen ließ? Wer wird auf sie einen Stein werfen, daß sie, die so sehr Alleingelassene, sich von dem jungen Mann zu einem Abendessen in ein feines HO-Hotel einladen ließ?

Bitte fragen Sie mich nicht, in welches Hotel. Ich habe genug Gründe, das zu verschweigen, oder ich werde es nur meinen besten Freunden mitteilen.

Man plauderte bei einer Flasche Haute Sauternes über dieses und jenes. Der nette Herr sagte, er sei Arzt und Doktor gar, was nicht stimmte. Daniela aber sagte, sie heiße Daniela, und sie arbeite in einem kleinen Betrieb der Schreibwarenbranche, was stimmte. Was noch geplaudert wurde, kann sich jeder denken, der Danielas Wirkung und die der Geister des Weines kennt. Und da des Plauderns kein Ende war, wurde die Plauderei im Zimmer des Herrn Doktor fortgesetzt, der im selben Hotel wohnte.

Daniela bestellte beim Zimmerkellner noch eine Flasche Wein, der Ober brachte sie, und der Doktor bezahlte sie – wie Daniela staunend bemerkte – auf eine sehr umständliche Weise. Er zog einen Briefumschlag unter der Matratze hervor und entnahm aus dem angefüllten Umschlag einen Geldschein. Daß der angebliche Doktor dieses Geld in Berlin für einen schmucken aber gebrauchten »Trabant« ausgeben wollte, sei hier nur am Rande vermerkt.

Sie schliefen beide in einem Bett. Ob geküßt oder ungeküßt, das wollen wir hier, bitte sehr, gar nicht so genau wissen. Daß sich, als Daniela an diesem Punkt angekommen war, die sehr verständnisvolle Richterin so von Frau zu Frau bei Daniela erkundigte, ob sie sich von ihrem Arzt eine gewisse Pille habe verschreiben lassen, soll auch nur am Rande erwähnt werden.

Jedenfalls wachte Daniela gegen zwei Uhr morgens auf. Sie zog sich an, sehr unvollständig, ihre Ohrringe und ihren Büstenhalter ließ sie als Andenken bei dem Herrn Doktor zurück, der leider keiner war. Sie nahm das Geld aus dem Briefumschlag mit, ließ ihm aber doch noch gnädig siebzig Mark, damit er auf jeden Fall nach Dresden wieder zurückreisen konnte. Mit einer Taxe fuhr sie zu einer Freundin, der erzählte sie ihr Abenteuer und zählte das Geld, es waren siebentausendachthundertfünfzig Mark.

Die Freundin warf Daniela hinaus, sie wollte mit solchen Dingen nichts zu tun haben. Dann fuhr Daniela in einer Taxe nach Hause, legte das Geld auf den Tisch und sich ins Bett, schlief und wurde erst gegen Mittag durch unsanftes Klopfen der Volkspolizei geweckt. Eine Hausdurchsuchung war überflüßig, das flüßige Geld lag auf dem Tisch. Daniela sagte, sie hätte es gleich am Morgen dem Herrn Doktor wiederbringen wollen. Wer's glaubt – so heißt es im deutschen Märchen – bezahlt einen Taler.

Ein Schaden war gar nicht entstanden, selbst die Taxifahrten hatte unsere Schöne aus ihrem Überbrückungsgeld bezahlt. Zweifellos blieb, wenn wir vom Geld und Daniela sprechen, das Geld unberührt.

Hier gab es für Daniela eine Verurteilung auf Bewährung, es wurde berücksichtigt, daß sie wirklich in keiner guten Finanzsituation war, daß sie jung ist und unbestraft und eine schwere Jugend hatte, daß sie nicht mit Vorbedacht ihren kurzfristigen Liebhaber bestohlen hatte. Zwei Jahre soll sie im gleichen Betrieb weiter arbeiten. Schläft sie aber auf fremden Matratzen, fördert sie dabei fremdes Geld zutage, drohen ihr zehn Monate Isolierung.

Der falsche Doktor aber hat sein Geld wieder und kann es für einen Trabanten ausgeben, wenn er ihn bekommt und wenn – was das Schicksal und die Pille verhüten mögen – Daniela keinen solchen erwartet.

Wofür ein Hirsch seine Haut zu Markte tragen muß

1969. Es geht um die Haut des Hirsches. Sie wird ihm über die Ohren gezogen; dann wird ihm das Fell gegerbt. Das Fell ist schön und rauh, Wildleder heißt es, und Schuhe und Mäntel werden aus ihm gemacht. Wildlederschuhe, Wildledermäntel. Das glaubt der Laie.

Aber leider hatte Hirsch, Schreiber dieser Zeilen, in der ersten Hälfte seines Lebens viel mit Leder zu tun. Und er hat Wildlederschuhe hergestellt und verkauft. Aber er hat – und es sind ihm Zehntausende von Wildlederschuhen begegnet – nie das Fell seines Wappentieres verarbeitet oder verarbeitet gesehen. Er weiß, es waren die guten und zahmen Kälber, Ziegen und Schafe, Mastkälber und Rindviecher, ja selbst die braven Schweine, die ihre Haut zu Markte tragen mußten. Mit allerlei Methoden hat man ihnen das Fell gegerbt und behandelt, auf daß sie rauh und rauher wurden und als Wildleder den menschlichen Füßen zu Schutz und Schmuck dienten. Vom Hörensagen weiß er aber auch, daß es vielleicht in London auf der Old Bond Street oder in Paris auf den Champs-Élysées, in den teuersten Maßgeschäften der Welt Schuhe und Lederbekleidung aus wirklichem wilden Leder gibt oder geben soll. Gesehen hat es unser Hirsch noch nicht, denn diese Dinge kaufen die Spekulanten und Waffenschieber, Zuhälter, Strichjungen und Strichmädchen oder deren Parasiten, Playboys und Playgirls. Soviel über Wild und Leder.

Jetzt aber hier in Berlin, Stadtbezirksgericht Prenzlauer Berg. Über Herrn Alwin, dem Angeklagten, liegt ein Hauch von liebenswerter Grandezza. Sie, die Grandezza des Herrn Alwin, stammt noch aus dem vorigen Jahrhundert, aus dem alten Österreich. Das Chevettereske, Unverbindliche hat er aus dem Salzkammergut mit in das rauhe Berlin herübergerettet, und er hat es verstanden, dies alles als bedeutender Porträtfotograf zu nutzen. Wem schlägt das Herz nicht höher, wenn man nicht das berlinerische »Bitte recht freundlich« hört, sondern das gemütliche »I bitt schön, recht freundlich« vernimmt. So kam Herr Alwin in Berlin zu Ansehen und Vermögen, und da er außerdem ein Liebhaber von allem Guten und Schönen und Teuren war und ist, hat er sich eine große Sammlung von Kunstgegenständen zugelegt.

Das Porträt dieses so bedeutenden Fotografen muß ich realistisch zeichnen. Es gehören auch einige weiße Stellen auf sein Negativ. Weiße Stellen in seinem Lebenslauf, Zeiten, die er in der Haftanstalt zubrachte, weil er nicht nur ein Sammler, sondern auch ein Verkäufer von Kunstgegenständen war und nicht die Zollbestimmungen bei der Ausfuhr beachtet hatte. Mit dem Zoll hatte er auch ein zweites Mal Hudelei, wie es die thüringische Richterin sagte – unser Fotograf sagt auf österreichisch: Er sei einvernommen worden. Man bemerkte diesmal, daß Herr Alwin Gold in die DDR ohne Genehmigung einführte, das wurde mit einer Geldstrafe bedacht.

Heute lebt Herr Alwin von einer bescheidenen Rente, ab und zu verkauft er kostbare Porzellanstücke aus seiner großen Sammlung. Aber er ist als alter Fotograf immer noch ein genauer Beobachter, nicht der weltpolitischen Gegebenheiten, nein, er beobachtet die kleinen Eitelkeiten und auch die großen Gewinnspannen.

So wurde er bei einem ihm bekannten Schneidermeister auf eine neue Mode aufmerksam: Wildledermäntel. Der Schneidermeister erzählte dem Herrn Alwin, er kaufe das Leder von einem Spezialgeschäft in Dresden, verarbeite es in seiner Werkstatt zu Mänteln und verkaufe die Mäntel mit sehr hohem Gewinn, für sieben- bis achthundert Mark, an die entzückte Damenwelt.

Herr Alwin beschloß nun als Mittsiebziger, einen kleinen Konfektionsbetrieb aufzuziehen. Er kaufte in Dresden besagtes Leder, er zahlte, wie er sagt, pro Mantel hundertvierzig Mark, andere Leute sagen, das Leder habe nur hundert Mark gekostet. Er fand mit viel Mühe, Kaffee und Zigaretten einen Kürschner, der bereit war, für Herrn Alwin aus dem Leder Damenmäntel zu schneidern. Das kostete hundertfünfzig Mark für die Arbeit und vierzig Mark noch für Futter und Zutaten. Dann fuhr Herr Alwin mit seiner Lebensgefährtin nach Rostock, er wollte in Berlin dem Bekannten keine Konkurrenz machen – und inserierte »Damenwildledermäntel zu verkaufen«.

Es meldeten sich einige Damen, und sie kauften. Sie fanden meist, die Mäntel seien reichlich schwer, aber sie zahlten gern siebenhundertfünzig bis achthundert Mark, manchmal war der Wildledermantel noch von einem Pelzkrägelchen gekrönt. Und ob es echtes Wildleder sei, wurde Herr Alwin gefragt; er sei selber kein Fachmann, will und soll er gesagt haben, es sei eine Art von Wildleder, wie es das in der DDR gebe.

Eine Dame war so zufrieden, daß sie für ihren Mann bei Herrn Alwin noch eine Wildlederjacke bestellte und auch bekam. Vier Mäntel und zwei Jacken will er im ganzen verkauft haben, dann gab er das Geschäft auf, als er hörte, sein Vorbild, der Schneidermeister habe Schwierigkeiten bekommen.

Das war vor drei Jahren. Und nun wurde Herr Alwin wegen Betrugs angeklagt; denn das Leder sei eben kein echtes Wildleder, sonder Rindspaltleder.

Rindspaltleder ist sicher nicht vom Wild. Es ist, wenn man

so will, das billigste aller Rauhleder, schwer und etwas hart, bockig. Die wirklich guten Wildledermäntel werden auch nicht aus Wild, ich sagte es schon, sondern aus dem Fell von zahmen Ziegen oder Bastarden, einer Kreuzung zwischen Schaf und Ziege, hergestellt.

Also darf man diese Mäntel als Wildledermäntel verkaufen? Sie sind es genausowenig wie die hier zur Verhandlung stehenden Rindspaltledermäntel.

Vielleicht haben die Damen an Herrn Alwin zuviel bezahlt, betrogen hat er sie nicht. Sie können ihn vielleicht wegen ungerechtfertigter Bereicherung verklagen, aber ich sehe, viel wird dabei nicht herauskommen können; denn die Gewinne hat Herr Alwin längst verbraucht. Ein Betrüger ist er nicht. Er hatte keine Ahnung, was er kaufte und verkaufte.

Staatsanwaltschaft, Verteidigung und das Gericht waren sich erfreulicherweise einig. Freispruch für Herrn Alwin. Nur die drei Damen aus Rostock werden etwas enttäuscht die Heimreise angetreten haben.

Noch heute erscheinen in den Zeitungen häufig Inserate, Wildledermäntel zu achthundert Mark werden angeboten. Rauhledermäntel sollte man sie nennen oder Sämischleder. Ich weiß jedenfalls genau, für diese Mäntel hat kein Hirsch, kein Reh, keine Gams die Haut zu Markte tragen müssen.

Herrn Türschemanns Allergie

1970. War es Freude, war es Schmerz, Freude über den stündlich zu erwartenden Nachwuchs, Schmerz wegen des erzwungenen Alleinseins? Ein Mann, hin- und hergerissen, ein Mann, der seine Pflichten erfüllte, dessen Frau die Folgen und das Kind zu tragen hat. Der Mann, eine Figur für Witzblätter aller Zeiten, was tut er nicht alles, wenn seine Frau im Wochenbett liegt.

Herr Türschemann war in dieser Stimmung. Und er ist auch noch allergisch gegen Gold, allergisch, wie man es bisher noch nie vernommen hat. Allergisch gegen das Tragen goldener Trauringe, das sagt er als Zeuge und Geschädigter vor Gericht, ganz ungefragt.

Er ist so äußerlich bestimmt keiner Frau ein Dorn im Auge, der Herr Türschemann, groß und stark, eine blonde Halbglatze läßt Intelligenz vermuten. An diesem Abend und in dieser Nacht, da er ursprünglich für seinen Familienzuwachs einen Autoanhänger kaufen wollte, um sein Söhnlein rechtzeitig in die Kunst und das Vergnügen des Campings einzuweihen, an diesem Abend hatte sich Herr Türschemann neunhundert Mark geliehen, um den Anhänger zu kaufen; siebzig Mark eigenes Geld hatte er außerdem in der Tasche.

Aber der Anhänger hatte schon einen anderen Liebhaber gefunden, und da stand der arme Herr Türschemann mit vollgepumpter Brieftasche und dem festen Vorsatz, den Schmerz über das Alleinsein, über sein vergebliches Kaufbemühen und die Freude über den stammerhaltenden Nachwuchs in einer Woge von Kognak und Sekt zu ertränken. In »Clärchens Ballhaus« fand er Freunde, Herren und Damen, alle bestrebt, ihn in diesem edlen Bemühen zu helfen. Vor allem die beiden Damen, die schwarzlockige Marie und die goldblonde Mary.

Nicht mit Charme, nicht mit Witz und nicht mit einem zärtlichen Tanz warb er nun um diese Freunde und Freundinnen. Er warb auf die dümmste und, sagen wir, gröbste Weise. »Ich bin Unternehmer und habe viel Geld.« Und das Geld, das gepumpte Geld, warf er mit vollen Händen um sich.

Wer zählt die Kneipen, nennt die Damen, die ihm halfen, sich von seinem überflüßigen Geld zu befreien. Von »Clärchens Ballhaus« ging es ins Café »Märchenbrunnen«. Hier bekam die goldblonde Mary fünfzig Mark zugesteckt, der Barmixer erhielt bares Geld, die Kapelle trank auf Türschemanns Kosten Sekt. Und an die Wirtin zahlte Türschemann, der alte Zecher, einige Trinkschulden. Ob die fröhliche Gesellschaft auch noch in der »Pinguin-Bar« weiter Türschemanns Geld verjubelte, ist fraglich. Die schwarze Marie, unsere Angeklagte, angeklagt des Bei-Beischlafdiebstahls, behauptet das. Türschemann kann sich an vieles erinnern, an »Clärchens Ballhaus«, an den »Märchenbrunnen«, an das Geldverteilen und an die Kapelle, an die Wirtin mit den alten Zechschulden. Von der »Pinguin-Bar« weiß er nichts und will er nichts wissen. Er muß auch bekennen, daß er einem Kraftfahrer siebzig Mark zugesteckt hat, damit der ihn, die goldene Mary und die schwarzgelockte Marie nach Hause fuhr. All das ist in Türschemanns Gedächtnis haften geblieben. »Ich war wohl nicht mehr ganz Herr meiner Sinne, aber doch noch Herr meines Geldes«, behauptet Herr Türschemann, Zeuge, Geschädigter, Schadenersatzheischender, vor Gericht. »Ich hatte nach alldem noch vierhundertfünfundsiebzig Mark in meiner Brieftasche.«

Aber die Gesellschaft fuhr nicht in Türschemanns biederes Heim, sondern in die Wohnung von Pechmarie. Er hatte noch eine Flasche Sekt und ein Paket Kaffee eingekauft und mitgebracht. Nun brummte der Türschemann der schwarzen Marie zu: »Bei wem willst du schlafen, bei mir oder bei Hunden und Katzen?« So steht es in Bechsteins Märchenbuch, und so ungefähr hat es sich auch in Wirklichkeit zugetragen.

Da sagte Marie: »Ich gehe jetzt in die Küche zu meiner Katze und koche uns einen Kaffee.« Den kochte sie, und den brachte sie ins Zimmer. Als aber Herr Türschemann Goldmary fragte: »Bei wem willst du schlafen?« da sagte die sofort: »Bei Euch, Herr Türschemann.« Und weil diese Geschichte kein Märchen ist, sondern eine wahre Begebenheit, legte sich Herr Türschemann mit der goldlockigen Mary ins Bett, und sie schliefen ganz herrlich zusammen bis in den frühen Morgen.

Die Pechmarie aber wachte in der Küche spät am Vormittag auf, ging ins Wohnzimmer, fand den schlafenden und schnarchenden Herrn Türschemann in ihrem Bettchen liegen, zog seine Geldbörse unter dem Kopfkissen hervor und fand, wie sie sagte, darin fünfundsiebzig Mark. Und bescheiden, wie sie ist, nahm sie sich nur siebzig Mark heraus.

Sie hatte Geld nötig, meinte sie. Der Mann, den sie geliebt, hatte lange auf ihre Kosten gelebt. Nun saß er im Gefängnis, und da, meinte sie, müßte sie weiter zu ihm halten. Und sie brachte ihm oft etwas in die Haftanstalt, damit er zu beißen und zu brechen habe. Nicht zum Ausbrechen, wohlverstanden. Aber im allgemeinen ist die schwarze Pechmarie fleißig. Sie hat aus einer gescheiterten Ehe vier Kinder, und für eines sorgt sie ganz allein. Durch ihre unglückselige Liebe zu einem Schuft hat sie es schwer. Das Gericht war milde mit ihr, sie wurde auf Bewährung verurteilt, die Bewährungszeit ein Jahr. Und drei Monate soll ihr die Freiheit entzogen werden, wenn sie noch einmal nach fremden Geldbörsen greift. Die siebzig Mark muß sie Herrn Türschemann zurückgeben.

Der aber sagt, es sei ganz anders gewesen. Er wachte auf, fand sich bis auf fünf Mark seiner Barschaft beraubt. Er rannte zur Volkspolizei und sagte: »Pechmarie hat mir vierhundertsiebzig Mark gestohlen.« Er sei zwar nicht Herr seiner Sinne, wohl aber Herr seines Geldes gewesen.

Wer kann das glauben? Denn die Geschichte vom gegen Gold so allergischen Herrn Türschemann ist keines der Bechsteinschen oder Grimmschen Märchen, die kleine Kinder zur Demut, zur Bescheidenheit und zum Respekt vor Geld und Gut zu erziehen haben, es ist leider, leider eine sehr wahre Geschichte ohne jede Demut und ohne jede Bescheidenheit.

Hat vielleicht in der Nacht der Herr Türschemann zu Goldmary gesagt: »Zu welcher Tür willst du hinaus?"

»Zur goldenen«, wird dann Goldmary gesagt haben, und Herr Türschemann mag seine Brieftasche so derb geschütttelt haben, daß Mary ganz von Geld überdeckt war. Das aber hat er ganz und gar vergessen – vielleicht, weil der Herr Türschemann so allergisch gegen Gold ist.

Der Preis der Notdurft

1970. Das Leben der Menschen ist voller Fährnisse, der Lebenslauf ist von bösen Fallen gesäumt. Es sind oft die schlanken blonden, braunen oder schwarzen Nymphen, die den einfachen Fährmann vom Strom der Tugend abbringen, es sind Berge oder Stückchen von Gold, oft herrliche Speisen und Getränke, lockende Musik. All das hat gar manchen schon betört, und er hat sich im Unrecht verstrickt. Was den einen aber bezaubert, läßt den anderen völlig ungerührt.

Hannos geradlinige Lebensweise scheiterte an dem Preis der Notdurft, an den Geldern, die andere bedrängte Zeitgenossen für dringende Bedürfnisse ausgeben müssen.

Oh, er ist ein Schöner, er sieht aus wie ein Mann, der Frauen bezaubert und sie vom Weg der Ehrsamkeit abbringt. Mit seinen dreiunddreißig Jahren, außerdem geschieden, wäre er so auf den ersten Blick der ideale Partner.

In seinem Betrieb, in der Berliner Straßenreinigung und Müllabfuhr, ist er ein guter Kumpel, so richtig bei allen beliebt. Das war seinem Aufstieg förderlich. Der Kraftfahrer Hanno, der bei Bolle in Westberlin einmal die Kaufmannslehre abgeschlossen hatte, war wegen der Arbeitslosigkeit in Westberlin nach Ostberlin gekommen. Er wurde ein verläßli-

174

cher Kraftfahrer, konnte sehr schnell zum stellvertretenden Leiter eines Betriebsteils bei der Straßenreinigung aufrücken.

Das war fast eine selbständige Tätigkeit, er war sozusagen Herr einer Schicht. In der schönen Sommerzeit hatte er bar auf die Hand sechshundert Mark, im Winter mit den vielen Überstunden vom Schneefall stieg sein Einkommen auf tausend Mark. Und nach der Nachtschicht ging er mit den anderen Kraftfahrern und den anderen Angestellten und Arbeitern gern in den Wartesaal und trank ein Bierchen und half, das Bierchen der anderen mitzutrinken, bis in die frühen, ja in die späten Morgenstunden.

Ein Mann, der berufsmäßig nachts meist nicht zu Hause ist und erst nach dem Frühstück und dann noch mit einer Fahne und wenig Geld nach Hause kommt, gilt, auch wenn er eine Schönheit ist, nicht als idealer Ehepartner. So häuften sich in seiner ersten und auch in seiner zweiten Ehe Vorwürfe, und Vorwürfe wurden durch Schläge erwidert. Auch die zweite Ehe wurde getrennt. Er muß monatlich zweihundertachtzig Mark für je ein Pärchen zahlen, das er beiden Ehefrauen zur Betreuung zurückließ.

Jedoch die staatliche Ehescheidung hat unseren stattlichen Mann nicht von seinem zweiten Ehebett getrennt. Nach der Rechtsgültigkeit des gerichtlichen Urteils blieb er in schöner Harmonie sozusagen in wilder Ehe bei seiner geschiedenen Frau.

Das Unglück fing mit einem Auto an, das Hanno kaufen wollte, einen alten Opel für tausend Mark. Er bat einen Kollegen um Geld, der aber, und das ist das Sonderbare, soll gesagt haben: »Tausend Mark, die geb' ich dir nicht, aber zweitausend kannst du von mir kriegen, die habe ich gerade bar zu Hause.« Hanno nahm, aber er kaufte das Auto nicht, er reparierte nur seine Laube, kaufte Weihnachtsgeschenke, und im Handumdrehen war das Geld weg, so sagt er, und wir müssen ihm glauben.

Der Kollege, der so bereitwillig ihm die zweitausend Mark aufgedrängt hatte, wollte sie nun aber ebenso schnell wiederhaben. Er war ein Kraftfahrer, und Hanno war der stellvertretende Betriebsteilleiter. Nun mußte Hanno von drei anderen Kollegen Geld pumpen, kurzfristig. Und auch der eine wollte sofort das Geld wiederhaben. Da griff Hanno in die Kasse, in die Kasse jener Gelder, in die Männer und Frauen zehn Pfennig zahlen müssen, um die Anstalten der »Kommunalen Straßenreinigung und Müllabfuhr« zu benutzen. Diese Gelder wurden bei Hanno gesammelt, gegen Quittung abgeliefert, und er mußte sie auf ein Bankkonto, auch gegen Quittung, wieder einzahlen. Das erste Mal nahm er nur dreihundert Mark bar, und er hoffte, durch Massentototippen das Geld zurückzuspielen. Und um Toto spielen zu können, nahm er immer mehr Geld aus der Kasse. Monatelang zahlte er die tausendfünfhundert Mark, die ihm so zuflossen, gar nicht mehr ein, vertippte sie leichtsinnig und kriminell.

Daß wahrscheinlich für die Einnahmen aus dem Totogeschäft weitere wohltätige Örtchen eingerichtet werden, mag als besonders seltsames Beispiel von kreisendem Geld- und Stoffwechsel verstanden werden.

Aber sein Tipmotiv war eben nicht der Gemeinnutzen, es war die törichte Hoffnung auf einen Haupttreffer, eine gemeine Überzeugung von seinem privaten Nutzen. Und das ging monatelang. Er zahlte die Gelder nicht ein, und das blieb genausolang unbemerkt. Dann kamen sehr sanfte Mahnungen, man wollte den beliebten Kollegen Hanno nicht kränken.

Als es sich dann nicht mehr verheimlichen ließ, daß Hanno über fünftausendfünfhundert Mark unterschlagen hatte, verließ Hanno seine zweite geschiedene Frau, seine Arbeit, er lief unstet und flüchtig in Berlin umher, übernachtete in Wartesälen, versuchte, bei seiner ersten Frau unterzukommen. Dort war aber seines Bleibens nicht lange, er hatte da – wie es der Zufall so will – wohl eine Aussprache mit einem seiner Vorgesetzten, und der veranlaßte ihn, daß er sich wieder in seinem Betrieb meldete und auch wieder seine Wohnung bei seiner zweiten Frau bezog.

Auf dem Gericht gab es für den reumütigen Hanno eine Bewährungszeit von zwei Jahren und eine Strafandrohung von einem Jahr und vier Monaten für den Fall, daß er seine Pflichten als gewissenhafter Mann und Vater verletzt. Und das wird er bestimmt nicht, denn er ist wieder Kraftfahrer im selben Betrieb geworden, in dem er als stellvertretender Betriebsteilleiter tätig war.

Die wohltätigen Einrichtungen, die dieser Hanno so böse beraubt hat, gibt es an allen möglichen und unmöglichen Stellen. Nur an der alten, längst verschwundenen Berliner Effektenbörse in der Burgstraße soll es nach einem Wort des Bankiers Fürstenberg kein solches Häuschen gegeben haben. Als der Chef der Berliner Handelsgesellschaft von einem Neuling an der Börse nach dem WC gefragt wurde. sagte der barsch und entlarvend: »Ham wa hier nich, hier bescheißt einer den anderen.«

Wir aber sprechen hier nicht über die Rolle der kapitalistischen Effektenbörse noch über die Redlichkeit der Börsenspekulanten, wir haben es hier mit der Ehrlichkeit des Kollegen Hanno zu tun, und wie es kam, daß er sich am Preis der Notdurft vergriff.

Kiste 14

Für den Gerichtsberichterstatter, das ist mein bisher streng ge-
hütetes Berufsgeheimnis, sind Betrüger meine liebsten Delinquenten. Hier zeigt sich die menschliche Phantasie. Sie sind
zwar Schurken, aber ihnen fällt etwas besonderes ein. Sie sind
nicht gewalttätig.

Diebstahl, Raub, Mord und Totschlag sind hingegen Straftaten von primitiven Seelen. Fast möchte ich sagen, Gott er-
halte unsere Betrüger ... aber bald.

Im Jahr 1974 erlebte ich vor Gericht einen völlig neuen Typ
einer raffinierten Betrügerin, die sich genau ausrechnete, wo-
mit man in diesem zweigeteilten Berlin, mit den zwei Währungen, den Wünschen und Hoffnungen einer alten, kran-
ken Dame näherkommen konnte, um sie schamlos auszu-
plündern.

Blauer Dunst und roter Stempel

Die Geprellte wurde beglückt, die Habgier der einen wurde
Seligkeit ihres Opfers. Eine makabre, tragische, unendlich komische Geschichte.

Ein schwerkrankes Fräulein, eine Klavierlehrerin, fast sechzig Jahre alt, von einem unheilbaren Leiden befallen, eine Dame, die um die ungenutzte, verlorene Zeit trauert, die am Gel-
de hängt und zum Westen drängt, die nie einen Freund oder
einen Mann hatte, erlebt in den letzten Wochen ihres Daseins
den Traum ihres Lebens. Sie macht aus ihren Wünschen, aus
ihren Hoffnungen und Erwartungen keinen Hehl.

Sie kannten sich aus dem Kirchenchor, die alte Dame und
die so viel Jüngere; auch sie unverheiratet, auch sie fühlt sich
vom Leben enttäuscht, vom Schicksal betrogen. Sie hat wohl
zwei Kinder und auch Freunde, aber gesund ist sie auch nicht,

ein Hüftleiden. Und mit Reichtümern ist sie nicht gesegnet.

Die beiden kamen sich nahe, die Jüngere half der anderen beim Nähen und Spinnen. Sie näht der alten Klavierlehrerin die Druckknöpfe und die Reißverschlüsse an die etwas biederen Kleider.

Sie ist die helfende, gute Fee Mulle, kann Wünsche erraten und kann Wünsche erfüllen. Die Fee sagt es jetzt, da alles offenbar wurde, frei heraus: Das Fräulein suchte einen Mann, ich suchte Geld. Und so zaubert sie mit leichter Mühe beides herbei, einen Traummann für das alte Fräulein und einen Berg reales Geld für sich.

Sie wahrt ein großes, großes Geheimnis. Da gäbe es in Karlshorst, ganz im stillen eine UNO-Delegation, geleitet von einem Schweizer Diplomaten Dr. Oek. Täglich trifft diese gute Fee Mulle mit diesem Dr. Oek zusammen und ist seine vertraute Mitarbeiterin. Und der Diplomat brennt darauf, die Bekanntschaft der Klavierlehrerin zu machen. Er schreibt ihr Briefe, wunderschöne, zärtliche Briefe: »Meine verehrte Frau Alisa«, beginnt er, »meine liebe Diana, meine geliebte Diana.« So darf er die Klavierlehrerin nennen. Und sie antwortet. Und er unterschreibt poetisch: »Ihr Zeus« und später »Dein Zeus«.

Ökonomisch geht es dem Herrn Dr. Oek wohl nicht besonders gut, denn die schönsten Briefe seines Lebens schreibt er auf Seiten, die er aus dem Schulheft eines Kindes herausgerissen hat. Und ohne Seife, so klagt er, muß er sich waschen. Schlimm. Die Finanzen der Weltorganisation scheinen doch sehr in Unordnung geraten zu sein.

Hätte Dr. Oek diese Schulhefte doch lieber zum Lernen als zum Liebesbriefschreiben benutzt, denn leider steht der Schweizer Diplomat mit der deutschen Grammatik und Orthographie auf ständigem Kriegsfuß. Aber sonst sind die geheimen Aktionen der UNO-Delegation durchaus friedlich, denn große Ereignisse stehen bevor, doch Blutvergießen muß vermieden werden, betont Dr. Oek in seinen Briefen immer wieder.

Die UNO scheint auch eine Art Männerkloster zu sein. Dr. Oek schreibt: »Meine Männer haben seit zweieinhalb Jahren nur Mulle gesehen und haben Appetit auf Frauen.« Deshalb muß das zärtliche Abenteuer zwischen Zeus und Diana auch vor den anderen Mitarbeitern der Weltorganisation ganz geheim bleiben; denn der schiere Neid würde sie packen. Deswegen bekommt Diana ihren Zeus auch gar nicht zu sehen;

selten genug, daß Dr. Oek einmal telefoniert. Das sind festliche Akkorde im Herzen der todkranken Klavierlehrerin. Nie hat sie erfahren, daß am anderen Ende der Leitung die gute Frau Mulle stand und durch eine Mullbinde ihre Stimme verstellte. Daß der Name des Dr. Oek von einem westdeutschen Fabrikanten entlehnt war, mag sie in einem lichten Moment wohl geahnt haben, aber das gab der Sehnsucht nach dem Mann und dem warmen Wohlstand einer Diplomatengattin Auftrieb wie eine Überdosis von Backpulver.

Trotz aller Schwierigkeiten will Dr. Oek die Dame seines Herzens kennenlernen, aber immer wird er durch Sitzungen abgehalten. Auch muß er manchmal, wenn gerade eine Verabredung durch Mulles Vermittlung zustande gekommen war, mit einem Spezialflugzeug für sechs Personen nach »Pohlen« und nach Glauchau fliegen. In Glauchau muß die UNO einen besonderen Stützpunkt haben. Dort darf die Delegation auf einem Sportplatz landen, in »Pohlen« aber nur auf Wiesen.

Seiner künftigen Verlobten schenkt Dr. Oek auch sehr wertvolle Dinge, Souvenirs sozusagen von großem historischen Wert, ein kleines silbernes Ringlein stammt direkt vom ermordeten Senator Bob Kennedy. Diana schickt ihrem Zeus einen Ring, einen goldenen mit einem Brillanten. Und Mulle soll auch aus zwei roten Edelsteinen für Dr. Oek Manschettenknöpfe machen lassen. Um die Gesundheit seiner fernen Geliebten sorgt sich der Diplomat. Er hat einen Professor beauftragt, sie zu untersuchen. Aber leider ist auch dieser Professor immer durch diplomatische Verwicklungen verhindert, die Patientin aufzusuchen. Und vielleicht blieb die alte Dame, weil sie immer auf diesen berühmten Professor wartete, in ihrer schweren Krankheit ohne jede ärztliche Betreuung.

Mulle, die ganz geheime Hauptmitarbeiterin des Dr. Oek, die aus Tarnungsgründen ihr Geld nur als Heimarbeiterin für eine Konfektionsfirma verdienen muß, verriet eines Tages dem alten Fräulein einen Vorgang von welthistorischer Bedeutung. Die UNO-Truppen im blauen Stahlhelm werden eines Tages ganz Berlin besetzen, an einem frühen Morgen im blauen Dunst. Natürlich versichert Dr. Oek immer wieder, Blutvergießen wird vermieden.

Die Folgen würden überraschend sein, die beiden Währungen werden völlig ungültig, das ganze schöne gesparte Geld der alten Dame wertlos. Aber da kann Dr. Oek helfen. Man brauche das Geld nur auf ein Postsparbuch einzahlen zu lassen, und die Einzahlung müsse rot abgestempelt werden. Die Beziehungen zu diesem roten Stempel hat nur Dr. Oek. Der rote Stempel ist das schlechte Gewissen der bösen Fee Mulle.

Dreitausendzweihundert Mark händigt die Klavierlehrerin der bösen Mulle aus, und mit einem roten Kugelschreiber malt sie in das Postsparbuch der alten Dame – schlecht und für jeden sinnigen Menschen sofort erkennbar – einen Empfangsstempel. Im Krankenbett aber behält die Klavierlehrerin das brennende, welthistorische Geheimnis nicht für sich. Eine andere Dame wurde in die bevorstehende UNO-Aktion eingeweiht. Auch sie brachte neunhundertfünfzig Mark an, und auch die wurden im Postsparbuch rot quittiert.

Dr. Oek wurde immer charmanter. Nach dieser Geldtransaktion kamen jede Woche Blumen, Rosen, Nelken, Narzissen. Zur Verlobung kannte seine Großzügigkeit keine Grenzen. Er schenkte der lieben Diana bare zweitausend Mark, wirklich, und die wurden auch mit rotem Stempel in ihrem Postsparbuch quittiert. Das Glück war vollkommen. Und zur Verlobung wäre Zeus oder, wenn man so will, Dr. Oek auch persönlich erschienen, aber das Unglück wollte, daß er über eine Bananenschale stolperte und sich das Bein brach. Die Leute von der UNO leben.

Das Leiden der Braut Diana wurde leider immer schlimmer, sie mußte ins Krankenhaus eingeliefert werden, und sie starb am nächsten Tag als Braut des großzügigen Schweizer Diplomaten Dr. Oek, der nur durch sein gebrochenes Bein verhindert war, an ihr Krankenbett zu eilen; sie starb in gesicherten finanziellen Verhältnissen. Ein schöner Tod, in holdem Wahn.

Für dreizehn Monate ist nun Frau Mulle in ganz, ganz gesicherten Verhältnissen.

Ein etwas fatales Mädchen

1971. Nie kann sie nein sagen, Lilo, die Zwanzigjährige. Aber diese doppelte Negation kann man leider nicht positiv werten. Dabei hat sie alles, was sie froh und andere glücklich machen könnte: die wohlgeformten Beine, eine hübsche Figur, die dunklen Augen, der dezent geschminkte Mund und das kecke Näschen, das nußbraune Haar, das Ganze gehüllt in eine blaurote Strickkombination, eine Freude für Herz und Sinne.

Ich zögere nicht, das so zu beschreiben; denn der Mensch, der hier vor seinen Richtern steht, ist mir wichtig. Und meinen Leserinnen und Lesern will ich den armen Sünder oder die arme Sünderin so gut wie möglich schildern, damit die Tat, die Motive, ja die ganze Persönlichkeit, und wie diese Persönlichkeit auf die Umwelt wirkt, verständlich werden. Denn der Mensch ist nicht nur ein Produkt aus Erziehung, aus sozialen Verhältnissen, nicht nur beeinflußt von seinen Freunden, Feinden und Kollegen, er ist auch selber ein Naturprodukt mit Anlagen und Begabung, und hier, in diesem Falle Lilo, ein sehr gelungenes.

Schuld an Lilos Versagen hat nach ihrer Meinung die Mutter. Die ist geschieden, hat später einen anderen Mann geheiratet, mit dem Lilo sich nicht versteht. Als intelligenter Mensch machte ihr die Schule keine Schwierigkeiten, sie kam bis zur zehnten Klasse, wurde aber wegen der häuslichen Unstimmigkeiten in einen Jugendwerkhof gebracht. Volljährig aus dem Werkhof entlassen, fand sie schnell einen Verlobten und eine Tante. Die haben sie erst einmal elf Monate unterstützt. Dann wurde die Verlobung gelöst, die Tante zahlte auch nicht mehr, Lilo mußte, so schwer es ihr fiel, arbeiten. Sie kam auf Grund ihrer guten Zeugnisse sofort als Sachbearbeiterin bei der Sparkasse unter.

»Das war ein Spießrutenlaufen für mich.« Die Kollegen hätten sie nicht gegrüßt, weil sie, so sagt sie, aus dem Jugendwerkhof kam. Ob das wirklich so war? Ich kann es mir eigentlich nicht denken.

Sie schied aus und machte Pause, ging aushilfsweise zum Postscheckamt. Und danach als Sachbearbeiterin zu einer Ingenieurfachschule. Eine Ehe soll sie zerstört haben, fristlose Entlassung. Merkwürdig, in solchen Fällen werden immer die Frauen entlassen, der Mann ist wohl zu wertvoll, der bleibt.

Am 25. Juni 1970 wird sie in einem größeren elektrochemischen Werk eingestellt, auch als Sachbearbeiterin. Dort fühlt sie sich wohl; eine Kollegin ist besonders nett zu ihr, sie tritt auch als Kollektivvertreter auf. Und die erklärt: »Ich habe Lilo sofort meine Freundschaft angeboten, auch ich bin elternlos aufgewachsen.« Lilo ist intelligent und fleißig. Aber dann bleibt sie plötzlich der Arbeit fern. »Wegen der Untersuchungshaft«, sagt sie.

Nein, schöne Lilo, so war es ja nicht. Wir müssen erst einmal von Herrn Martin reden, der schon vor geraumer Zeit in ihre Sphäre eingetreten war. Ihn, den großen, stattlichen Herrn, dunkelhaarig, mit einem tiefzerfurchten Gesicht, Hornbrille, dreiundfünfzig Jahre alt, hatte Lilo einmal am Biertisch getroffen. Sie klagte über ihr schweres Leben, bei der Mutter sei kein Verständnis, Jugendwerkhof, und jetzt wohne sie bei einer Freundin, provisorisch.

Wie alt denn der Herr Martin gewesen wäre, fragt der Vorsitzende Richter.

»Ich taxierte ihn auf etwa vierzig Jahre.«

Taxen, so sagt man und so sieht man, sind Faxen. Lilo hat ihn sicherlich sehr geschont, als sie das sagte. Er sieht nämlich so alt aus, wie er ist.

»Sie können zu mir kommen, ich wohne allein in zwei Zimmern«, hat er ihr angeboten, wie er vor Gericht aussagte. »Du kannst dich bei mir entfalten.« Man beachte das elegante Überwechseln vom Sie zum Du. Das Alter, so sagt Lilo vor Gericht, spiele in diesem Punkt keine Rolle. Hören wir aber, wie Herr Martin es schildert, bieder, sehr bieder.

»Ich habe immer gesagt, Fräulein Lilo, gehen Sie arbeiten. Ich habe wie ein Vater mit ihr gesprochen. Du bist noch jung, die Gesellschaft braucht jeden Menschen. Aber du kannst mir auch den Haushalt machen.« Er liebt die Ruhe, die aufgeräumte Wohnung, die vorgewärmten Pantoffeln und ab und an die Liebe der schönen Lilo. Aber tatsächlich, in dieser Zeit begann sie auch mit ihrer Arbeit in dem elektrochemischen Betrieb.

»Manchmal kam sie aber erst morgens um vier nach Hause«, so erzählt Herr Martin, »und ich sagte ihr, du kannst ja machen, was du willst, nur halte mir das Haus sauber.« Ganz ruhig wie hier vor Gericht sagte er es nicht, einmal zugegeben, ohrfeigte er sie auch. Dabei war sie mit dem Taxi nach Hause gekommen, um schnell bei Herrn Martin zu sein, allerdings ohne zu bezahlen, auf Rechnung.

Ein alter Bekannter von Lilo, zur Zeit Unteroffizier in dem schönen Städtchen Pirna, schrieb ihr: »Ich bin jetzt geschieden und möchte dich gern einmal wiedersehen.« Und da ließ die schöne Lilo den Betrieb und den väterlichen Freund Martin sitzen, stahl ihm aus seinem Schrank zweitausendsiebenhundertfünfzig Mark aus einer Kassette und verschwand ohne Gruß und Kuß nach Pirna, per Taxi. Vorher hatte sie sich fein eingekleidet, Puder, Lippenstift und Parfüm besorgt.

Die Liebe zu dem geschiedenen Unteroffizier war bald zu Ende. In Pirna fand sich ein Kamerad, der sich der untröstlichen Lilo annahm und der sich mit ihr mir nichts, dir nichts verlobte.

Inzwischen war aber Herr Martin zur Volkspolizei gegangen, hatte Anzeige erstattet, und so kam Lilo in Untersuchungshaft.

Nachdem sie in wenigen Wochen alles gestanden hatte, brauchte sie nicht länger zu sitzen, und Herr Martin nahm sie in seine liebenden und seine väterlichen Arme wieder auf.

Auch die Kollegen waren bereit, weiter mit ihr zu arbeiten, aber dann kam eine sonderbare Geschichte. Lilo war an einem für sie arbeitsfreien Sonnabend ins Werk gegangen, um sich mit ihrem Abteilungsleiter auszusprechen über persönliche Schwierigkeiten. Das führte zu Verdächtigungen. Und von nun an blieb Lilo der Arbeit fern.

Und da gab es auch noch eine Anzeige wegen Betrugs. Fünfmal war sie mit dem Taxi gefahren, ohne zu bezahlen. Sie ließ sich immer die Rechnungen nach Hause schicken.

Schweren Herzens entschloß sich das Gericht bei Lilo doch noch zu einer Strafe auf Bewährung. Die Zeit der Bewährung: zweieinhalb Jahre und zweieinhalb Jahre Bindung an den Arbeitsplatz. Auf ihren Wunsch bleibt sie in dem elektrochemischen Betrieb, kommt aber in eine andere Abteilung. Eine Strafe von acht Monaten ist ihr angedroht, wenn sie sich wieder von der Arbeit entfernt. Schadenersatz muß sie leisten an Herrn Martin und den Taxibetrieb.

Und dann verließen Lilo und Herr Martin gemeinsam das Gericht, Herr Martin befriedigt über das Urteil, befriedigt in seinen vier Eigenschaften: als Liebhaber und als Schadenersatzheischender, als Vater und als Strafantragsteller.

Drei Handwerksburschen und die dicke Marie

1971. »Drei Handwerksburschen hatten verabredet, auf ihrer Wanderung beisammenzubleiben und immer in einer Stadt zu arbeiten«, so bei Grimm und beinahe so hier in Berlin-Weißensee.

Diese drei waren fast Riesen, Riesen an Körperkraft und an Fähigkeit, Geld zu verdienen, aber durchaus keine Riesen an Urteils- und Denkkraft. Sie scheuten sich vor keiner Arbeit, sie fuhren mit einem großen Wagen durch die Stadt und pumpten die Gullys leer, damit die anderen Menschen in der Stadt auch bei größtem Unwetter trockenen Fußes durch die Straßen gehen könnten. Und sie suchten nach dem Glück, und wie im Märchen galt auch für sie als Glück, »große Herren zu werden und in Kutschen zu fahren«.

Und immer hielten sie Ausschau nach dem großen Gewinn.

»Wenn ihr tun wollt, was ich euch sage, soll's euch an Geld und Arbeit nicht fehlen«, sagte hier nicht ein feiner Herr mit einem Pferdefuß wie im Märchen, nein, das sagte ihnen der Schrottbeauftragte. »Sammelt Schrott.« Und aus dem Zauberkasten des fernen Sehens tönte auch immer die Mahnung: »Laßt kein Stückchen Eisernes, Kupfernes oder Zinnernes verkommen, sammelt, es soll nicht euer und nicht unser Schaden sein.« Wie schön gehen beim Schrottsammeln gesellschaftlicher und privater Vorteil Hand in Hand. Kein Fühlender wird unsere drei Handwerksburschen verdammen, wenn sie die Augen aufrissen, sahen, anhielten und in ihren Wagen luden, was nicht niet- und nagelfest war.

Da winkte ihnen eine Tages ein dicker Brocken. Am Straßenrand in einem Vorstadtdorf von Berlin sah einer der Fahrer einen großen Metallkasten - halb eingesunken im tiefen Morast und völlig verdreckt. »Halt!« schrie er. »Haltet an, laßt sehen, ob wir hier privates und gesellschaftliches Bedürfnis vereinen können.« Nein, das schrie er natürlich nicht. Er sagte: »Das scheint mir ein dicker Brocken zu sein«, und er blies zum Sammeln.

Alle drei stiegen ab und versuchten, den halb versunkenen eisernen Kasten zu stemmen, aber der war so schwer, daß die drei ihn gar nicht bewegen konnten. Da sagten sie sich, da muß doch die dicke Marie drinstecken. Ich glaube natürlich nicht, daß sie damit an eine wundertätige Fee dachten, wohl aber an einen goldglänzenden Metallkern, der ihnen auch alle ihre Wünsche hätte erfüllen können. Aber der schwere Kasten steckte zu tief im Schlamme. Da sahen sie, daß er mit einem Deckel zugeschraubt war; eine Schraube fehlte schon. Und so sagte der eine von den drei Handwerksgesellen: »Wartet auf mich, ich hole mir einen kleinen Vorschlaghammer, wir wollen doch mal sehen, ob wir diese Truhe nicht öffnen können.«

Tüchtige Bauarbeiter auf der anderen Straßenseite konnten ihnen aus der Verlegenheit helfen. Ein Vorschlaghammer war schnell zur Stelle, und mit vereinten Kräften sprengten sie den Deckel in tausend Teile. Aber welche Enttäuschung: Heraus kam nicht die dicke goldene Marie, nein, eine Pechsträhne. Sie dachten, es sei Teer, in Wirklichkeit war es eine Bitumenmasse. Und erst unter dieser schwarzen Schicht winkte ein Kasten aus feinstem Messing. Das aber kam unseren drei Handwerksburschen nicht ganz geheuer vor. Sie sagten sich, davon soll man die Finger lassen, Pech soll man nicht angreifen, es zahlt sich nicht aus, das meinten sie im wirklichen und im symbolischen Sinne. So nahmen sie nur den in tausend Teile zersprungenen Deckel, luden ihn auf und verkauften ihn mit anderem Gelumpe für etwa dreißig Mark beim Altstoffhändler.

Der Teufel muß die drei bisher so braven Handwerksburschen geritten haben; denn diese große eiserne Kiste gehörte der Deutschen Post. Es war ein funkelnagelneuer Spulenkasten für das Telefonnetz, ein Objekt im Werte von vierzehntausend Mark.

Wie langsam die Post beim Einmauern eines solchen Kastens ist, konnten die drei großen und starken Handwerksgesellen nicht ahnen. Der Kasten stand schon acht oder vierzehn Tage und versank immer tiefer, ohne daß sich die Techniker um ihn gekümmert hätten. Und dabei war es ein Ding, das Menschen elektronisch verbindet, Forderungen und Träume, Geschäft und Liebe, Bewußtes, Unbewußtes, Nebenbewußtes vermittelt. So blieben viele projektierte Gespräche ungesprochen. Geschäfte wurden nicht abgeschlossen, Liebe konnte nicht zu Liebe finden, Versammlungen wurden weder anberaumt noch abgesagt. Die große, zerschlagene Kiste mußte wieder aufgeladen und repariert werden.

Das haben die drei tollen Handwerksburschen getan, heißt es im Märchen, und sie fühlen sich unschuldig, die einen, weil sie es - im Märchen - nicht waren, und die anderen, die drei, die es wirklich waren in Weißensee, sie antworten wie im Märchen immer wieder: »Wir alle drei«, und als zweites: »Bares Geld«, und als drittes, mit Unschuldsmiene: »Jawohl, war's recht.« Und das hatte ihnen nicht der Teufel mit dem Pferdefuß, sondern ein Wolf eingegeben. Und der geschickte Advokat sagte auch, man solle nicht glauben, weil der Kasten so schmierig war, daß die drei auch eine schmierige Gesinnung hätten. Und wenn man schon den Kasten auf der Straße wie weggeworfen fand, so dürfe man doch nicht fundamentale Grundsätze des Rechtswesens auf die Straße werfen. Diebstahl und Sachbeschädigung, nämlich die Anklagepunkte, seien Taten, die ein bewußtes Handeln voraussetzen. Fahrlässige Wegnahme und fahrlässige Sachbeschädigung seien nicht strafbar. Alle drei Handwerksburschen seien wenig gebildet, aber sonst hochanständige Menschen, und sie seien fest davon überzeugt gewesen, daß dieser schwere Kasten herrenlos war.

Es war bewußte Leichtfertigkeit, sagte das Gericht. Die drei Handwerksburschen hätten gehandelt unter dem Denkvorgang: »Und wenn schon«, und das sei der sogenannte bedingte Vorsatz, und zur Strafe müsse jeder fünfhundert Mark zahlen, und noch gemeinsam müßten sie für die Reparaturkosten des Kastens in Höhe von tausenddreihundertfünfundfünfzig Mark aufkommen.

Das große Glück, meine lieben bärenstarken Handwerksgesellen, ist nicht die dicke Marie in der gußeisernen Zaubertruhe, und es kann auch nicht mit einem Vorschlaghammer herbeigeklopft werden.

Der nächtliche Ruf: Adelaide

1973. Um vier Personen geht es, vier Personen, die Nachbarn sind. Ihr wesentlicher Kitt: Alkohol. Da ist Herwart. Niederdruckheizer, am Tag immer die Inkarnation der Pflichterfüllung und Pünktlichkeit, der ein Mustermensch wäre, wenn er Alkohol vertragen könnte. Der beste Mensch wäre er, wenn er wenigstens abstinent leben würde. Aber leider tut er es nicht. Der friedliche Herwart wird böse und schlimm, wenn er getrunken hat, und so kommt es, daß er durch Alkohol zehn Jahre seines zweiundvierzigjährigen Lebens vom Alkohol getrennt werden mußte. Er wohnt jetzt im vierten Stock, er ist so gut wie und so schlecht wie verheiratet mit Elli. Zehn Jahre älter als er ist sie, die leider durch ihren Beruf als Serviererin auch keine Alkoholfeindin ist und Herwart nicht bewahren konnte, weder vor dem Alkoholzuspruch noch vor dem Anspruch auf jene Dame, die zwei Stock unter den beiden wohnt, Drehpunkt der Ereignisse in jener Nacht im heißen August, die schöne achtundzwanzigjährige Adelaide.

Es geht mir wie Homer, ich kann ihre Schönheit nicht direkt beschreiben, weder hat Homer die Griechin Helena, noch habe ich die schöne Adelaide aus Treptow gesehen. Wir beide haben nur die Gelegenheit, ihren Zauber durch die Wirkung auf die ältesten Männer darzustellen. Elli ist da eine wichtige und nicht unvoreingenommene Zeugin: Adelaide sei so temperamentvoll, daß selbst ein sehr feiner, sehr wohlhabender Herr von zweiundsiebzig Jahren mit einem Hörrohr sie häufig besucht habe. Nach Meinung anderer Prozeßbeobachter hat Frau Elli die Realität von 1972 ein wenig durch eine Erinnerung an Auerbachs altehrwürdig-spießigen Kinderkalender gewürzt. Dort ist in jedem Jahr eine ständige Witzfigur dargestellt worden, Onkel Hannemann mit Hörrohr, der immer alles falsch verstanden hat. Diese sachkundigen Besucher meinten, wohlhabende schwerhörige Herren trügen heute elektronische Hörapparate. Ob Hörrohr oder -apparat, Adelaide hat den alten Herrn zu Erstaunlichem hingerissen.

Lassen wir aber dennoch diesen wohlhabenden Herrn auf sich, oder auf was weiß ich beruhen, wenden wir uns lieber der vierten Zentralfigur in unserem Drama zu, Kalle, auch ein älterer, zwar kein alter Knabe, vierundsechzig Jahre, etwas asthmatisch, auf einem Auge sehbehindert und auch nicht mehr ganz flott auf den Beinen. Aber leider auch ein Freund des Menschheitströsters Alkohol, auch ein Freund der schönen Adelaide, nicht nur ein väterlicher Freund, wie er auf eindringliches Befragen der Richterin mit einem gewissen Stolz bekennt.

Frau Elli wollte wissen, daß Herr Kalle Gold und Geschmeide gleich nach dem Tod seiner lieben Gattin zu Adelaide getragen habe, eine Tatsache, die unerheblich ist, aber nur die Wirkung der Schönen auf die älteren Herren unterstreicht.

Herwart und Elli saßen an diesem Abend in einem Restaurant und tranken viel zu viel Bier und Kognak. Herr Kalle vom Nebenhaus und Nebentisch spendierte seinen Nachbarn eine Lage Bier. Er hatte aber leider nicht nur die Spendier-, er hatte auch die Renommierhosen an und erklärte laut und vernehmlich einiges über die nicht anwesende Dame Adelaide, einen gewissen Verdacht, sie sei wohl eine gemeinsame Freundin, was bei Elli sehr böse ankam. Dann sagte er, taktvoll, wie

Herr Kalle ist, »auf diesen vorbestraften Herwart muß ich ja aufpassen, der steht ja unter Polizeiaufsicht«. Eine üble Verleumdung. Das wieder ärgerte Herwart, aber gegen dreiundzwanzig Uhr strebten die drei fast friedlich den heimischen Betten zu. Herwart und Elli gingen in den vierten Stock, an der Wohnung der schönen Adelaide vorbei.

Kalle schloß das Tor seines Hauses, des Nachbarhauses, auf, strebte über den Hof in seine Wohnung im Seitenflügel. Plötzlich sei dann Herwart über den Maschendraht, der beide Innenhöfe der Nebenhäuser trennt, gesprungen und habe neben ihm, dem Kalle, gestanden, ihn als Verräter und Schuft beschimpft und blutig geschlagen. Auch eine Zahnprothese sei dabei zerbrochen, sagte Kalle, und noch heute spricht er zahnlos.

So sei es nicht gewesen, Kalle habe auf dem Hof seines Hauses gestanden und in die Nacht hinein gebrüllt, gerufen: »Adelaide! Adelaide!« Das habe Herwart so geärgert, er sei hinuntergegangen in seinen Hof, auf eine Mülltonne geklettert, über den Zaun gesprungen und habe Kalle tatsächlich »Schwein« und »Verräter« genannt. Der habe sich das nicht gefallen lassen und ihn in den Bauch getreten.

Obwohl es Kalle nicht zugeben will, er muß eine Zeit auf dem Hof gestanden haben, und sein Ruf blieb ja auch nicht unerhört. Wer ist nun angegriffen worden? Die Prügelei ist erwiesen, und eine Überschreitung der Notwehr, eine Notwehrsituation, die er selber provoziert hat, kann Herwart nicht leugnen. Seine Vorstrafen und die acht Tage Arbeitsunfähigkeit des Lagerarbeiters Kalle wiegen schwer im Verfahren. Das Urteil: sechs Monate Freiheitsentzug.

Die schöne Adelaide blieb dem Verfahren fern. Wie man hört, ist auch sie dem Alkohol verfallen, und schon mußte sie bei ihren achtundzwanzig jungen Jahren eine Entziehungskur durchmachen und konnte der Einladung des Gerichts nicht folgen.

Oh, schweres Amt der Protokollantin in einem solch verzwickten Verfahren. Herr Kalle wurde zum Beispiel gefragt: »Haben Sie auf dem Hof nach der jungen und schönen Frau Adelaide gerufen?« Herr Kalle sagt: »Nein.« Und das Nein muß protokolliert werden. Aber er zerdehnt das Nein so, zuckt dabei mit den Schultern. Jeder, der es gesehen hat, kann aus einem solchen Nein lesen, was er will: ein Vielleicht, ein Wahrscheinlich, ein Ja, nur ein klares Nein bedeutet das Nein nicht. Um vier Personen geht es, die Nachbarn sind.

Zerdehntes Nein, zuckende Schultern, Wirtshausgeschwätz, Haus- und Hofklatsch, Bier- und Schnapsdunst, Auerbachs Kinderkalender, die ganze miese, spießbürgerliche Vergangenheit; des deutschen Spießers Wunderhorn.

Müder Wanderer – wilder Räuber

1976. Ihres Lebens schönster Traum: eine Jacke – feine Leute nennen sie einen Blazer; ob rot, grün oder blau, wir wissen es nicht, wir wissen nur, Karin mußte ihn haben. Sie allein hatte eine genaue Vorstellung, wo dieses Wunderwerk der Schneiderkunst zu erwerben sei. Wir ahnen, wie gut ihr dieser Blazer gestanden hätte zu ihren langen Beinen, ihren langen, naturblonden Haaren. All das wäre richtig zur Geltung gekommen. Karin mit ihren achtzehn Jahren war völlig behext von dem einen Gedanken, diesen Blazer zu besitzen. Nur ein einziges Mal vom Weg abzuirren und nur ein einziges Mal, und alles Glück der Erde wäre ihr zugefallen. Das ganz Glück war eben dieser Blazer.

Wer ist Karin, was ist sie? Wie kommt es, daß nur ein Kleidungsstück zählt? Sie war ein schwieriges Kind, schon da hatte sie ihre falschen Träume, von Schokolade und Bonbons. Und immer griff sie unbeherrscht zu. Die Mutter wurde mit dem schlanken Mädchen nicht fertig, ein Kinderheim mußte die Erziehung übernehmen. Von Schokolade und Bonbons ist sie geheilt, ihre Süße würde sie bei allzuviel Süßigkeit verlieren, und das wäre das Allerschlimmste für die lange Karin.

Sie wirkt, und das weiß sie genau, nicht durch ihre außergewöhnliche Schönheit, das ist es nicht, nur durch die Anmut der Bewegungen, irgend etwas Jugendlich-Sportliches hat sie, auch ist sie eine begeisterte Handballspielerin.

Sonst sind ihre Interessen nicht sehr weitgesteckt, denn die Kneipen liegen so sehr nah. Oft trifft sie sich mit Kumpels und Kumpelinen dort, Doppelkorn ist ihre Leidenschaft, Karin ist ein Abend- und ein Nachtmensch geworden.

Aber auch die Doppelkorn bezahlt Karin nicht selber. Ihre monatlichen Einkünfte sind reichlich mager, bei ihr reichen sie genau für eine Woche. Es müssen dann die anderen für die schlanke Karin zahlen, wenn sie die Ehre und das Vergnügen haben wollen, ihre doppelten Doppelkorn in Karins Begleitung zu trinken.

Sie wäre am liebsten Kellnerin geworden, auch eine ungelernte, sie hat eben einen Hang zur modernen Gastlichkeit, vor allem, wenn ein Streifen für sie abfällt. Indes, die Mutter ist nicht dafür. Als die Berufsberatung kurz vor dem Abschluß der zehnten Klasse die Schulabgänger beriet, wurde ihr der Beruf eines Hygieneinspektors empfohlen. Und Karin meldete sich auf Drängen ihrer Mutter dazu. Die Sorgen und der Ehrgeiz waren die Triebkräfte der Mutter, um die gewisse Sorglosigkeit bei Karin zu überwinden. Sie mußte eben etwas lernen, etwas studieren. Sie wurde zum Studium aufgenommen an einer medizinischen Fachschule mit einem Stipendium von hundertfünfundsiebzig Mark. Von diesem Geld braucht Karin der Mutter nichts abzugeben, für Essen, Wohnung und Kleidung ist sie bestens gesorgt.

Aber mit Sorge betrachten die Lehrer und die meisten etwas jüngeren Mitschüler den matten Eifer der schönen, schlanken Lilie Karin.

Im Verschlafen und Zuspätkommen brach sie jeden Rekord. Auch bei der Wertung ihrer Fehltage lag Karin unangefochten an der Spitze, leider aber nicht bei der Aneignung von Kenntnissen. Ob sie überhaupt bisher etwas gelernt hatte, wissen wir nicht, denn allen Leistungskontrollen ging sie aus dem Wege.

Selbst am Tag vor dem Prozeß kam sie zwei Stunden zu spät zum Studium, ging aber wohl zum Ausgleich auch zwei Stunden früher weg. Und zum Verfahren kam sie auch eine gute Viertelstunde zu spät, so daß das Gericht schon Telefongespräche eingeleitet hatte, um sie mit Volkspolizei und Blaulicht aus dem Bett zu holen. Aber dann erschien sie doch ganz selbständig.

Eines Nachts stand sie um halb eins in der Innenstadt von Berlin und wartete auf einen Bekannten, der aber auf sich warten ließ. Da kam ein müder Wanderer des Wegs, ein Mann von reiferen Jahren, und den bat die schlanke Lilie um eine Zigarette. Wem solches in der Berliner Innenstadt nachts um halb eins widerfährt, der denkt sich sein Teil, also auch der müde Wanderer.

Wie das weitere Gespräch verlief, darüber breitet sich der Schleier der dunklen, milden Novembernacht. Karin sprach darüber vor Gericht so leise, daß der Zeuge in dieser Sache es nicht in allen seinen Nuancen aufnehmen konnte. Der müde Wanderer aber machte seinem Namen Ehre und hatte den Ruf, als Zeuge zu erscheinen, gänzlich überhört und konnte seine Version nicht vorbringen.

Also nur die nackten und erwiesenen Tatsachen. Der Wanderer bot Geld für Liebe, Karin wollte auf jeden Fall Geld, Geld für den ersehnten Blazer. Die ganze große Liebe aber – so sagt sie vor Gericht – konnte sie an diesem Abend nicht geben, wohl nicht aus moralischen, sondern aus gewissen körperlichen Gründen.

So küßten sie sich und so weiter, Karin für Geld, der Wanderer aus Liebe, sie begaben sich zu einem Gebüsch am Robert-Koch-Platz, der Wanderer schlug ein anderes Gelände vor, wo es ruhiger und weicher sei, aber dahin wollte sie nicht.

Ihr gelang es, sich dem Drängen des nun nicht mehr müden Wanderers zu entziehen, sie konnte aber bei diesen Bemühungen aus der Jacke die Brieftasche mit achthundert Mark ziehen. Und die Brieftasche steckte sie in ihren Stiefel.

Der Wanderer aber bemerkte plötzlich das Fehlen seines schwer erarbeiteten Geldes und ergriff Karins Handtasche. Da erboste sie sich, die törichte Jungfrau Karin, hob ein Geschrei an, er hat mir meine Tasche entrissen, der müde Wanderer sei ein wilder Räuber.

Aber die Behörden, hier die Volkspolizei, sind nicht so leicht zu betören. Sehr schnell wurde aus Karins Schuhen die Schuld bewiesen, die Schuld, die sie dem müden Wanderer in die Schuhe schieben wollte. Der Wanderer kam wieder in den Besitz seines Geldes, Karin in den einer Anklageschrift.

Peinlich ist die ganze Sache, vor Gericht bekennen zu müssen, die Karin an der Grenze des Gunstgewerbes betrieben hatte.

Das Urteil, zwei Jahre, auf Bewährung ausgesetzt, vollstreckbar mit sechs Monaten Freiheitsentzug, wenn sie sich wieder fremde Brieftaschen ans Bein bindet. Und in der Bewährungszeit alle drei Monate Rechenschaft vor dem Kollektiv und vor Gericht über ihre Gesamtentwicklung.

Aber vor welchem Kollektiv? Vor dem Kollektiv künftiger Hygieneinspektoren? Ein Beruf, der Eigenverantwortlichkeit und Unbestechlichkeit als erste Voraussetzung fordert. Karin als Hygieneinspektor?

Mit diesem Fragezeichen muß der Bericht hier enden, der Reporter kann die Frage nur stellen. Die Antwort müssen Karin und ihre Mitschüler finden.

Kiste 15

Die Wohnung von Sigis Omi

1978. Es hätte eine Katastrophe geben können. ein großes Mietshaus war durch ein Gasgemisch bedroht. Schuld daran waren ein Paar ganz besonders feine Jeans. Der Retter, der Zufall: eine Portion Schlagsahne. So sind es oft die kleinen Dinge, die eine Katastrophe einleiten können, und oft noch kleinere, die sie abwenden. Der Zufall, so sagen die Philosophen, sei auch eine Erscheinungsform der Gesetzmäßigkeit, das verstehe, wer will.

Es sind natürlich nicht die Dinge, die Katastrophen auslösen oder verhindern, die Jeans oder die Schlagsahne als solche. Durch Jeans fliegt kein Haus in die Luft. Schlagsahne allein kann den Funken nicht löschen. Hinter den Dingen stehen Menschen, die einmal grundverkehrt und zum anderen folgerichtig und schnell eingreifen.

Die Jeans, die ganz engen, brachten den Täter in Bewegung. Den Rolli nämlich, den Tiefbaulehrling mit dem etwas zu kindlichen Gemüt, den etwas zu dummen, der mit einem blonden, kessen Schnurrbärtchen seinem weichen Gesicht eine männliche Note zu geben versucht. Aber ach, es gelingt ihm nicht. Der Schnurrbart macht eben nicht den Mann. Zum Manne gehören neben einigen körperlichen Eigenschaften auch ein kritisch überlegender und überlegener Geist. Aber von dem kann Rolli mit Recht sagen: »Ham wa nich. Und wann wir ihn reinkriegen, weeß ick nich. Vielleicht später.«

Die Belieferung mit Geist soll keineswegs hier verglichen werden mit dem sporadischen Aufkommen an ganz engen Jeans, denn Besitz an Geist kann man bekanntlich nicht vortäuschen. Und man kann sich auch nicht damit schmücken wie mit Jeans, die einem rechtmäßig gar nicht gehören.

Rolli, der jeanslose Rolli, hatte eine kleine Freundin, Sigrid.

Wieweit Sigrid mit Rolli befreundet ist oder war, ist nicht wichtig. Sigrid war mehr die Freundin von Rollis Schwester. Aber Sigrid hatte eine Omi in der Nachbarschaft, diese ältere Dame war auf Arbeit – wie man in Berlin sagt. Sie hatte Sigrid ihren Wohnungsschlüssel zu treuen Händen übergeben. Indes die Hände von Sigrid waren nicht ganz so treu. Sie nahm Freundinnen und Freunde mit in Omis kleine Wohnung. Und dort ließ man es sich wohlsein. Dort erfuhr Rolli, Sigrids Omi hatte Geld im Küchenschrank liegen, mit dem er seine Traumjeans kaufen könnte.

Das lose Mädchen Sigrid ließ noch zu allem Unglück den Schlüssel zu Omis Wohnung bei Rollis Schwester liegen. Jetzt schien der Weg für die ersehnten Jeans offen. Rolli nahm sich den Schlüssel, ging ganz allein in die Wohnung von Sigrids Omi, fand dort im besagten Küchenschrank dreihundertsechzig Mark.

Dieser Diebstahl wäre schon schlimm genug gewesen, aber nun fing Rollis Kopf an zu arbeiten. Und er kam auf krause Gedanken. Sicher wird Sigrids Omi das Geld vermissen. Sie wird nachdenken: Hier ist ja gar nicht eingebrochen worden. Hier wurde die Wohnung mit dem richtigen Schlüssel aufgemacht. Den richtigen Schlüssel hatte aber die kleine Sigrid ganz allein – so dachte wenigstens Rolli. Und dieser Schlüssel war ja bei seiner Schwester liegengeblieben. Und wenn man dann bei ihm, dem Rolli, die neuen Jeans findet, hat man ihn gleich am Schlafittchen.

Ein Feuer muß gelegt werden, dann sind alle Spuren verwischt, so überlegte er. Und übergoß ein Kissen mit Benzin und steckte es an. In seinem Wahn, in seiner Angst drehte er noch zwei Gashähne in der Küche auf. Um Gottes Willen, sagte er sich, Feuer und Gas gleichzeitig in einer Wohnung, das gibt die schlimmste Explosion. Und es gelang ihm noch, das Feuer zu ersticken. Die Gashähne aber ließ er offen.

Bei den Nachbarn klingelte er, er wollte damit warnen. Aber niemand weiß, ob sie das Klingeln gehört haben, ob sie überhaupt zu Hause waren, jedenfalls konnte niemand daraus entnehmen, was es zu bedeuten hatte.

Das Gas strömte weiter. Rolli ging nach Hause, sagte nichts; das Geld gab er einer Nachbarin zum Aufbewahren. Rolli und wir alle haben Glück gehabt.

Im Kühlschrank von Sigrids Omi stand ein Töpfchen mit

Schlagsahne. Eine alte Nachbarin hatte es dort hineingegeben. Sie hat keinen Kühlschrank, aber sie erwartete für den Nachmittag lieben Besuch einer Frau Doktor. Dieser alten Dame hatte Sigrids Omi auch einen Schlüssel gegeben.

Als nun die Frau Doktor zu Besuch gekommen war, ging die Nachbarin in die Wohnung, um die Schlagsahne zu holen. Und natürlich bemerkte sie den Gasgeruch.

In ihrer Angst, es habe sich dort jemand mit Gas vergiftet, holte sie sofort die Frau Doktor. Die ging beherzt in die Küche, drehte die Hähne zu, öffnete das Fenster, sie alarmierte die Volkspolizei und auch die Wohnungsinhaberin.

So konnte eine Katastrophe verhindert werden. Das große Mietshaus flog nicht in die Luft. Menschen kamen nicht zu Schaden. Aber auch Rolli hatte sich keine Jeans gekauft, er muß weiter jeanslos durch die Gegend laufen, verurteilt auf Bewährung. Und diese Bewährungszeit wird zwei Jahre dauern. Er wurde vom Gericht verpflichtet, sehr schnell den Schaden gutzumachen und auch seine Lehre mit guten Ergebnissen zu beenden. Erfüllt er diese Bedingungen nicht oder greift er noch einmal in fremde Küchenschränke, muß er für acht Monate in karge Räume einziehen.

Sigrid hat arge Schelte bekommen wegen der liegengelassenen Schlüssel. Ganz gewaltige Schelte. Frau Nachbarin wird ihren Besuch, die Frau Doktor, noch einmal einladen.

Wir sehen, wie wohltätig manchmal nachmittags eine Tasse Kaffee sein kann – aber bitte mit Sahne.

Ohne Buß und Reue

1979. »Ick nehm et nich allzu verbissen.« Als Rita das sagte, hatte sie, die Zwanzigjährige, bei mir, dem völlig unbeteiligten Zuhörer und Mitschreiber, einen Stein im Brett. Ich weiß, ich weiß, ich liege da völlig schief. Hat ein junger, auch ein älterer, ja auch ein ganz alter Mensch, also kurz ein Mensch, etwas ausgefressen, ist er durch das polizeiliche Ermittlungsverfahren auf das Falsche, Gefährliche seiner Tat hingewiesen, hat er Anklageschrift und Eröffnungsbeschluß zugestellt bekommen, erscheint er dann auch als Angeklagter pünktlich zum Termin, und ist er dazu noch vorher, wie im Falle Rita, von einer Schöffin aufgesucht und auf Pünktlichkeit des Erscheinens hingewiesen, dann erwarten die Staatsanwaltschaft und auch das hohe Gericht einen reumütigen Sünder. Einen Sünder, der das Fehlerhafte seines Tuns eingesehen hat, der Besserung, Wiedergutmachung gelobt, der eine Arbeitsstelle nun nachweisen kann, ja, der vielleicht schon mit der Rückzahlung des Schadens begonnen hat. Den reumütigen Sünder hat nicht nur laut Bibel der liebe Gott, nein auch das Gericht lieb. Er kann, falls er Katholik ist, im Beichtstuhl mit Absolution rechnen, Staatsanwalt und Gericht werden im weltlichen Verfahren prüfen, wenn er auch noch eine Bürgschaft seines Arbeitskollektivs vorweisen kann, ob nicht doch eine Strafe auf Bewährung möglich ist.

Denn die Menschen – hier meine ich vor allem die Richter, die werten Schöffen mit eingeschlossen – haben keine Röntgenaugen und sind auch nicht mit übersinnlichen Fähigkeiten ausgestattet, sie können schwer einschätzen, ob die Reue echt oder nur ein Lippenbekenntnis, also geheuchelt ist. Sie müssen sich verständlicherweise an das halten, was der An-geklagte oder die Angeklagte mündlich zu Protokoll erklärt, und das kann ein Gericht, wenn es so etwas auf schwarz und weiß besitzt, im Urteil und in der Urteilsbegründung verwenden.

Denn für den Strafprozeß soll immer [so war es in der DDR Sitte, nein Vorschrift], wenn der Angeklagte in den letzten Jahren gearbeitet hat, ein Kollektivvertreter gewählt werden, und der kann dem Gericht viel besser als ein anderer über das alltägliche Verhalten, über seine Gewohnheiten, seinen Arbeitseifer, seine Beziehungen zu den Kollegen, Mitarbeitern, Vorgesetzten oder auch Untergebenen Auskunft geben.

Mit der Aussage des Kollektivvertreters kann in vielen Fällen das Gericht mit seinem Strafausspruch dem Verurteilten echte Lebenshilfe geben. Es kann den Sünder zu einer zeitlichen Bindung an den Arbeitsplatz verurteilen und damit auch den Betrieb zwingen, den Gestrauchelten nicht aus der gewohnten Betriebsatmosphäre auszuschließen.

Das ist, so glaube ich, der große Unterschied zur bürgerlichen Strafpraxis. Das bürgerliche Gericht kann nur strafen. Was dann nach der Urteilsverkündung mit dem Angeklagten geschieht, das ist nicht Sache des Gerichts. Da muß der Verurteilte selber sehen, wie er weiterkommt.

Nun aber zu dem Fall Rita, der Anlaß war, diese Überlegungen anzustellen.

Rita hat einen überdurchschnittlichen Leichtsinn mit ihren zwanzig Jahren, und sie hat einen Fehler, sie denkt nicht. Einmal sagt sie: »Ich wollte richtig leben, wat kost' die Welt. Ich wollte das Geld mit vollen Händen ausgeben.« Aber die Summe, die sie da durch Scheckbetrug bekommen hat, sei nicht erheblich, »daran wird der Staat nicht zugrunde gehen.« Mit diesen und ähnlichen Erklärungen gewinnt man nicht die Herzen der Richter und Schöffen, auch nicht mit der Bemerkung: »Andere klauen noch viel mehr.«

Nur eine einzige Bemerkung zeigt etwas Einsicht: »Wie ick da gewirtschaftet habe, det war ja völliger Quatsch.« Aber ist das ein Reuebekenntnis, das sich im Protokoll auswerten läßt? Wohl kaum. So leichtfertig, so kodderig darf man eben nicht sein, wenn man zwanzig ist, auch wenn man nett aussieht, blondgekräuselt auf dem Kopf, wie Rita.

Ganz früher hatte sie einmal gute Ansätze, sie wollte Diätköchin lernen, kam aber mit den Kollegen nicht aus, nach drei Monaten wurde der Lehrvertrag gelöst. Dann wurde sie Telefonistin in einem Versorgungsbetrieb, einige Jahre. Aber mit ihrer Kodderschnauze am Telefon hat sie bestimmt manche Kollegen und manche Vorgesetzte geärgert, und die Arbeit wurde von ihr aufgegeben. Sie war Monate ohne Beschäftigung, und da kam sie eben auf die Idee. Heute, und das muß unbedingt nachgetragen werden, ist sie wieder in demselben Versorgungsbetrieb tätig, also allzu schlecht kann ihre Arbeit nicht gewesen sein. Sie ist nicht mehr am Telefon, sondern im Wachdienst. Ihre Idee ist wahrlich nicht neu. Auf ihrem Gehaltskonto war noch eine ganze Mark. Davon wurde auch noch die Monatsmiete in Höhe von achtundzwanzig Mark abgebucht. Es war also schon ein Fehlbetrag, eine Überziehung da. Jetzt bat sie einen Knaben, der sie restlos bewunderte, zu einer Fahrt. Den festen Freund ließ sie in Berlin zurück. Sie achtete weder die Geschäftsbedingungen der Sparkasse noch die Grundvoraussetzungen der Liebe.

Auf einen Scheck holte sie sich erst einmal fünfzig Mark ab, fuhr mit ihrem Knaben nach Senftenberg zu ihrer Schwester, kaufte für dreihundertdreiundsiebzig Mark einen Kinderwagen, angeblich soll ein Arzt bei ihr eine Schwangerschaft festgestellt haben. An diesem Tag, am 9. Januar, überzog sie das Konto mit eintausenddreihundert Mark. Damit fuhr sie nach Dippoldiswalde, hatte sich vorher eine pelzgefütterte

Jacke, einen Anorak, gekauft, natürlich auch ein Paar Schuhe. Sie nahm sich ein Zimmer in einem Hotel und zahlte mit ungedecktem Scheck.

Als der Richter ihr diesen ungedeckten Scheck vorhält und fragt, ob sie den Hotelbesitzer geschädigt habe, winkt Rita ab: »Ach, hören Sie mir bloß mit dem auf«, und sie war bereit, eine lange, skandalöse Geschichte zu erzählen, doch die wollte der ach so verständnisvolle Richter gar nicht mit anhören. Sie kaufte auch noch Babywäsche. Dann fuhr das Pärchen in die Tschechoslowakei mit viel erschwindeltem Geld in der Tasche und einem leeren Kinderwagen in der Hand. Der Kinderwagen kam abhanden, wie, weiß man nicht genau, ob er verkauft oder stehengelassen wurde. Sie reisten zurück über Dresden nach Freital, von dort fuhr Rita mit einer Taxe nach Berlin, und auch die wurde mit Scheck bezahlt, zweihundertvierundneunzig Mark stehen hier zu Buche. Auf diese Weise wurden Sparkasse, HO, Konsumgenossenschaften und der Wirt in Dippoldiswalde, alle zusammen um dreitausendvierhundert Mark geschädigt.

Da Rita wahrscheinlich nie liest und bestimmt nicht Gerichtsberichte, wußte sie nicht, daß bei dreitausend Mark Schaden die kritische Grenze überschritten wurde: Wenn nicht besonders entlastende Umstände zu Protokoll gegeben werden, wenn sich nicht ein starkes Kollektiv für den Angeklagten einsetzt, wird es keine Bewährung geben.

All ihr Humor, ihre kesse Schnauze brachen zusammen, als sie den Antrag der Staatsanwältin vernahm, ein Jahr Freiheitsentzug, keine Bewährung, natürlich Wiedergutmachung des Schadens. Diesem Antrag folgte das Gericht.

Gründe für eine Bewährungsverurteilung sind bei ihr nicht zu finden, aber ein volles Jahr Strafe bei einem Menschen, der noch nicht vorbestraft ist? Ganz schlecht ist sie nicht, sie ist noch nicht asozial, sie hat den Ernst des Lebens sicher nicht begriffen. Sie zeigt keine Reue, aber sie heuchelt sie auch nicht.

Hätte Rita doch Goethe gelesen:
Es freut sich die Gottheit der reuigen Sünder,
Unsterbliche heben verlorene Kinder
Mit feurigen Armen zum Himmel empor.

Bemäntelung

1979. Den Mantel trag' ich nicht auf beiden Schultern, ich nehm' ihn auch nicht auf die andere Schulter, ich häng' ihn auch nicht nach dem Wind, mag er von Nord oder Süd blasen, aber – ich decke den Vorgang nicht mit dem Mantel der Liebe zu, nein, es soll wirklich nichts bemäntelt werden bei der seltsamen Geschichte von Frau Annabellas Fehltritt.

Sie ist eine Frau von dreißig Jahren. Sie hatte in einer eiskalten Januarnacht sich vorgenommen, in Berlin Fasching zu feiern, ein sehr zu begrüßendes, aber sehr schwer zu verwirklichendes Begehren, da die Narren, die Närrinnen und die Narralesen im märkischen Sand nicht recht gedeihen wollen. Die Bräuche, die man künstlich von Rhein, Main oder von der Isar nach hier verpflanzen will, verdorren in kurzer Zeit wie Apfelbäume in der Sahara.

Frau Annabella ist schon lange glücklich verheiratet, sie sorgt für ihre zwei Kinder, und sie sorgt sich um ihren Mann, sie ist im Grunde ihres kleinen Herzchens ein Familienmensch. Sie durfte nach acht Klassen Schule – ich hab' ja keine Schulbildung, wie sie sagt – keinen Beruf erlernen, sie mußte für ihre kranke Mutter und für die Familie sorgen.

Dann kam das erste Kind, dann die Ehe, dann das zweite Kind. Ihr Mann ist im gastronomischen Bereich tätig; sie hoffen, bald einen Betrieb übernehmen zu können, das heißt also, außer von einigen Aushilfsstellen hat Frau Annabella nie eigenes Geld mit nach Hause bringen können. Aus diesem Grunde fehlt auch in ihrem Verfahren, über das zu berichten ist, die so wichtige Erscheinung des Kollektivvertreters.

Mit ihrem Bruder hatte Frau Annabella den schon angedeuteten Wunsch, Karneval zu feiern, sie waren gemeinsam in irgendeiner geschlossenen Veranstaltung gewesen. Zwischen Mitternacht und ein Uhr wollte nun das Geschwisterpaar im Café Moskau weiterfeiern. Dem Bruder aber wurde – streng sind die Sitten im urberliner Karneval – der Zutritt verweigert, obwohl er als Gastronom mit dem sittenstrengen Torhüter freundschaftlich verbunden ist, denn er trug nur Jeanshosen. Und da er ganz in der Nähe wohnt, bat er Frau Annabella, draußen an der Garderobe im Foyer zu warten, er käme bald ganz umgezogen, also angezogen wieder in das feine Café Moskau.

In diesem Vorraum wartete nun Frau Annabella sittsam auf

den vornehm karnevalistisch angezogenen Bruder. Da kam sie in ein Gespräch mit zwei Herren, das Gespräch muß sehr stockend verlaufen sein. »Waren die Herren Ausländer?« fragte der Richter.

»Ausländer wohl gerade nicht, ich hielt sie für Polen.« Es zeigt, daß der visumfreie Verkehr schon Differenzierungsbegriffe mit sich bringt. In der Tat, es waren richtige Ausländer im Sinne von Frau Annabella – Bulgaren. Nun wurde Frau Annabella von einem dieser Herren in die Bar eingeladen, sie sagte nicht ja, sie sagte nicht nein, sie sagte, sie warte. Dann aber erschien das Bruderherz von Annabella in einem für das Café Moskau zumutbaren Anzug. Er muß sehr nahe von dort wohnen, denn er kam ohne Mantel. Frau Annabella gab also ihren Anorak zusammen mit dem Wildledermantel des einen Herrn Ausländers an der Garderobe ab, die Garderobenmarke nahm das Bruderherz in Empfang. Und damit war schon jetzt alles in schönster Konfusion.

In der Bar trank man, ich weiß nicht, zu dritt oder zu viert, und man tanzte zu zweit. Frau Annabella sagte, sie sei vom Weinbrand oder auch vielleicht vom Tanz ganz »schön angegangen«. Das scheint die Art zu sein, in der Frau Annabella Karneval zu feiern liebt. Als sie nun wieder gehen wollte, ließ sie sich von ihrem Bruder die Garderobenmarke geben, bekam ihren Anorak, aber auch den verschämten Pelzmantel des Herrn Ausländers. Verschämt, weil er außen Wildleder und innen, also unsichtbar pelzgefüttert war. Sie zog ihn auch bedenkenlos an, setzte sich in eine Taxe und fuhr mit ihrem Bruder weg.

Zu Hause merkte nun Frau Annabella, daß sie einen Mantel anhatte, der ihr nicht gehörte, außerdem war es ein Herrenmantel. Langsam dämmerte es ihr, dieser Mantel muß doch dem einen Herrn gehören, mit dem die Verständigung so schwierig war.

Hier wäre es Zeit gewesen, auch noch am nächsten Morgen, den Mantel an der Garderobe wieder abzugeben, aber aus falscher Scham oder vielleicht auch aus echter Gier unterließ sie es. Sie sagte vor Gericht, den Mantel wollte sie nun für ihren Mann haben.

Sie sagte ihrem Mann, den Mantel habe sie in der S-Bahn gefunden, in einem der großen, leeren Abteile, die für Personen mit Kinderwagen und Fahrrädern reserviert sind. Zusammengebunden habe er in einer Ecke gelegen.

Der Mann, so muß hier mit großem Bedauern festgestellt werden, hatte keine Einwände, diesen Fundmantel anzunehmen. Und hätte er ihn getragen, wäre er ein Hehler an einem fingierten Funddiebstahl geworden. Aber er hatte ihn noch nicht in Besitz genommen.

Die Volkspolizei konnte nach acht Tagen den Mantel aufspüren, in der Manteltasche soll eine Brieftasche mit fünfhundertzwanzig Mark gesteckt haben. Von diesem Geld will Frau Annabella nichts wissen. War die Brieftasche herausgefallen oder hatte sie alles herausgenommen? War der Verbrauch dieses Geldes der Hemmschuh gewesen für die Rückgabe des Mantels? Diese Vermutung hat im dunklen Mantel der kalten Januarnacht niemand durchdringen können. Wie dem auch sei, verantwortlich ist Frau Annabella für die fehlenden fünfhundertzwanzig Mark, den Wildledermantel im Werte von tausendzweihundert Mark hat der Besitzer wieder zurückerhalten.

Bewährung für die bisher so unschuldige Frau Annabella, ein und ein halbes Jahr dauert ihre Prüfungszeit, und wenn sie dann noch außerdem in drei Monaten die fünfhundertzwanzig Mark zurückgezahlt hat, wird über die dumme Karnevalsgeschichte der Mantel des Schweigens gebreitet.

Zahllos sind die Sprichwörter, die Redensarten, die sich mit dem Mantel befassen, und auch die Geschichten. Die berühmteste, seit frühester Jugend am Niederrhein mir so vertraut, ist die Legende vom heiligen Martin, der auf einem Schimmel am 11. November reitend, mit seinem Schwert seinen Mantel zerteilte und die eine Hälfte einem frierenden Bettler gab. »Am Weg, da saß ein armer Mann, hat Kleider nicht, hat Lumpen an ...« so sangen wir in meiner Kindheit fackeltragend.

Ich habe mich schon damals als kleiner Junge immer gewundert, wie der heilige Martin das mit dem Schwert und dann auch noch reitend bewerkstelligte, und dann habe ich mich auch gefragt, wem denn ein halber Mantel noch nützt. Ich war nie für Halbheiten - unter uns gesagt.

Von Feen und Katzen

1980. Beim Überdenken dieses Falles kommt mir eine Geschichte nicht aus dem Sinn. Sie kennen alle die alte Legende von dem Fräulein, dem eine Fee erschien und versprach, drei Wünsche zu erfüllen.

Da wünschte sich die alte Dame, in ein junges Mädchen verwandelt zu werden. Da sprach die Fee ihren Zauberspruch, und plötzlich wurde das grauhaarige Fräulein ein zauberhaftes Mädchen mit langen blonden Haaren. »Und als zweites?« fragte die Fee. »Bitte vertausche meine kleine Behausung in ein prächtiges Schloß.« Da hob die Fee ihren Zauberstab, und nun wohnte das blutjunge schöne Kind in einem Schloß mit genau fünfundvierzig Räumen.

»Und als drittes, bitte, liebe gute Fee, als letztes verwandle meinen guten alten Kater in einen schönen Prinzen.« Und wieder wirkte der wunderbare Zauber, und der alte Kater warf seinen grauen Pelz ab, wandelte sich in einen Traumprinzen mit einer goldenen Krone auf goldenen Locken.

»So, das hast du nun davon«, sprach der junge Prinz, »daß du mich früher hast kastrieren lassen.«

Gehen wir also nicht länger wie die Katze um den heißen Brei, lassen wir die Katze aus dem Sack, denn der Leser hat mit der »Wochenpost« nicht die Katze im Sack gekauft, er weiß, an dieser Stelle wird kein alter Witz, sondern eine neue Gerichtsgeschichte erzählt, und wer den Zeugen kennt, weiß genau, diese Katze läßt das Mausen nicht.

Der Dame Freya war die Katze das Heiligste aller Tiere. Sie würde einen Menschen, der ein Kätzchen umbringt, am liebsten mit dem Tode bestrafen.

In Freyas kleiner Wohnung, die sie mit ihren Eltern und vielen Tieren teilte, hatte sie eine regelrechte Katzenzucht eingerichtet. Böswillige Nachbarn, die Tür an Tür mit ihr wohnten, bezeichneten das als eine Katzensucht. Sie fühlten sich durch den penetranten Geruch belästigt und waren schon seit mehr als einem Jahr bemüht, die Dame Freya zu veranlassen, diese Katzenzucht aufzugeben. Sie hatten auch viele Ämter bemüht, Frau Freya war nicht dazu zu bewegen, auch nur ein Kätzchen aus ihrem Haushalt zu entlassen.

Aber Frau Freya Bast - ihr Name ist katzenfreundlichen mythologischen Figuren der altgermanischen und altägyp-tischen Götterwelt entlehnt, im altägyptischen Ort Bast wurden die Katzen als heilige Tiere verehrt – zeigte sich verschlossen gegenüber den Beschwerden der Nachbarn, und verschlossen blieb auch ihre Wohnungstür. Sie ist beruflich sehr angespannt, das soll unbedingt und wahrheitsgetreu berichtet werden, sie ist ungemein fleißig, täglich elf Stunden ist sie mit Arbeit beschäftigt, auch an Sonn- und Feiertagen. Zugegeben, fünfzehn oder sechzehn Katzen bewegten sich in ihren Räumen, und deren Geschäfte – wie man so etwas vornehm ausdrückt – waren eben sehr anrüchig. Die Hausgemeinschaftsleitung versuchte es mit gutem Zureden, aber vergeblich, Frau Freya Bast blieb nur den Katzen gegenüber freundlich.

Mitarbeiter der Kommunalen Wohnungsverwaltung, die Kraft ihres Amtes, aber sehr mühselig sich Zutritt zu Frau Basts Wohnung verschafften, stellten die Anwesenheit von sechzehn Katzen fest. Der Geruch sei in den Räumen so penetrant gewesen, daß man nur mit einem Tüchlein vor Mund und Nase sich darin bewegen konnte. Die Wohnungsbewirtschafterin, die zuständige natürlich, hatte sich nach echter Katzenart den Zutritt erschlichen, sie käme, und das sagte sie im besten Kommunalen Wohnungsverwaltungsdeutsch, wegen malermäßiger Renovierung. Und so wurde sie eingelassen. Auch die Handwerker, die hätten nur mit einer Schutzmaske dort arbeiten können. Und einer der kräftigsten Möbelträger sei infolge seiner Tätigkeit im Hause der Frau Freya Bast von stärkster Übelkeit befallen worden.

Frau Bast versprach Abhilfe, sie würde nur drei Rassekatzen behalten, die anderen sollten zu einem befreundeten Schauspielerehepaar aufs Land gebracht werden. Dort unterhielten diese Freunde der Frau Freya Bast eine ausgedehnte Katzenzucht, allerdings Karthäuser Katzen, diese edle Rasse vertrüge sich nicht mit den Rassekatzen, denen Frau Freya Bast ihr Leben gewidmet hatte.

Jedenfalls wurde bei weiteren Besuchen in Frau Freyas Wohnung festgestellt, daß sie ihre Zusage – nur drei Katzen zu halten – nicht erfüllt hatte, es wurden zwölf Katzen dort gesichtet. Aber der Dame der Wohnungsverwaltung wurde das Schlafzimmer von Frau Freya nicht geöffnet. Der Verdacht konnte nicht ausgeräumt werden, daß noch alle fünfzehn oder sechzehn Katzen im Hause herumgeisterten.

Das gütige Zureden war also im wahrsten Sinne für die

Katz. Kurzum, die Kommunale Wohnungsverwaltung erhob feierlich Klage vor dem zuständigen Stadtbezirksgericht mit der Forderung, im Interesse der Nachbarn Frau Freya Bast zu verbieten, in ihrer Wohnung weiter Katzen zu halten.

Diesem Antrag entsprach das Gericht.

Nun ist diese Entscheidung kein Grundsatzurteil. Anderen alleinstehenden und auch nicht alleinstehenden Damen und Herren soll es nicht verwehrt sein, in einer Mietwohnung eine Katze oder einen Kater zu halten, bestimmt aber keine Katzenzucht. Jeder Einzelkater soll so gepflegt werden, daß es die Nachbarn nicht belästigt. Es ist auch empfehlenswert, einen Kater seiner Mannbarkeit zu berauben, denn ein liebestoller soll für das menschliche, nicht für das kätzische Geruchsempfinden besonders beleidigend sein.

Die Zeiten, in denen eine gute Fee dem Menschen erschien und so mir nichts dir nichts drei Wünsche erfüllte, sind leider vergangen, und deshalb ist das Kastrieren eines Hauskaters dringend anzuraten.

Her mit dem neuen Leben

1980. Auf ihren achtzehnten Geburtstag hat sie Jahre gewartet. An diesem Tag sollte der Schlußtrich gezogen werden. Und tatsächlich hat sie sich zwei Tage vor ihrem achtzehnten Geburtstag der Volkspolizei gestellt und das große Sündenbekenntnis abgelegt. Von dem Tage an will sie, frei von elterlichen und behördlichen Bevormundungen, ein neues Leben beginnen.

Sie bekennt alles, alles, das große Register, alle Diebereien und Betrügereien, auch an Menschen, deren Namen sie nicht mehr kennt, und die keine Anzeige gegen sie erstattet haben. Und alle krummen Geschäfte, alle Schiebereien. So, nun her mit dem neuen Leben, her mit der eigenen Wohnung und her mit dem gerechten Urteil.

Susanne macht es uns schwierig, den Richtern und den Staatsanwälten, ihrer ganzen Umwelt. Nur in einem macht sie mir es leicht, ihr einen Namen zuzulegen. Allzu oft hat sie sich selber so ähnlich vorgestellt: Susanne von Alten.

Ach, wäre sie das auf dicken Beinen verlaufene Kind, klein, lispelnd und stotternd, mit strähnigen, schlecht gefärbten Haaren, benachteiligt von der Natur, wie könnten wir all unser Mitleid aufbieten, wie könnten wir ihr auf die Schultern klopfen und erzieherisch auf sie einwirken.

Aber Susanne steht da wie eine römische Göttin, mit tiefen großen Augen, schwarze Schatten deuten auf eine tragische Episode, ihre Lippen aber versprechen sinnliche Freude, sie erheischt Bewunderung, und sie bekommt sie, von Männern und auch von Frauen.

Nur von einem Mann ist einmal die Rede, der sie hat sitzenlassen, aber an dem rächt sie sich mit göttlichem Zorn.

In einem Vorort, in einem Nachbarkreis von Berlin leben ihre Eltern. Noch als Kind entdeckt sie, was man ihr bisher verheimlicht hatte, der Mann ihrer Mutter ist nicht ihr natürlicher Vater. Sie verläßt das Zuhause, will den richtigen Vater sehen, kennenlernen und bei ihm wohnen. Und von nun an beginnt für sie eine böse Zeit. Man bringt das sehr frühreife Kind in ein Kinderheim. Sie lernt gut. Sie ist nicht dumm, ganz im Gegenteil, aber dann ist sie wieder plötzlich verschwunden.

Mit vierzehn Jahren kommt sie in einen Jugendwerkhof. Erst paßt sie sich sehr gut an, sie wird anerkannt, wohl auch bewundert. Sie wird sogar eine Zeitlang Gruppenvorsitzende. Wenn sie es will und darauf anlegt, gewinnt sie, rührt sie mit ihrem Aussehen, ihren guten Anlagen, mit ihrer tiefen Stimme.

Aber die große Freiheit lockt wieder, sie vernachlässigt die Lehre im Textilfach, die sie im Jugendwerkhof begonnen hat, es macht ihr einfach keine Freude mehr.

Susanne kommt in einen zweiten Werkhof. Hier soll sie eine Lehre im Dauerbackwarenbetrieb beginnen. Aber auch hier ist ihres Bleibens nicht. Zweimal reißt sie aus, zuletzt am 21. Mai 1979. »Ich will nicht eingesperrt sein«, sagt sie. Und nun, vom Mai 1979 bis zum Beginn des Januar 1980, führt sie das ungebärdige Leben einer Wildkatze. Ohne Personalausweis, ohne Versicherungsausweis. Nirgends zu Hause, und überall Freunde und Freundinnen findend, die sie unterstützen, sie mitnehmen, und die sie ausplündert. Und immer wartend auf den Januar 1980, da will sie mit dem neuen Leben beginnen, da will sie selbständig sein, eine eigene Wohnung haben, da will sie Serviererin werden.

Aber sie bedenkt nicht, daß erst einmal die große Rechnung und Abrechnung gemacht werden muß, daß sie bezahlen muß für alles, was sie bis dahin angerichtet hat. So hat sie einmal im Dezember 1979 bei einem Freund in der Berliner Innenstadt einige Tage Unterschlupf gefunden. Nachts geht sie aus, trifft vor der Pinguin-Bar auf zwei junge Männer, der eine ist ein Seemann, er hat keine Schlafmöglichkeit. Sie will ihm helfen, sie spricht mit ihrem Freund. Dort kann er in der Wohnung bleiben. Er soll im Durchgangszimmer untergebracht werden.

Der Seemann ist stark betrunken, schläft sehr schnell ein. Susanne aber, hellwach, stiehlt seinen Personalausweis, in dem tausendzweihundert Mark stecken, und verschwindet aus der Wohnung ihres Freundes. Vom Freund läßt sie einen Pulli und einen Schal mitgehen. Außerdem hat sie eine kostbare Digitaluhr weggegeben ohne Zustimmung ihres Freundes.

Sie ist unterwegs in dieser Zeit, in Dresden, in Karl-Marx-Stadt [heute wieder Chemnitz], in Rostock, in Leipzig, in Schwerin. Überall trifft sie vor und in Nachtbars jüngere und auch ältere Leute. Überall ist es etwas Leichtes für Susanne, die schwarzgelockte Göttin in abgetragenen Jeans und schwarzer Lederoljacke, Anschluß zu finden, wenn sie sagt, daß sie keine Bleibe hat. Dann wird sie mitgenommen, auch von den Mädchen. Alle plündert sie aus. Vor allem nimmt sie Jeanshosen, Jacken, Safarihemden, Recorder, Radios, Schuhe, Seife, Kosmetik. Sie hat einen ausgesprochenen Qualitätssinn.

Sie paßt sich an, spricht gebildet mit den Gebildeten, berlinert mit den Hauptstädtern, gemütvoll mit den Sachsen und snakt mit den Mecklenburgern. Sie ist ein Naturtalent, aber grundfalsch, sie stiehlt überall, auch bei Freunden, die ihren wahren Namen und ihre Eltern kennen.

Die Dinge, die sie stiehlt, trägt sie nie. Sie verscheuert die Sachen, in Gaststätten in der Nähe des Berliner Bahnhofs Friedrichstraße; dort hält man sie für eine Westberlinerin, die Kleider verkauft, um zu Geld zu kommen. Auch bekennt sie freimütig, daß sie eingeschmuggelte Waren mit großem Gewinn weiterverkauft hat, also Zoll- und Devisenvergehen.

Nur von einem Freund, den sie liebt, der sehr wohlhabend sein soll, angeblich herrlich eingerichtet, stiehlt sie nichts. Sie ist schwer enttäuscht, als er sie gehen läßt, mit ihr Schluß macht. So etwas ist Susanne noch nie passiert. Und von ihm erzählt sie zwei sehr jugendlichen Burschen, sie hatten sich bei Susanne als große Einbrecher vorgestellt, sie aber glaubt, sie geben nur an. »Mir kamen sie etwas stiftig vor.« Susanne aber sagt ihnen, daß da bei dem ungetreuen Liebhaber etwas zu holen sei. Tatsächlich brechen die beiden dort ein, sie stehlen für achttausend Mark und übergeben Susanne eine Cordhose und ein Safarihemd.

Nachdem sie nun ihre große Beichte abgelegt hat, äußert sie wieder ihren Berufswunsch: Serviererin. Erst schickt man sie zurück in den Jugendwerkhof, wahrscheinlich, um ihre Papiere zu ordnen. Dann wird sie nach Hause entlassen.

Und sie bekommt sofort eine Arbeit in der Nähe ihrer Heimatgemeinde. Sie soll vorläufig bei ihren Eltern wohnen. Sie fängt an, sie macht ihre Sache ganz gut, aber alles ist sehr schlecht vorbereitet. Auch soll sie zu manchen Gästen frech gewesen sein.

Ich weiß nicht, ob ihrer außergewöhnlichen Erscheinung nicht allzuviel »Ehre« angetan wurde von den angetrunkenen und entflammten Herren. Wie sie darauf reagiert hat ...

Eine neue Restaurantleiterin wurde angestellt, und die vermißt bei Susanne den Gesundheitspaß; der ist Vorschrift bei allen Angestellten, die mit Nahrungsmitteln zu tun haben. Das macht einige Schwierigkeiten, der untersuchende Arzt glaubt, bei Susanne eine Schwangerschaft feststellen zu können. Sie freut sich, wie sie sagt, auf das Kind, das würde eine Wende in ihrem Leben bedeuten. Aber der Arzt hatte sich geirrt.

Die Kaderleitung der HO bekommt plötzlich Bedenken, ihr einen Arbeitsvertrag auszuschreiben, sie soll erst einmal auf Probe Dienst tun. Das erhoffte eigene Zimmer ist auch noch fern. Das ehrliche Leben ist mit Hindernissen, Schwierigkeiten, Enttäuschungen und Mühsal gepflastert. Susanne versucht, mit Schlaftabletten ihrem Leben ein Ende zu setzen.

Nach diesem völlig mißglücktem Start ins neue Leben soll sie sich noch einen Monat herumgetrieben haben. Dann stellt sie sich ein zweites Mal. Und es heißt in dem Urteil des Gerichts: »Sie hat Straftaten begangen.« In diesem Monat. Welche? Darüber wird nichts gesagt. Welchen Schaden sie jetzt als Erwachsene angerichtet hat, darüber kein Wort. Was also im Prozeß nicht nachgewiesen wurde, dürfen wir gar nicht zur Kenntnis nehmen.

Ihr Schuldregister: Sie hat aus achtzehn Wohnungen für etwa zwölftausend Mark Dinge gestohlen. Bei der Wertfestsetzung des Schadens macht sie keine Einwände. Auch nicht, als ein Kavalier für ein Paar gestohlene Stiefel zweihundertfünfzig Mark verlangte. »Ja«, sagt Susanne, »soviel Wert hatten sie.« Waren es getragene Stiefel? Darüber wurde kein Beweis erhoben. Mir scheint, daß der von oft enttäuschten und auch rabiaten Liebhabern geforderte Schadenersatz zu hoch ist.

Es ist auch erwiesen, sie hat aus Zoll- und Devisenvergehen einen Gewinn von tausendfünfhundert Mark geschöpft. Sie hat Sachen im Wert von hundertneunzig Mark genommen, von denen sie ganz genau wußte, daß sie gestohlen waren. Ein halbes Jahr lang hat sie nicht gearbeitet. Sie hat nur gestohlen. Sie konnte gar nicht arbeiten, weil sie keine Ausweise hatte. Sie hat also asozial gelebt, aber sie war damals noch jugendlich, noch keine achtzehn Jahre alt.

Zweieinhalb Jahre Freiheitsentzug. Wiedergutmachung aller Schäden, Aufenthaltsbeschränkung für Berlin und alle Bezirksstädte für die danach folgenden fünf Jahre, so das Urteil des Stadtbezirksgerichts Berlin-Mitte.

Weil Susanne eine so geständnisfreudige Sünderin war, macht das Gericht einen kurzen Prozeß. Die im Gesetz geforderten Besonderheiten der strafrechtlichen Verantwortlichkeit Jugendlicher wurden nicht berücksichtigt. Die Eltern waren nicht geladen, mit denen man über eventuelle Versäumnisse bei der Erziehung hätte reden müssen. Kein Vertreter des Referats Jugendhilfe des Kreises war erschienen. In die Waagschale wurde geworfen der angebliche Wert der gestohlenen Dinge und die Intensität der Straftaten. Wurde auch genügend berücksichtigt, daß sie alles bekannt, daß sie sich zweimal der Volkspolizei gestellt hat? Und wurde berücksichtigt, daß sie zur Zeit der Taten noch jugendlich war? Gegen das Urteil ist Berufung eingelegt.

Vielleicht wäre es angebracht, Susanne in nicht allzukurzer Zeit aus der Haft zu entlassen und die Reststrafe auf Bewährung auszusetzen. Aber vorher ihre Wiedereingliederung sorgsam vorzubereiten. Ihr dabei zu sagen: Susanne von Alten, das ist Ihre letzte Chance, kommt nur noch das Geringste vor, dann müssen Sie aber für sehr lange Zeit in den Strafvollzug.

Das wäre nach meiner Vorstellung das Ende der Geschichte eines jungen Mädchens, das sich – so ungefähr – Susanne von Alten nannte, die sich alles so leicht und es uns so schwer gemacht hat.

Kiste 16

Dies ist ein Fall aus dem Jahr 1980, der nicht in der »Wochenpost« abgedruckt wurde. Ich hatte meinen Artikel »Plädoyer für ein Haus« meinem Chefredakteur vorgelegt. Der studierte ihn sehr ernsthaft und sagte: »Wir haben in den nächsten Wochen den Kongreß des Demokratischen Frauenbunds, wir können das nicht vorher bringen, das sähe aus, als ob wir dem Kongreß Vorschriften machen wollten. Nach dem Kongreß werden wir einmal sehen.«

Mir gefiel seine Begründung nicht. Aber ich wartete. Nach dem Kongreß hieß es: »Wir können den Artikel überhaupt nicht bringen.«

Ich sagte, ein bißchen hochnäsig: »Dann werde ich es in meinem nächsten Buch veröffentlichen.«

Ich gab dem Buch, das 1983 in erster Auflage und 1987 in zweiter Auflage herauskam, den Titel »Gestolpert, Gestrauchelt, Gerichtet«. Für diese Ausgaben hatte ich Zwischenüberschriften gewählt. »Antwort und Frage« hieß das Kapitel mit dem in der »Wochenpost« nicht erschienenen Artikel:

Plädoyer für ein Haus

»Weil ich Geld brauchte, und weil ich ins Gefängnis wollte.« Das gibt Frau Ellen als Grund an.

Darum fälschte sie ihr Postsparbuch und erhöhte ihr Konto von fünf Mark mit einem Kugelschreiber, den runden Stempel des Postamts zweimal fälschend, also durch zwei vorgetäuschte Einzahlungen, auf über vierzehntausend Mark und hob das Geld in dreizehn Fällen ab.

Zu Geld ist sie gekommen und auch ins Gefängnis. Die Strafe wegen verbrecherischen Betrugs und asozialer Lebensweise: zweieinhalb Jahre Freiheitsentzug und nach der Strafe staatliche Kontrollmaßnahmen. Ihre Wünsche wurden also erfüllt.

Und doch, so glaube ich, ist hier alles ganz falsch. Dieser Fall muß neu überdacht werden. Können wir, dürfen wir es uns so einfach machen. Zuwenig und zuwenig gründlich ist hier ermittelt worden.

Frau Ellen war zwei Jahre lang im Jugendwerkhof. Nicht, weil sie schwierig war, sondern wegen der schwierigen häuslichen Verhältnisse. So habe ich es in der kurzen und sehr leisen Verhandlung verstanden. Mit siebzehn wurde sie aus dem Jugendwerkhof entlassen, nicht weil die Verhältnisse sich gebessert hatten, eher im Gegenteil, sie war schwanger.

Sie konnte nicht zu ihrer Mutter. Ellen sagt, die Mutter habe eine Eineinhalb-Zimmer-Wohnung, und dort lebe auch noch ihre Großmutter. Sie zog also in Berlin zu dem Vater des zu erwartenden Kindes.

Der Freund ist schwierig. Er soll, wie mir Ellens Verteidigerin sagte, ein tüchtiger Arbeiter sein, mehrfach ausgezeichnet. Aber zu Hause ist er ein Trinker und Schläger. Dreimal habe Ellen versucht, von zu Hause wegzukommen. Er schlägt sie. Zu den Kindern – inzwischen hat sich noch ein zweites eingestellt – ist er gut.

»Warum«, fragt die Richterin, »haben Sie denn keine Strafanzeige gegen ihn erstattet?« Keine Antwort. Darauf kann es ja keine Antwort geben, denn wenn sie das getan hätte, wäre sie von ihm noch mehr geschlagen worden. Sie weiß einfach nicht mit sich und den Kindern wohin. Juristisch ist die Frage gewiß richtig, aber sie ist lebensfremd.

Ellen hat in der ersten Zeit als Verkäuferin gearbeitet, mußte aber aufhören, weil sie für ihr Baby keinen Krippenplatz fand.

Später, als das geregelt war, arbeitete sie bis 1979 als Küchenhilfe. Dort sei sie, wie sie sagt, fristlos entlassen worden, weil sie einen Krankenschein gefälscht habe. »Also«, fragt die Richterin, »haben Sie einen Arbeitsbefreiungsschein verlängert?«

»Nein«, sagt Ellen, »verkürzt. Ich wollte arbeiten, obwohl ich krank geschrieben war.« Diesen Betrieb, der daraufhin eine fristlose Entlassung – mit Zustimmung der Betriebsgewerkschaftsleitung – ausspricht, hätte ich mir als Richter einmal angesehen. Wollte Ellen arbeiten, weil sie es zu Hause nicht mehr aushielt? Hätte der Betrieb, selbst, wenn die fristlose Entlassung gerechtfertigt wäre, sich nicht um einen neuen Arbeitsplatz kümmern müssen?

Ellen arbeitet dann nur noch bei zwei Fleischermeistern - wie sie sagt - pauschal. Also als Zeithilfe. Dann hat sie drei Monate nicht gearbeitet. In diese Zeit fallen ihre Eintragungen, ihre Fälschungen im Postsparbuch. Mit welchen plumpen Tricks sie die Postangestellten täuschte, konnte nicht ermittelt werden, da Ellen das Postsparbuch vernichtet hat.

Kurzum, sie hat drei Monate nicht gearbeitet, von Geld gelebt, das sie unlauter erworben, sie hat sich »exquisit« gekleidet und »delikat« gelebt, das Geld war schnell durchgebracht. Die Verurteilung wegen asozialer Lebensweise ist juristisch völlig in Ordnung. Wäre sie mit dem Vater ihrer Kinder verheiratet gewesen, hätte es diesen Schuldvorwurf allerdings nicht gegeben.

In den letzten Monaten vor ihrer Verhaftung hat sie eine neue Arbeit aufgenommen, und von dem neuen Kollektiv wird ihr ein gutes Verhalten bestätigt. Sie kommt nur dann manchmal zu spät, wenn sie Schwierigkeiten hat, die Kinder in die Krippe oder in den Kindergarten zu bringen. Die Ursachen für die Änderung ihres Verhaltens sind auch deutlich. Ellen ist zu einem neuen Freund gezogen. Er soll etwas älter sein als sie, aber sehr solide. Mit einer gefestigten Lebensauffassung. Er ist ihr eine große Stütze. Nur mußten die Kinder bei dem früheren Freund bleiben.

Der aber will Ellen wiederhaben. Er heftet an ihre Wohnungstür Pamphlete. Sie sind widerwärtig geschmiert, sie denunzieren Ellen als unsolide Person, die unangemeldet in dieser Wohnung lebe und ihre Kinder vernachlässige.

Eines dieser Pamphlete wurde dem Gericht von der Rechtsanwältin vorgelegt. Es wurde nicht zum Gegenstand der Verhandlung gemacht.

Der neue Freund meint es sehr ernst mit ihr. Er steht ihr in der jetzigen Bedrängnis bei. Er hat auch schon siebentausend Mark an die Post zurückgezahlt.

Frau Ellen ist also keineswegs das, was man die typische Asoziale nennt. Sie hat vor der Aufdeckung ihrer Straftat ein neues Leben begonnen, durch eigenen Entschluß, ohne daß staatliche Maßnahmen eingeleitet waren.

Sie war klug in der Auswahl ihres neuen Partners. Eine Verurteilung wegen asozialen Verhaltens geht in das Strafregister und ist eine Belastung für ihr weiteres Leben. Das ist in diesem Fall meines Erachtens nicht nur überflüssig, sondern schädlich.

Zu der schwerwiegenderen Verfehlung ist es nur gekommen, weil sie zu diesem Zeitpunkt nicht mehr aus und ein wußte. »Ich wollte zu Geld kommen. Und ich wollte ins Gefängnis.« Das ist und war ihre Begründung.

Frau Ellen ist nicht die einzige Frau, die von ihrem Mann oder Lebensgefährten geschlagen wird. Das weiß ich leider aus langjähriger Gerichtspraxis. Manchmal können die Frauen zu ihren Eltern gehen, manchmal zu einer Freundin. Aber oft wissen sie nicht ein noch aus, so wie in diesem Falle.

Wäre es nicht eine schöne Aufgabe für den Demokratischen Frauenbund Deutschlands, in den großen Städten der DDR ein Haus einzurichten, in dem gefährdete Frauen Zuflucht finden könnten, mit ihren Kindern? Zuflucht solange, bis eine Lösung aus der Bedrängnis gefunden wird. Hätte es ein solches Haus in Berlin gegeben, wäre die Post nicht um vierzehntausend Mark geschädigt worden, und Ellen hätte nie den Wunsch gehabt, ins Gefängnis zu kommen.

Oder gibt es bessere Vorschläge?

Ich schickte sofort nach Erscheinen ein Buch an die Vorsitzende des Demokratischen Frauenbunds und ein zweites an die Vorsitzende der Abteilung Frauenfragen im Zentralkomitee der SED. Beide versah ich mit der Bemerkung, sie sollten den Artikel »Plädoyer für ein Haus« lesen. Und ich fügte bei beiden hinzu: »Ich betrachte das als eine Eingabe.«

Eingaben mußten beantwortet werden, so war die Weisung. Und sie wurden immer, wie auch immer, beantwortet.

In der liebenswürdigsten Form wurde ich am Telefon gefragt, ob ich zu einem Gespräch über meine Eingabe bereit sei und in das allgemein so genannte »große Haus«, den Sitz des ZK, kommen würde. Natürlich wurde ich weder von der einen noch von der anderen Vorsitzenden empfangen, aber von Stellvertreterinnen der beiden.

Es wurde ein sehr langes Gespräch. Erst außerordentlich höflich, und die Damen behaupteten, dieses Problem sei für sie nicht aktuell. In der liebenswürdigsten Weise widersprach ich. Und versuchte sie durch einen kühnen Vorschlag zu überzeugen. »Wir holen uns jetzt eine Karte von Berlin. Und einer von uns dreien soll mit verbundenen Augen auf eine Straße dieser Karte zeigen. Dann gehen wir zu dritt in diese Straße, von Haus zu Haus. Von Wohnung zu Wohnung. Und wir fragen, ob dort Frauen von ihren Männern geschlagen werden.«

So etwas hatten sie noch nie gehört.

Und die eine beeilte sich, mir zu erklären: »Wir sind ja nicht so lebensfremd. Wir wissen ja. Ich selber hörte, daß in dem Haus, in dem ich mei-ne Wohnung habe, auch eine Frau von ihrem Mann geschlagen wurde. Ich habe mich darum gekümmert.«

Die andere versicherte, in ihrer Nachbarschaft geschehe ähnliches.

Ich bedankte mich für ihre Offenheit und fragte: »Wenn euch beiden so etwas in der Nachbarschaft begegnet ist, müßte man dann nicht etwas unternehmen? Denn umziehen kann ja eine Frau nicht so einfach bei unserer Wohnungsnot. Und wenn sie mehrere Kinder hat ... Also ich bleibe bei meinem Plädoyer für ein Haus.«

Und sie sagten beide unisono, es gibt bei uns dafür keinen Platz. Und sie wagten es nicht einmal, diesen Vorschlag für ein Frauenhaus ihren Vorgesetzten weiterzugeben. Von anderen, besseren Vorschlägen war gar keine Rede.

Mangel an Mut

1981. Das, was man Herrn Fred wirklich vorwerfen kann, ist der Mangel an Mut. Mut an der richtigen Stelle und im richtigen Augenblick. Und etwas zuviel Mut an der falschen Stelle. Ein Mut, der gepaart ist mit Angst, Angst über zwei Jahre. Danach endlich platzt das ganze Gebäude, und nun kommt das dicke, böse Ende in einer Gerichtsverhandlung.

Es gibt keinen Grund, an der Vorgeschichte zu zweifeln, nur Bedenken habe ich in einem Punkt, an der Pünktlichkeit seiner Geldablieferung.

Heute ist Herr Fred fünfzig Jahre alt, ein großer Mann, ein Riese an Statur, aber wie gesagt, ein Zwerg an Kühnheit. Ein Mann, der seinen Lebensweg klar, einfach und sauber begonnen hat. Erst als Ofensetzer, der aber dann den Staub nicht vertragen konnte. Er wurde von 1947 bis 1965 Straßenbahnfahrer, dann sattelte er im wahrsten Sinne des Wortes um, Beifahrer im Obst- und Gemüse Großhandel. Hier erkannte man seine Fähigkeiten, man bildete ihn zum Fachverkäufer aus, sehr bald wurde er auf einen Lehrgang delegiert. Seit 1972 ist er als Verkaufsstellenleiter im Obst- und Gemüsehandel beschäftigt, vorerst beim Konsum.

Sein Eifer wird von allen Kollegen bezeugt, sogar der strenge, junge, unerbittliche Staatsanwalt bestätigt ihm im schönsten Amtsdeutsch »große Fleißigkeit«. Von allen Mitarbeitern wird Herrn Fred Freundlichkeit bescheinigt, immer nimmt er, der Herr Verkaufsstellenleiter, die körperlich schwere Arbeit beim Umlagern von Obst- und Gemüsekisten seinen Verkäuferinnen ab. Das war früher so, das ist heute noch so. Jetzt, da er – nach Aufdeckung seiner Verfehlung – in einer Kaufhalle als stellvertretender Bereichsleiter im Lager tätig ist.

Es muß auch bemerkt werden, daß er sich im Jahre 1975 einen PKW Typ Moskwitsch aus zweiter oder dritter Hand für achttausend Mark gekauft hat. Den kann er sich durchaus leisten, weil auch seine Frau berufstätig ist. Die erwachsene Tochter lebt in seinem Haushalt und kann finanziell für sich aufkommen.

Im Jahre 1978 – es muß im Spätsommer gewesen sein, als große Mengen bulgarischer Pfirsische angeliefert worden waren – wollte er nach getaner schwerer Arbeit zwei Schnäpschen trinken und ließ im bodenlosen Leichtsinn am Hinterausgang seiner Verkaufsstelle die Kassette mit dem Tageserlös von etwa sechzehntausend Mark auf einem Leergutstapel stehen. Nach meiner Berechnung kann es nicht nur der Erlös eines Tages gewesen sein. Er bezifferte den Monatsumsatz der großen Verkaufsstelle mit hunderttausend Mark, es muß der Erlös von drei Tagen gewesen sein. Als er nach einer Stunde die Kassette wieder abholen wollte, um sie zur Staatsbank zu bringen, war sie verschwunden.

Herr Fred hatte nun nicht den Mut, diesen Verlust zu melden. Er fürchtete die bitteren Konsequenzen. Er war auch der Meinung, er hätte damals den Verlust ganz ersetzen müssen. Selbst der junge, gestrenge Staatsanwalt erinnerte ihn daran, daß in diesem Fall, wenn alle Umstände von der Volkspolizei genau untersucht worden wären, er, bei seiner erweiterten materiellen Verantwortlichkeit nur mit drei Monatsgehältern für den Verlust haftbar gemacht werden konnte, weil es ja eine fahrlässige, allerdings sehr fahrlässige Manier gewesen war. Das wußte Herr Fred damals nicht. Er wagte auch nicht, seine

Frau ins Vertrauen zu ziehen. Er glaubte und hoffte, mit allem allein fertig werden zu können.

Herr Fred fing an zu manipulieren. Er trug die richtigen Tageseinnahmen ein, schrieb auch in seine Bücher, er habe das Geld auf der Bank eingezahlt, mußte aber immer die Einnahmen einige Tage zurückhalten, um das große Manko in der Kasse zu verschleiern. Er beschloß, Feierabendarbeiten anzunehmen, um damit endlich das Loch in der Kasse zu stopfen. Aber damit hat er allerhöchstens zweitausend Mark wettmachen können.

Es blieb alles unbemerkt, ja sogar, als die Konsum-Genossenschaft beschloß, die Verkaufsstelle aufzulösen, weil nebenan eine Kaufhalle eröffnet worden war. Herr Fred lieh sich bei fünf verschiedenen Freunden und Bekannten fünfzehntausend Mark, zahlte alles ein, natürlich nicht auf einmal. Und so konnte er mit einer ordentlichen Inventur seine Tätigkeit beenden.

Herr Fred übernahm dann die Leitung einer Obst- und Gemüseverkaufsstelle bei der HO. Da er nun die Darlehn an seine Freunde und Bekannten kurzfristig zurückzahlen mußte, begann er auch hier wieder mit derselben Methode. Er nahm das Geld aus der Kasse und zahlte wieder die Einnahmen verspätet ein.

Als nun überraschend im September 1980 eine gründliche Inventur gemacht wurde, gab es ein Manko von neunzehntausendachthundert Mark. Bei der zweiten polizeilichen Vernehmung gab Herr Fred seine Manipulationen zu. Er hatte noch von den Einnahmen der Verkaufsstelle etwa fünftausend Mark bei sich zu Hause, besaß etwas eigenes Geld und lieh sich dreizehntausend Mark von einem Freund und machte sofort den Schaden wieder gut.

Der Schaden, für den er nach dem Strafrecht geradestehen muß, aber bleibt neunzehntausendachthundert Mark. Und das ist wahrlich keine Bagatelle. Das ist verbrecherische Untreue. Untreue am gesellschaftlichen Eigentum. Daran ist nicht zu rütteln.

Das Gericht verurteilte ihn zu der im Gesetz vorgesehenen Mindeststrafe von zwei Jahren Freiheitsentzug. Es verurteilte ihn nicht zu der zusätzlichen Geldstrafe von fünftausend Mark, die der eifrige Staatsanwalt auch noch beantragt hatte.

Es gibt, so denke ich, auch genug Momente, die das Gericht

hätten bewegen können, die im Strafgesetz vorgesehene außergewöhnliche Strafmilderung anzuwenden: Bis zum Jahre 1978 war Herr Fred ein ehrlicher, fleißiger und liebenswürdiger Mensch. Er hat den Schaden sofort wieder gutgemacht. Und vor allem, eine persönliche Bereicherungsabsicht lag bei ihm nicht vor. Wenn die Tat auch von der Höhe des Schadens her als Verbrechen gilt, so gab es bei ihm keinen verbrecherischen Vorsatz. Er hätte sicher schon früher seinen PKW verkaufen müssen, wenn er den Mut zur Wahrheit nicht finden konnte.

Wenn Herr Fred aus prinzipiellen Gründen eine Strafe in einer Haftanstalt verbüßen muß – warum muß er eigentlich? – dann sollte es doch nur eine kurze Zeit sein. Und der Rest könnte auf Bewährung ausgesetzt werden. Sein jetziges Arbeitskollektiv, das erklärte der Kollektivvertreter vor Gericht, nimmt ihn jederzeit in seinen Reihen mit Kußhand wieder auf.

Ende April 1981 brachte mich eine Gerichtsverhandlung zur Verzweiflung, vor allem das Urteil. Nach der Verhandlung versuchte ich, mit dem Richter darüber zu sprechen. Er blieb uneinsichtig. Ich hatte sogar das Gefühl, der Ausgang dieses Prozesses war abgesprochen. Hier mein Bericht:

Seltsame Rechnung

Muß der Staatsanwalt eingreifen, auch dann, wenn niemand geschädigt wurde, weder eine Person noch der Staat, weder gesellschaftliches noch privates Eigentum? Wenn wir diesen Fall ganz kritisch betrachten, liegt hier vielleicht eine Steuerverkürzung vor. Aber Besteuerung des Einkommen aus Feierabendarbeit wird immer problematisch bleiben.

Ein Mann ist angeklagt, Herr Georg, einundvierzig Jahre alt. Seine Kaderakte und sein Strafregister sind lupenrein. An ihm war bisher nichts auszusetzen. Er hat sich seit seiner Armeezeit mit Kraftfahrzeugen beschäftigt, er wurde bei einem großen staatlichen Wirtschaftsunternehmen als Fahrdienstleiter eingestellt. Auch ehrenamtlich hat er sich um die Verkehrserziehung bemüht.

Durch seinen Betrieb hatte er seit etwa November 1976 die Möglichkeit, einige defekte, beschädigte, also Unfallfahrzeuge legal zu erwerben. Daß das gegen die Vorschrift war, hat Herr Georg nicht zu vertreten. Hier hätte der Leiter des Betriebes zur Verantwortung gezogen werden müssen. Unter uns gesagt, so schlimm ist das nun auch nicht. Hätte der Betrieb die für ihn nicht mehr brauchbaren Fahrzeuge an eine staatliche Stelle, den volkseigenen Betrieb Maschinen- und Materialreserven, übergeben, dann hätte man wahrscheinlch das Unfallfahrzeug verschrottet. Wurde so das Schrottaufkommen verringert? Da nach fünfzehn oder zwanzig Jahren diese Fahrzeuge doch verschrottet werden, fehlt auch am Schrottaufkommen nichts. Einige der Fahrzeuge hatte Herr Georg für sich gekauft. Sein Hobby ist das Auto, und es macht ihm Freude, nach Feierabend fahruntüchtige, defekte oder alte Fahrzeuge wieder instand zu setzen oder gar neu aufzubauen.

Hier in dem Verfahren geht es um den Verkauf von sechs Fahrzeugen. Er hat sich für diese Fahrzeuge sehr mühevoll neue Ersatzteile besorgt. Alle Einkäufe für Ersatzteile, alle Rechnungen liegen vor. Den Käufern hat er, so sagt Herr Georg, neuwertige Fahrzeuge geliefert. Er hat allen seinen sogenannten Kunden eine sechsmonatige Garantie gegeben, und es ist unbestritten, die Fahrzeuge, die Herr Georg instand gesetzt hat, sind von den staatlichen Stellen geprüft und zugelassen worden. Die Kunden waren alle zufrieden.

Ihm wird nun vorgeworfen, er habe bei dem Verkauf dieser instand gesetzten Fahrzeuge die Preisanordnungen verletzt.

Greifen wir einmal das für mich krasseste Beispiel heraus. Er hat einen Trabant Kombi, den er im Jahre 1969 neu für sich gekauft hatte, und den er 1975 instand setzte, weiterverkauft. Um das Fahrzeug erstklassig wiederaufzubauen, hat er sich eine neue Karosserie gekauft, er hat laut Rechnung fünftausendsechsundvierzig Mark dafür bezahlt. Er hat auch nachgewiesen, daß neue Ersatzteile eingebaut wurden: Getriebe, Anlasser, Lichtmaschine, eine komplette Auspuffanlage, eine Batterie, rund gerechnet alles im Werte von etwa zweitausend Mark. Auch neue Decken hat das Auto bekommen. Also nur für diese Dinge hat er siebentausendfünfhundert Mark bezahlt. Er hat das Fahrzeug dann für zehntausend Mark an einen Kunden weiterverkauft.

Der Sachverständige, und auf seinem Gutachten beruht zum Schluß das Urteil, schätzte den Wert des instand gesetzten Fahrzeugs auf siebzig Prozent des Neuwerts, also auf sechstausendsechshundert Mark. Nur zu diesem Preis hätte Herr Georg den Wagen verkaufen dürfen. Nebenbei, der Sachverständige hat das instand gesetzte Fahrzeug nie gesehen, er hat nach der Aktenlage den Wert ermittelt. Das heißt, der Wert wurde um neunhundert Mark niedriger geschätzt, als Herr Georg nachweislich Ersatzteile bezogen hatte. Vom Wert des alten Fahrzeugs, von dem ja auch einiges übernommen wurde, wird überhaupt nicht gesprochen. Und schließlich ist jede Arbeit ihres Lohnes wert.

Laut Urteil muß Herr Georg nun neben allen anderen Strafmaßnahmen die Differenz zwischen seinem erhöhten Preis von zehntausend Mark und dem Schätzpreis von sechstausendsechshundert Mark, also dreitausendvierhundert Mark, an den Staatshaushalt abführen. Ich bin überzeugt, wäre nur von diesem einen PKW die Rede, dann wäre nie Anklage erhoben worden. Aber es sind ja noch fünf andere, und die Mehrheit davon hat er offensichtlich zum Verkauf, zum Instandsetzen erworben. Herr Georg behauptet, er habe beim Verkauf nie mehr als fünf Mark Stundenlohn für seine Arbeit berechnet.

Der Rechtsanwalt des Herrn Georg fragte den Sachverständigen (und diese Frage betrifft die sechs Fahrzeuge, die hier zur Anklage stehen), hätte Herr Georg das defekte Fahrzeug und die notwendigen Ersatzteile dem Kunden vorgeführt und zum Originalpreis weiterverkauft, und hätte er dann erklärt: Ich montiere Ihnen jetzt Ihr Fahrzeug und Ihre Ersatzteile zu einem brauchbaren Fahrzeug zusammen und berechne Ihnen für meine Arbeit pro Stunde fünf Mark Arbeitslohn, wäre das auch ein Verstoß gegen die Preisordnung gewesen? Nein, antwortet der Sachverständige. Und das ist per saldo das, was Herr Georg auf eigene Rechnung getan und berechnet hatte.

Es muß um der Wahrheit willen auch berichtet werden, während der Verhandlung versuchte Herr Georg, das Gericht zu täuschen. Ein Fahrzeug, Typ Wartburg, Herr Georg sagt »Wartburg de luxe«, das er auf die beschriebene Weise hergerichtet hatte, wurde von ihm für zweiundzwanzigtausend Mark dem Käufer berechnet, und zweiundzwanzigtausend Mark wurden auch nach der Auskunft des Kunden bezahlt. Das hatten beide im Ermittlungsverfahren ausgesagt. Jetzt während der Verhandlung zieht Herr Georg plötzlich einen Kaufvertrag für dieses Fahrzeug aus der Tasche, in dem ein Preis von fünfzehntausend Mark eingesetzt ist.

Mit dieser Manipulation setzte Herr Georg sich nach Meinung aller Beteiligten moralisch ins Unrecht.

Herr Georg wurde vom Gericht wegen Verstoßes gegen die Preisanordnung auf Bewährung verurteilt, die Zeit der Bewährung, zwei Jahre, die Strafandrohung bei Nichtbewährung ein Jahr und vier Monate Freiheitsentzug, und Abführung des errechneten Mehrerlöses in Höhe von vierundvierzigtausendvierhundertfünfzig Mark an den Staatshaushalt. Außerdem eine Geldstrafe von fünftausend Mark, weil er aus Bereicherungssucht gehandelt habe.

Das Resultat: Sechs Käufer haben einwandfreie Autos, mit denen sie zufrieden sind.

Der Mann Georg ist ruiniert, sollte dieses Urteil rechtskräftig werden.

Ich konnte wohl mein Mißbehagen in meinem Artikel deutlich machen. Aber das Urteil hat mich tief getroffen. Ich möchte noch einmal erwähnen, daß damals ein normaler Kunde zehn Jahre auf einen Wartburgwagen warten mußte. Der Mann hatte niemanden geschädigt. Im Gegenteil, all seine Kunden waren mit einwandfreien Fahrzeugen versehen.

Danach habe ich noch über einen einzigen Fall berichtet. Dann, wegen des krassen Fehlurteils in dieser Sache »Seltsame Rechnung«, verstummte »Der Zeuge in dieser Sache«.

Die letzte Seite

Ich war der erste Mann auf der letzten Seite, der Gerichtsreporter, der »Zeuge in dieser Sache«. Bis zum 8. Mai 1981.

Meine Jahre danach bis heute stehen in anderen Büchern. Jetzt, da die »Wochenpost« nach der Vereinigung immer mehr herunterkam, hat sie Leser um Leser verloren. Als sie für den Verleger nur noch eine Verlegenheit wurde, als sie am 21. Dezember 1996 aus der stolzen »Wochenpost« zur »Woche« schrumpfte, bekam sie in der »Hannoverschen Allgemeinen Zeitung« einen schönen Epilog, und er endete mit dem Satz:

»An einer Tradition freilich hielt die ›Wochenpost‹ bis zuletzt eisern fest. Die Gerichtsreportage auf der letzten Seite war, seit der Geburtsstunde des Blatts, zumeist ein journalistisches Juwel.«

Inhalt